MANUEL

D'ÉDUCATION MORALE

ET

D'INSTRUCTION CIVIQUE

OUVRAGES DU MÊME AUTEUR

QUI SE RAPPORTENT A L'INSTRUCTION ÉLÉMENTAIRE

La Famille et l'Éducation en France (librairie Didier), un volume in-12.

Économie politique populaire (librairie Hachette), un volume in-12.

Manuel d'Économie publique (librairie Guillaumin), un volume in-12.

Éléments d'Économie industrielle, commerciale et rurale (librairie Delagrave), un volume in-12.

COURS COMPLET D'ENSEIGNEMENT PRIMAIRE
RÉDIGÉ CONFORMÉMENT AUX PROGRAMMES DU 27 JUILLET 1882

MANUEL
D'ÉDUCATION MORALE
ET
D'INSTRUCTION CIVIQUE

PAR

Henri BAUDRILLART

MEMBRE DE L'INSTITUT
INSPECTEUR GÉNÉRAL DES BIBLIOTHÈQUES

Cinquième édition
Cours Moyen et Supérieur

Aux termes de l'article 7 du décret du 29 janvier 1890, tout élève du COURS SUPÉRIEUR doit être muni d'un livre d'instruction morale et civique.
Le présent volume est conforme au programme du cours supérieur.

PARIS
LECÈNE, OUDIN ET Cie, ÉDITEURS
17, RUE BONAPARTE, 17
—
1891

PROGRAMME OFFICIEL

PRESCRIT

PAR L'ARRÊTÉ DU 27 JUILLET 1882

ÉDUCATION MORALE

Cours moyen (de 9 à 11 ans).

I.

L'ENFANT DANS LA FAMILLE. — DEVOIRS ENVERS LES PARENTS ET LES GRANDS-PARENTS.

Obéissance, respect, amour, reconnaissance. — Aider les parents dans leurs travaux, les soulager dans leurs maladies, venir à leur aide dans leurs vieux jours.

DEVOIRS DES FRÈRES ET SŒURS.

S'aimer les uns les autres ; protection des plus âgés à l'égard des plus jeunes ; action de l'exemple.

DEVOIRS ENVERS LES SERVITEURS.

Les traiter avec politesse, avec bonté.

L'ENFANT DANS L'ÉCOLE.

Assiduité, docilité, travail, convenance. — Devoirs envers l'instituteur. — Devoirs envers les camarades.

LA PATRIE.

La France, ses grandeurs et ses malheurs. — Devoirs envers la patrie et la société.

II.

DEVOIRS ENVERS SOI-MÊME.

Le corps : propreté, sobriété et tempérance ; dangers de l'ivresse ; gymnastique.

Les biens extérieurs. — Economie (conseils de Franklin ; éviter les dettes ; funestes effets de la passion du jeu ; ne pas trop aimer l'argent et le gain ; prodigalité ; avarice). Le travail (ne pas perdre de temps ; obligation du travail pour tous les hommes ; noblesse du travail manuel).

L'AME.

Véracité et sincérité ; ne jamais mentir. — Dignité personnelle, respect de soi-même. — Modestie : ne point s'aveugler sur ses défauts. — Eviter l'orgueil, la vanité, la coquetterie la frivolité. — Avoir honte de l'ignorance et de la paresse. — Courage dans le péril et dans le malheur ; patience, esprit d'initiative. — Dangers de la colère.

Traiter les animaux avec douceur ; ne point les faire souffrir inutilement. — Loi Grammont, sociétés protectrices des animaux.

DEVOIRS ENVERS LES AUTRES HOMMES.

Justice et charité (ne faites pas à autrui ce que vous ne voudriez pas qu'on vous fît ; faites aux autres ce que vous voudriez qu'ils vous fissent). Ne porter atteinte ni à la vie, ni à la personne, ni aux biens, ni à la réputation d'autrui. — Bonté, fraternité, tolérance, respect de la croyance d'autrui.

III.

DEVOIRS ENVERS DIEU.

Cours supérieur (de 11 à 13 ans).

1° LA FAMILLE.

Devoirs des parents et des enfants ; devoirs réciproques des maîtres et des serviteurs. L'esprit de famille.

2° LA SOCIÉTÉ.

Nécessité et bienfaits de la société. La justice, condition de toute société. La solidarité, la fraternité humaine.

Applications et développements de l'idée de justice: respect de la vie et de la liberté humaine, respect de la propriété, respect de la parole donnée, respect de l'honneur et de la réputation d'autrui, respect des opinions et des croyances. La probité, l'équité, la délicatesse.

Applications et développements de l'idée de *charité* ou de *fraternité* : les divers degrés, devoirs de bienveillance, de reconnaissance, de tolérance, de clémence, etc. Le dévouement, forme suprême de la charité : montrer qu'il peut trouver place dans la vie de tous les jours.

3° LA PATRIE.

Ce que l'homme doit à la patrie : l'obéissance aux lois, le service militaire, discipline, dévouement, fidélité au drapeau. — L'impôt (condamnation de toute fraude envers l'État). — Le vote (il est moralement obligatoire, il doit être libre, consciencieux, désintéressé, éclairé). — Droits qui correspondent à ces devoirs : liberté individuelle, liberté de conscience, liberté du travail, liberté d'association. Garantie de la sécurité de la vie et des biens de tous. La souveraineté nationale. Explication de la devise républicaine : Liberté, Egalité, Fraternité.

INSTRUCTION CIVIQUE, DROIT USUEL, NOTIONS D'ÉCONOMIE POLITIQUE

Cours moyen (de 9 à 11 ans).

Notions très sommaires sur l'organisation de la France.
Le citoyen, ses obligations et ses droits; l'obligation scolaire, le service militaire, l'impôt, le suffrage universel.
La commune, le maire et le conseil municipal.
Le département, le préfet et le conseil général.
L'État, le pouvoir législatif, le pouvoir exécutif, la justice.

Cours supérieur (de 11 à 13 ans).

Notions plus approfondies sur l'organisation politique, administrative et judiciaire de la France : la Constitution, le Président de la République, le Sénat, la Chambre des députés, la loi ; — l'administration centrale, départementale et communale, les diverses autorités ; — la justice civile et pénale ; — l'enseignement, ses divers degrés ; — la force publique, l'armée.

Notions très élémentaires du droit pratique :

L'état civil, la propriété des mineurs ; — la propriété, les successions ; — les contrats les plus usuels : vente, louage, etc.

Entretiens préparatoires à l'intelligence des notions les plus élémentaires d'économie politique : l'homme et ses besoins ; la société et ses avantages ; les matières premières, le capital, le travail et l'association. La production et l'échange ; l'épargne ; les sociétés de prévoyance, de secours mutuels, de retraite.

AVIS ESSENTIEL A MM. LES INSTITUTEURS

L'enseignement de la Morale et des Devoirs civiques pour de jeunes enfants ne peut être efficacement utile que si le maître y intervient personnellement en s'attachant à en donner l'intelligence et à le faire pénétrer dans leur cœur.

MM. les Instituteurs sont donc instamment conviés à *donner lecture à haute voix* de chacun des chapitres qui composent ce Manuel, et à s'assurer qu'il est compris par les écoliers. Ce n'est qu'ensuite que l'élève relira le chapitre de son côté de manière à pouvoir répondre aux questions qui lui seront adressées par le maître.

L'AUTEUR.

PRÉFACE

Nous nous sommes fait un devoir, dans ce Manuel, de suivre presque toujours pas à pas le programme officiel, en reproduisant les titres mêmes qu'il indique, ce qui facilitera le travail de l'élève et celui de l'instituteur. Nous avons pourtant fait précéder le chapitre sur la Patrie par celui qui traite de la Société, quoiqu'il fût indiqué beaucoup plus loin dans le programme. Il nous a paru que l'enfant entrerait mieux par là dans la suite de nos explications. Il nous a semblé aussi, de même qu'à plusieurs auteurs d'ouvrages analogues, que quelques parties du programme moyen et du cours supérieur pouvaient être unies l'une à l'autre, de telle sorte que le même livre pût servir aux deux années. En somme, ces légers changements n'introduisent aucune confusion ; rien ne manque pour répondre d'une manière méthodique et complète aux questions du programme qui sont traitées sans aucune omission.

De nombreux exemples servent à éclaircir et à rendre vivantes les leçons renfermées dans ce livre.

C'est le meilleur moyen, selon nous, de les graver dans la mémoire des enfants. A la rigueur, ce même ouvrage pourrait tenir lieu pour les écoles qui s'en serviront de ces recueils qu'on appelait autrefois beaux exemples, morale en action, etc..., ouvrages qui, à peu d'exceptions près, ont vieilli et se rapportent à une société toute différente de la nôtre.

Quant au style même de ce petit volume, nous avons tâché de le rendre simple et clair, de telle façon que l'instituteur ne soit pas obligé trop souvent d'expliquer le sens des termes employés ; mais nous n'avons pas essayé de le rendre enfantin par le choix des mots et la mise en scène. Nous sommes loin de blâmer ceux qui ont employé ce procédé, seulement il nous a paru que chacun restait libre de se servir des méthodes d'exposition qu'il jugeait convenables Nous ne pensons pas qu'il soit absolument nécessaire de parler comme des enfants pour parler aux enfants et être compris par eux. Une simplicité forte et pénétrante suffit souvent pour frapper et captiver les plus jeunes esprits. Ici encore, ce que le maître met de lui-même, ce qu'il a de netteté dans l'esprit, d'accent personnel dans la façon de lire, peut avoir, comme la manière dont il dirige les interrogations, une influence décisive.

Nous avons, dans ce livre scolaire destiné à former d'honnêtes gens et de bons citoyens, cherché ce qui rapproche et évité ce qui divise. Nous enseignons la société moderne, sans dénigrement du patriotisme et des grandeurs du passé. La France républicaine n'a intérêt à répudier aucune de nos gloires, bien loin de là.

Pour la morale, nous ne voyons pas d'incompatibilité entre celle qui s'inspire de la raison et celle qui a sa source dans un christianisme éclairé. C'est l'avis même des plus grands apologistes chrétiens, et ne sait-on pas aussi que Rollin ne cesse, dans son célèbre *Traité des Etudes*, de montrer ce qu'il y a d'idées morales dans les auteurs de l'antiquité? D'un autre côté, l'utilité sociale du christianisme et de sa morale a été proclamée par les plus grandes et les plus libérales intelligences, Montesquieu, Turgot, Franklin, Guizot, Tocqueville et tant d'autres. Pourquoi soulever des conflits qui ne s'imposent pas? Pourquoi ne pas se préoccuper surtout du but à atteindre qui est de fortifier les masses populaires dans le sentiment de leurs devoirs, en même temps que la démocratie les entretient dans celui de leurs droits, et cherche à leur en donner, comme nous l'essayons ici nous-même, la connaissance exacte et précise, indispensable sous le régime de l'instruction universelle et du vote universel?

C'est surtout en s'adressant à l'enfance qu'il faut fuir tout ce qui serait un appel aux passions, si ce n'est à la passion généreuse du bien et du patriotisme.

Point de haine, d'intolérante exclusion, un esprit large et un cœur large qui ne repousse rien de ce qui entre pour ainsi dire dans la composition morale de la patrie française! S'il est vrai que dans les pays libres il y ait toujours des partis rivaux, des diversités ou des nuances d'opinions plus ou moins importantes, ce dont l'enfance n'a que faire, il y a, heureusement, un terrain commun sur lequel tous peuvent se rencontrer et s'entendre. Où le trouver, sinon dans ces principes d'honneur et de forte moralité dont il importe de pénétrer l'enfance et la jeunesse dans l'intérêt de l'avenir ? L'instruction et l'éducation doivent marcher plus que jamais inséparables, parce qu'au développement de la liberté un accroissement du sentiment de la responsabilité doit correspondre dans les individus. A ces conditions, nous pourrions former ce que la France réclame avant tout, des générations vraiment viriles, à la hauteur de leurs droits civils et politiques d'autant qu'elles seront plus capables de tous les devoirs, de tous les respects et de tous les dévouements.

Henri BAUDRILLART.

ÉDUCATION MORALE

LIVRE PREMIER

LA FAMILLE, L'ECOLE, LA SOCIÉTÉ, LA PATRIE.

CHAPITRE I.

OBJET DE LA MORALE.

Mes enfants, il arrive quelquefois que votre père vous donne de sages conseils sur votre conduite. Vous dites alors qu'il vous a « *fait de la morale* ». Vous savez déjà qu'il y a un **bien** et un **mal**, qu'il faut faire l'un et éviter l'autre.

Vous distinguez vous-mêmes chaque jour entre ce qui est **honnête** et ce qui ne l'est pas, entre le **juste** et l'**injuste**. Si un de vos camarades en bat un autre par pure méchanceté, ou pour lui prendre un livre, une balle, des billes, vous déclarez que ce qu'il fait est *injuste*, et vous trouvez qu'il a mérité d'être puni. De même, quand l'un de vous dit la vérité, au risque de se faire gronder, vous affirmez qu'il fait une chose *honnête*. Vous blâmez le menteur au contraire. Vous savez dans les actions les plus ordinaires de la vie quand vous avez accompli votre **devoir** ou quand vous y avez manqué. Vous avez donc une certaine idée de ce qu'on entend par *devoir*. Or tout cela, mes chers amis, c'est la **morale**. Vous en faites tous les jours sans vous en douter. Vous voyez par là déjà de quoi elle s'occupe. Le **devoir** et tout ce qui se rapporte à l'**honnête**, voilà son objet.

Parce que vous portez des jugements qui supposent que vous faites la distinction du **bien** et du **mal**, est-ce à dire pourtant que vous connaissiez déjà tellement la **morale** que vous n'ayez pas à l'apprendre ? Autant vaudrait soutenir que, parce qu'on sait compter sur ses doigts ou diviser un objet en trois ou quatre parties, on n'a pas besoin d'apprendre l'arithmétique. Vous ne connaissez pas toute l'étendue de vos *devoirs*, et de ce qui constitue l'*honnête*, le *bien*, le *juste*. Il y a, sur ce sujet, beaucoup d'explications à vous donner qui éclairciront ce que vous savez d'une manière incomplète et un peu confuse.

Utilité de la morale.

Mais à quoi cela sert-il, la **morale** ? — A vous apprendre à vous conduire dans la vie en honnêtes gens, mes chers amis.

Tenez : voici une comparaison qui vous donnera une idée de son utilité. Je suppose que quelqu'un vous dise qu'en allant dans tel endroit vous trouverez un pays où on respire un air pur, où les plantes sont salutaires, et où on est certain de ne rencontrer que de braves gens ; vous aimeriez assurément connaître ce pays-là.

Je suppose de même qu'on vous parle d'une autre contrée où l'on trouve au contraire un air malsain, des herbes qui sont des poisons sous une apparence parfois agréable, des bêtes méchantes et des bandes de voleurs ; vous ne voudrez pour rien au monde aller dans un pareil endroit, vous éviterez soigneusement le chemin qui vous y conduirait.

Eh bien ! le chemin qu'on veut vous indiquer ici, c'est justement celui par lequel on évite le pays insalubre rempli de poisons, d'animaux dangereux et de méchantes gens ; c'est celui qui vous mènera droit à la région où l'on ne rencontre que ce qui est bon, favorable à la santé de l'âme et aux plus sûres conditions du bonheur.

La morale vous montre en effet quelles *qualités* vous devez acquérir, quels *défauts* vous devez éviter.

Ici encore, vous n'êtes pas sans quelque notion que vous devez déjà à votre petite expérience. Vous pourriez nommer quelques-uns de vos défauts, pour vous les être entendu reprocher. Vous nommeriez peut-être encore mieux vos qualités, que l'amour-propre ne vous laisse pas ignorer. Vous savez ce que c'est qu'être laborieux ou paresseux, attentif ou étourdi, docile ou désobéissant. Vous êtes surtout disposés à juger vos camarades. Si on vous parle de la paresse, de la gourmandise : ah ! dites-vous, c'est comme un tel ! Je souhaite que vous n'ayez pas à dire : c'est comme moi !

De même pour les qualités. L'école a ses petits héros. On fait à l'un une réputation pour son courage, à l'autre pour sa sagesse ou pour sa science, sans parler des avantages physiques, de la force et de l'adresse.

Puisque vous aimez les exemples, nous vous en citerons, mes chers enfants. Ils vous feront voir comment certains hommes ont eu les qualités dignes d'estime et d'admiration, comment elles éclatent dans certaines actions faites pour nous intéresser et nous servir de modèles.

Ces *vertus*, vous verrez en quoi elles consistent, et vous vous habituerez à les aimer et à les pratiquer. Vous comprendrez aussi quel malheur s'attache aux *vices* qui leur sont opposés.

L'enfant qui écoute les conseils de la morale sera honnête et honoré, et il y trouvera tout le bonheur que la pratique du bien peut donner ; celui qui refuse de les entendre risquera de devenir méprisable et malheureux.

EXERCICE.

L'enfant a déjà une idée de ce qu'est la morale. — De quoi nous entretient-elle ? — Comment les enfants portent à chaque instant des jugements qui prouvent qu'ils en ont déjà quelques éléments. — L'honnête et le juste. — La connaissance des devoirs forme l'objet de la morale. — La morale est faite pour intéresser les enfants : supposition de deux pays, l'un bon, l'autre mauvais, où on aboutit selon qu'on prend une route ou une autre. — Avantages que l'enfant peut obtenir de l'attention portée à la morale.

CHAPITRE II.

LA FAMILLE.

Vous avez une **famille** qui vous aime et que vous aimez. Pourtant, si on vous demandait ce que c'est que la *famille*, vous seriez peut-être embarrassés de répondre.

Il est temps que vous y pensiez.

Il n'en est pas, mes amis, de la *famille* humaine comme de ce qui en est une imparfaite image chez les animaux ; sans doute les petits ne sont pas abandonnés dans les espèces animales sans soin et sans défense par leurs parents ; leurs mères les allaitent ou s'occupent d'une manière quelconque de pourvoir à leur nourriture. Le père, quoiqu'il n'ait pas cette attention dans toutes les espèces, veille aussi sur eux. Dans le nid de l'oiseau, il protège sa progéniture, et quelle activité il met à lui apporter des aliments qu'il faut souvent chercher au loin! Certes, c'est là un touchant témoignage de cette Providence qui étend sa bonté sur toutes les créatures! Mais dès que l'oiseau a pris des forces, il s'envole et cesse de connaître ceux qui lui ont donné la vie.

Ah! combien peu ces rapports passagers ressemblent à la *famille* humaine, à la vôtre, mes chers amis!

Quand vous avez commencé à marcher, votre père

et votre mère ont pensé qu'alors leur tâche débutait à peine. Ils ont cherché à faire que votre corps prît toutes ses forces. Il ne leur a pas suffi d'assurer votre vie matérielle. Vos parents ont songé à vous donner une autre sorte de nourriture faite pour votre esprit et pour votre âme.

Ils vous ont appris eux-mêmes à parler la langue de votre pays, qui vous met en communication avec vos semblables. C'est votre mère qui vous enseigna à en balbutier les premiers mots et à nommer tout ce qui vous environnait.

Leur tendre affection n'est donc pas le simple fruit d'un instinct aveugle. Au penchant qui les porte à vous aimer ils ajoutent tous les jours la prévoyance, le devoir, le sacrifice volontaire qui leur fait prendre mille peines, afin de vous assurer autant qu'ils peuvent l'existence, la santé, l'instruction, la vertu. Ils ont du mérite à le faire, mes chers amis. Car il leur serait doux parfois de se reposer, et combien de sacrifices ils s'imposent pour vous !

Voilà ce qu'est la **famille**, mes enfants.

Et les douces et saintes affections qui existent entre les frères et les sœurs, les animaux les connaissent-ils ? Nous voyons bien des petits nés le même jour ; mais quel lien les rattache les uns aux autres ? Les petits oiseaux qui commencent à croître se donnent mutuellement, dans le nid même, des coups de bec ; les petits chiens se mordillent, les petits chats se griffent à qui mieux mieux. Quels frères et quelles sœurs ! Et aussitôt que la séparation est faite, qu'arrive-t-il ? Adieu les parents, adieu le reste de la couvée. Chacun part, et s'ils se rencontrent, ils se battent, il se tuent en se disputant la même proie. Qu'on nous dise donc encore que les hommes et les bêtes, c'est tout un !

L'esprit de famille.

Outre le père, la mère, les enfants, les frères et les sœurs, la *famille* comprend aussi les grands-parents, les oncles, tantes, et les autres proches. Si le lien est moins étroit et moins tendre, tous pourtant doivent s'aimer, s'entr'aider.

Ressentir les mêmes joies, souffrir des mêmes peines, c'est là l'**esprit de famille**, mot qui exprime que la **famille** ne forme qu'un seul tout. Ce sentiment, au lieu d'être passager, dure autant que la famille elle-même, s'étend partout où elle est, et même au delà de la vie. Des parents aux enfants, des enfants aux parents, la mort ne suffit pas à rompre le lien. Il persiste dans notre mémoire et dans les impérissables espérances d'une existence à venir.

La famille, fondement de la société.

Mais y a-t-il toujours eu une *famille*? Ne fut-il pas un temps où les hommes erraient isolés dans les forêts? Ceux qui ont pu le dire ont formé le plus absurde des rêves. Oui, la famille a toujours existé, mes chers amis. Il n'est pas jusqu'aux cabanes des sauvages qui n'abritent toutes un mari, une femme et des enfants. L'enfant ne serait-il pas mort si la mère ne l'avait nourri et si le père ne l'avait défendu contre toutes les causes de destruction?

Non seulement la famille a toujours existé, elle existera toujours, parce que les mêmes nécessités subsistent. Aussi a-t-on coutume de dire qu'elle est le fondement de la société. Cela signifie que la société ne peut se passer d'elle, et qu'elle n'est qu'une réunion de ces petites associations.

Oui, la famille est une association naturelle et nécessaire, une association d'amour et de secours réciproques, animée par l'esprit de dévouement des pères et des mères, et soutenue aussi par les devoirs des enfants. Aucun lien n'est plus fort, aucun n'est plus indestructible, aucun n'est plus doux. Chacun y appartient à tous et tous appartiennent à chacun.

La vie de famille.

N'est-ce pas un spectacle touchant que celui d'une famille de laboureurs ou d'artisans, lorsque la veillée les réunit le soir auprès du foyer allumé? Le vieux grand-père conte des histoires à ses petits-enfants qui pressent ses genoux et semblent boire ses paroles. La mère et la

Le vieux grand-père conte des histoires à ses petits-enfants

fille aînée continuent près de la table quelque ouvrage à l'aiguille qui aidera la famille à subsister. Le père raccommode l'outil endommagé qui doit lui servir le lendemain et montre à l'aîné de ses fils comment se fait un tel travail. C'est l'heure tranquille, après la journée de fatigues, c'est l'heure où les cœurs se rapprochent et où les langues se délient.

EXEMPLES.

Le dévouement des parents est sans bornes. Ils aiment tant leurs enfants qu'ils prendraient pour eux tous leur maux ; quand une occasion se présente d'attirer sur eux-mêmes le danger ou la mort qui les menace, ils n'hésitent pas à la saisir. L'amour paternel a produit de véritables prodiges.

Loizerolles père se dévoue pour son fils.

— Pendant la période sanglante de la révolution, qu'on nomme la Terreur, — au moment où l'échafaud était en permanence sur la place publique, et que le tribunal révolutionnaire y envoyait une quantité de victimes innocentes, — un jeune homme nommé Loizerolles avait été condamné à mort. Son vieux père l'avait accompagné dans sa prison pour le soutenir dans cette suprême épreuve. Fatigué de tant d'émotions, ignorant le jour où il devait être désigné pour le supplice, le jeune homme s'était endormi profondément dans son cachot. Le matin, tout à coup le verrou crie. On vient faire l'appel de ceux que la fatale charrette va conduire à l'échafaud. On appelle par deux fois : Loizerolles ! Personne n'a répondu. Le jeune homme continue à dormir. Une pensée héroïque traverse l'esprit du vieillard : s'il mourait à la place de son fils ! A la voix qui appelle, il répond : « Voilà ! » Il prend la file des condamnés et se laisse mener à l'échafaud.

— L'amour maternel serait encore plus fécond en histoires sublimes qui montrent jusqu'où peut aller son dévouement. En voici une qui nous fait voir encore la mort bravée avec un courage surhumain.

C'est une pauvre femme des montagnes des Vosges qui en fut l'héroïne. Veuve, et n'ayant d'autre servante qu'elle-même, elle avait coutume, pendant qu'elle coupait du bois pour chauffer sa triste cabane et faire cuire ses aliments, de déposer son enfant au berceau dans un buisson. Un jour qu'elle s'était éloignée à quelque distance, elle aperçoit soudain dans les alentours du buisson un loup à la gueule béante ; jugez de l'horrible anxiété qui s'empare d'elle. Un petit cri parti du berceau la rassure. Grâce à Dieu, l'enfant est vivant ! Mais voici qu'averti par le cri même, l'animal affamé se dirige de ce côté ; il va se précipiter sur le berceau ; la mère s'élance frémissante, elle se jette au-devant de l'ennemi, et alors c'est sur cette proie nouvelle que le loup tourne sa rage. Il la déchire, il s'abreuve de son sang qui coule ; mais, tout en se débattant sous la dent du monstre furieux, la mère intrépide se rappelle qu'elle a une arme, un de ces longs couteaux pointus qui peuvent donner la mort. Elle ramasse ses forces défaillantes, elle plonge le fer aigu dans la gorge de l'animal. Elle-même, épuisée par cet effort et par la perte de son sang, s'est affaissée évanouie. Ses cris, le hurlement de la bête expirante, ont été entendus.

Plusieurs bûcherons accourent, la soulèvent, la portent avec l'enfant dans une cabane. Glacée, elle donne à peine quelques signes de vie, et l'on désespère de conserver cette victime admirable de la tendresse maternelle. Quelqu'un a l'idée de placer le visage de l'enfant près du sien :

La mère se jette au-devant du loup pour protéger son enfant endormi.

elle en sent la présence et la douce chaleur ; elle reprend conscience d'elle-même ; ses souvenirs lui reviennent ; elle est sûre enfin que l'enfant est sain et sauf ; elle-même renaît à l'existence ; elle vivra pour le soigner et pour l'élever, pour se dévouer à celui qu'elle aime, s'il est possible, encore plus qu'auparavant, parce qu'elle lui a sauvé la vie.

EXERCICE.

Ce qui distingue la famille dans l'humanité de l'image imparfaite qu'en offrent les animaux. — Le père et la mère dans la famille. — Soins physiques et moraux donnés à l'enfant. — Les affections de frères et de sœurs n'existent que dans la famille humaine. — Qu'entend-on par *l'esprit de famille?* — La famille existe de tout temps ; elle existera toujours, fondée sur les mêmes nécessités. — Quelles sont les circonstances remarquables des exemples cités où éclate la tendresse paternelle et maternelle ?

CHAPITRE III.

OBÉISSANCE AUX PARENTS.

Vous entendez sans cesse vos parents vous dire : Sois sage, garde le silence, ne perds pas ton temps, ne manque pas l'heure de l'école, enfin vous donner différents ordres auxquels vous **obéissez**. Est-ce donc seulement par crainte ?

Le chien qui habite la maison obéit aussi à la peur des coups ou à l'appât d'un os qui lui est tendu. Mais vous, mes petits hommes, n'avez-vous pas d'autres motifs ? Quoi ! la peur d'être grondés vous résoudrait seule à **obéir** ? Je n'en crois rien. Vous sentez, mes amis, au fond de vous-mêmes que cette obéissance est due aux parents par des motifs plus nobles que ceux-là. Ils vous ont donné la vie, ils font tout pour vous, ils sont vos supérieurs. A eux la sagesse, l'autorité. Voilà des raisons d'**obéir**, n'est-ce pas?

Il faut partout une **autorité**. Autrement, comment maintenir l'ordre ? Vous figurez-vous une maison où personne ne commande ? Mais dans la famille, qui commandera ? Vous peut-être ? Je n'y avais pas songé, ni vous non plus, j'en suis sûr. Que quelqu'un vous dise que c'est vous qui pouvez prétendre être les maîtres dans votre famille, que les petits doivent commander aux grands, les jeunes aux vieux, les enfants au père et à la mère, vous ririez bien d'une pareille idée, à moins que la honte ne vous prît rien que d'y songer. Vos parents pensent et prévoient pour vous, et c'est bien heureux. Sans eux que deviendriez-vous ?

Souvenez-vous, je vous prie, de votre petite enfance. Le mal vous est venu presque toujours de leur avoir désobéi. Ils vous disaient : « Ne jouez pas avec ce couteau, ne vous approchez pas du feu ». Vous avez parfois persisté, entêtés et étourdis que vous étiez ; rappelez-vous ce qui vous arrivait alors : votre doigt coupé jusqu'au sang, votre main que vous retiriez brûlée en poussant des cris.

Eh bien ! vous courez d'autres dangers plus grands encore. Les imprudences qui compromettraient votre vie, les défauts qui corrompraient votre cœur et feraient courir des risques à votre bonheur, la fréquentation des mauvais camarades, les torts de caractère, peuvent avoir, sachez-le, des effets autrement funestes qu'une coupure ou une brûlure qu'on guérit aisément.

L'habitude de l'obéissance.

Exécutez donc sans contestation les ordres qui vous contrarient, vous deviendrez plus doux et plus souples ; vous vous accoutumerez à dompter ces mouvements d'humeur qui pourraient vous entraîner plus loin que vous ne pensez.

Vous recevrez souvent des ordres qu'on ne se croira pas obligé de justifier devant vous. A l'armée, l'obéissance au commandement d'un officier ne souffre ni hésitation ni réplique, et toute indiscipline est sévèrement punie. Vous aurez des chefs qui n'admettront pas davantage la contradiction dans les états que vous embrasserez. Prenez garde que l'enfant qui ne cesse d'opposer des difficultés à ses parents, risque de devenir un homme insubordonné, d'un caractère odieux à tous. L'esprit de révolte dans la famille dispose à porter ce même esprit dans la société. Malheur à ceux qui le tournent même contre les lois qui commandent à tout le monde !

Un sage proverbe assure que c'est en apprenant à obéir jeune qu'on apprend plus tard à commander.

EXERCICE.

Raisons qui font à l'enfant un devoir de l'obéissance. — En quoi une autorité est nécessaire dans la famille. — Motifs qui confèrent aux parents cette autorité. — L'expérience de la première enfance montre le tort que fait aux enfants la désobéissance. — Les enfants ne doivent pas discuter l'obéissance. — Quelles raisons engagent à prendre de bonne heure l'habitude d'obéir ?

CHAPITRE IV.

DEVOIR DE RESPECT ENVERS LES PARENTS.

En même temps que le Décalogue et la Morale font une prescription d'**honorer** son père et sa mère, un article du code, où sont inscrites les obligations légales des Français, dit expressément : « L'enfant, à tout âge, doit **honneur et respect** à ses père et mère. »

A tout âge ! Il n'en est pas de même de l'obéissance. Devenu homme, l'enfant doit assurément déférer le plus possible aux désirs de ses parents, il n'est plus obligé à la même obéissance ; il est toujours tenu au **respect**. L'obligation n'en cesse qu'avec la vie.

Le **respect** se manifeste par la tenue, le ton, les manières. On ne doit jamais traiter ses parents comme des égaux, encore moins comme des inférieurs. La supériorité que leur assurent leur titre, leur âge, leur expérience, leur reste acquise, ne l'oubliez pas. Les défauts mêmes des parents ne doivent pas empêcher le **respect**.

Cham en manquant à son père qu'il avait surpris ivre, a, selon la Bible, encouru le châtiment divin, et il encourt le blâme de tous les hommes qui lisent ce récit dans l'histoire sainte.

Sauf des exceptions heureusement rares, celui qui respecte ses parents ne fait au reste que leur rendre l'hommage qu'ils méritent par leurs vertus.

EXEMPLES

Autrefois les signes extérieurs du respect donnés aux parents étaient plus grands qu'aujourd'hui. Ce n'est pas que les bons fils, de notre temps, honorent moins leurs parents, mais une crainte respectueuse et les marques d'une sorte de culte se manifestaient davantage vis-à-vis de l'autorité du père et de la mère de famille. Les enfants disaient *vous* aux parents. Dans les circonstances solennelles de leur existence, ils s'agenouillaient devant eux pour leur demander de les bénir, comme si le père exerçait une sorte de sacerdoce. Le marquis de Mirabeau, père du grand orateur, et qui se montra moins irréprochable comme époux et comme père qu'il ne le fut comme fils, s'accusait d'avoir profité de la loi qui abrégeait le deuil autrefois extrêmement long après la mort d'un père; chaque soir, avant de se retirer, il donnait à sa mère âgée, bien qu'il eût lui-même alors quarante-cinq ou cinquante ans, des marques d'affection mêlées de signes de respect. Si nous avons supprimé ces signes alors si fréquents, tâchons que la perte ne s'en fasse pas sentir au fond du cœur et bannissons tout ce qui, dans les rapports des enfants avec les parents, tombe dans une camaraderie condamnable.

— Un peuple que nous ne citerions pas comme le modèle de toutes les vertus au même degré, le peuple chinois porte au plus haut point le respect des parents et des ancêtres, tellement que le fils anobli par de grands services, anoblit du même coup non pas ses descendants mais ses aïeux.

Voici un exemple de ce respect filial chez les Chinois envers un père qui ne s'était pas montré sans reproche dans sa conduite comme fonctionnaire. Il avait été condamné à avoir la tête tranchée; son fils alla se jeter aux pieds du gouverneur, le conjurant d'accepter l'offre qu'il faisait de mourir à la place de son père. L'empereur, sollicité et touché d'un tel dévouement, envoya, avec la grâce du père, un titre d'honneur pour le fils. Que fit alors ce fils aussi respectueux qu'il s'était montré tendre et dévoué? Il refusa constamment cette distinction, disant que le titre dont il serait décoré rappellerait sans cesse au public le souvenir de la faute paternelle. Une marque si délicate de respect est presque aussi admirable que le généreux élan qui l'avait porté à solliciter la grâce de mourir à la place de ce père qui ne pouvait pourtant s'en prendre qu'à lui-même des fautes qu'il avait commises.

EXERCICE.

Comment le respect survit même à l'obéissance à l'égard des parents chez l'enfant plus âgé. — Signes extérieurs par lesquels il doit se manifester. — Les défauts des parents ne doivent pas empêcher le respect. — Commenter les exemples cités et faire ressortir l'idée de respect qui sert de conclusion au *dernier exemple.*

CHAPITRE V.

DEVOIR D'AMOUR ET DE RECONNAISSANCE.

L'enfant vit près de ses parents, objet incessant de leur affection et de leur dévouement : comment donc lui-même ne les paierait-il pas de retour, et comment s'acquitter d'abord pour le don de l'existence même? Aussi quelle affliction pour un bon fils quand il a le malheur de perdre ses parents! Comme il se reproche alors le moindre manque d'attention et d'égards! Comme il voudrait ressaisir ces jours de réunion si chère et si heureuse qui ne reviendront plus!

Enfants, n'oubliez pas ce que votre mère a souffert pour vous, tant de soins prodigués, tant de veilles pleines d'angoisses pendant les maladies, le perpétuel souci de vos progrès dans le bien, et ce que votre père a fait et continue à faire par un travail qui ne s'arrête jamais pour assurer votre présent et votre avenir.

Vos parents, la vieillesse arrivée, ou même auparavant, peuvent devenir incapables par leurs infirmités de subvenir à leurs propres besoins.

Vous ferez alors pour eux ce qu'ils ont fait pour vous.

Vous les soignerez, vous leur procurerez les moyens de subsister, vous les traiterez avec d'autant plus d'égards qu'ils sont tombés dans le malheur. L'impatience et la dureté ôteraient le mérite du secours matériel. Vous blesseriez leur juste fierté et leur tendre affection par ces indignes procédés.

L'amour que les enfants doivent aux parents porte le beau nom de *piété*, par lequel on exprime l'amour plein de respect qui attache l'homme à Dieu lui-même. La piété filiale ne s'arrête ni devant les difficultés, ni devant les dégoûts. On regarde comme des êtres monstrueux, c'est-à-dire comme des exceptions aux règles générales de l'humanité, les mauvais fils et les fils ingrats.

Faites pour vos parents ce qu'ils feraient pour vous, si vous deveniez infirmes, et vous serez des fils parfaits.

EXEMPLES.

L'amour filial a produit les exemples les plus beaux et les plus multipliés dans tous les rangs de la société, sous toutes les formes et à toutes les époques. On pourrait composer un livre entier de ces faits touchants. Prenons d'abord dans les conditions communes des exemples qui sont à la portée de tous. Nous en citerons ensuite qui appartiennent à l'histoire.

—L'Académie française (1), qui décerne des prix chaque

---

(1) L'Académie française est une célèbre compagnie, qui se compose d'une grande partie des illustrations littéraires de la France. Elle décerne aussi des prix. Elle en donne non seulement à de bons livres, mais à des actions d'éclat qui lui sont signalées. Ces prix s'appel-

année à certains actes de vertu portés à sa connaissance et longtemps demeurés obscurs, désignait en 1879, au respect et à l'imitation, Mademoiselle Léontine Nicolle, née dans les rangs modestes, et qui n'a jamais aspiré à la renommée qu'on lui fait. Elle avait perdu son père. Sa mère devint folle. On l'enferma dans l'asile de la Salpêtrière, à Paris. La jeune Léontine avait de quoi vivre indépendante ; mais elle ne voulut pas abandonner sa mère à des soins étrangers. Elle obtint d'entrer à la Salpêtrière comme surveillante. — Pendant vingt-sept ans, elle a consenti à vivre parmi les folles, prodiguant ses soins à une mère qui ne pouvait même plus la reconnaître.

— Que dire aussi du brave militaire Maneville, à qui a été décernée une récompense de même genre, et qui lui non plus ne s'attendait pas à ce que son nom et son action fussent jamais divulgués ? Ses parents étaient endettés. Il résolut de payer leurs dettes. Comment faire ? Il s'engagea et commença à les acquitter par une partie de la somme de l'engagement. Il mit le surplus à la caisse d'épargne, pour fournir en son absence aux besoins de sa mère, devenue veuve peu de temps après son départ. Simple soldat, il s'impose la loi d'économiser sur sa solde d'un sou par jour, et chaque mois il envoie 1 franc au village ; caporal, il envoie 2 francs 50 ; sergent, il envoie 4 francs. C'est par l'augmentation de son modeste revenu que la mère de Maneville apprend sa bonne conduite au régiment ; c'est probablement de la même manière qu'elle a appris l'hommage que l'Académie française a rendu à son enfant en lui décernant un prix Montyon.

— Plusieurs actes du genre de celui de Maneville ont été signalés dans l'armée et dans les carrières civiles. Tantôt ce sont des fils qui s'imposent un énorme surcroît de

---

lent prix de vertu ou prix *Montyon*, parce qu'un homme de bien fort riche, M. de Montyon, a laissé à l'Académie un legs qui lui permet de récompenser chaque année des actions vertueuses sur lesquelles il est fait un rapport où elles sont racontées et appréciées.

peine pour soutenir leurs parents, tantôt des filles qui se livrent à des travaux de couture, de broderie, pour venir en aide à un père infirme, à une mère âgée.

— En 1845, une trombe furieuse éclatait dans la vallée de Moranville, près de Rouen. Elle renversa, réduisit en morceaux, par la puissance terrible qui appartient à ces météores, trois belles et riches filatures. Quarante personnes perdirent la vie, cent furent blessées, la plupart mortellement. Un des chefs de ces manufactures, M. Neveu, avait disparu sous les décombres. A force de fouiller, on arriva jusqu'à lui. On le trouva appuyé sur les deux poignets, le dos en voûte, supportant une masse de décombres et protégeant sa mère qui était tombée devant lui et qu'il aurait étouffée sans son admirable courage. Il n'était pas resté moins de trois heures dans cette horrible position. Retiré des décombres, il demeura plusieurs heures sans proférer une parole. Quand il eut repris connaissance : « Je sais, dit-il, que je suis ruiné, mais je ne me plains pas ; j'ai eu le bonheur de sauver ma mère. »

— L'histoire ancienne et notre histoire nationale ont consigné des faits qui ont un grand éclat, et il en est qui jouissent d'une célébrité extraordinaire dans les annales de ce peuple romain qui avait conquis presque toute la terre avant l'ère chrétienne. De tels faits sont imposants et la peinture les a plus d'une fois retracés sur la toile.

Cette puissante ville de Rome était souvent livrée aux discordes civiles. Le parti vainqueur ne ménageait guère celui qui avait eu le dessous, et plus d'une fois il en proscrivait les chefs. Or c'est ce qui arriva à un de ceux-ci nommé Appius. Le décret d'exil portait que, si les bannis ne quittaient pas la ville dans quelques heures, ils seraient mis à mort. Malheureusement le vieil Appius était infirme. Ses amis se désespéraient, et lui ne s'attendait plus qu'à mourir, quand son jeune fils accourt, et lui dit qu'il saurait bien le porter hors de la ville, dans ses bras, comme son père l'avait porté enfant. Mais l'enfant avait peu de force et le vieillard résistait. Le fils courageux n'écouta que son cœur, il prit le vieillard sur ses épaules, et traversa la ville avec son précieux fardeau ; l'heure avançait, les portes de la ville étaient éloignées, les forces commençaient à défaillir ; n'importe ! Il fallait courir, l'enfant courut ! Il arriva devant les portes, les franchit.

Le jeune Romain Appius sauve son vieux père en l'emportant sur ses épaules.

tomba évanoui après un si grand effort, mais son père était sauvé !

— Un trait de piété filiale, plus célèbre encore chez le même peuple romain, est celui de Coriolan. Ce général avait rendu de signalés services à son pays qui se montra ingrat envers lui et l'exila. Impétueux et plein d'orgueil, Coriolan ne songea d'abord qu'à sa vengeance. Il se réfugia chez les Volsques, ennemis de sa patrie, et forma le dessein criminel de marcher à leur tête contre Rome qu'il se promit de châtier. Sa mère, Véturie, vint le trouver accompagnée de sa femme et de son jeune enfant.

Elle le supplia de ne pas déchirer le sein de sa patrie et de respecter sa propre gloire qu'une pareille trahison aurait éternellement flétrie. Il se laissa toucher. Ainsi la piété filiale épargna à Coriolan de commettre une mauvaise action, et au lieu du déshonneur, il acquit une gloire nouvelle.

— C'est aussi dans des jours de discordes civiles qu'on a vu la piété filiale se manifester chez nous par d'attendrissantes et sublimes actions.

Mlle de Sombreuil, fille du gouverneur des Invalides, fut enfermée avec lui à la prison de l'Abbaye en 1792, pendant la période de la Terreur. Une populace indigne du nom français et qui déshonorait la Révolution par ses affreux excès, massacra les prisonniers les 2 et 3 septembre. Mlle de Sombreuil couvrit son père de son corps, et par ses supplications arrêta le bras des assassins ; mais il lui fallut, pour obtenir la grâce de celui qu'elle n'avait préservé du coup mortel que pour un instant, consentir à boire un verre de sang, que ces hommes féroces jusque dans leur clémence présentèrent à ses lèvres.

Dans les mêmes tragiques circonstances, la fille d'un écrivain distingué, Cazotte, donna l'exemple d'un égal dévouement. Enfermée avec son père à la prison de l'Abbaye, dans ce moment où les femmes elles-mêmes n'échappaient pas à la proscription, elle fut acquittée pourtant, et c'est volontairement qu'elle resta près de ce père qu'elle se refusait à abandonner. Les massacres commencèrent aux portes, que les malheureux prisonniers furent souvent invités à franchir avec la promesse trompeuse de la liberté et où les attendaient des hommes armés tout prêts à les frapper de mort. Le carnage durait depuis trente heures, le malheureux Cazotte allait tomber aux mains des assassins. Sa fille se jette entre eux et lui, pâle, échevelée : « Vous n'arriverez à mon père, crie-t-elle, qu'après m'avoir percé le cœur. » Un groupe apitoyé ouvre un passage à Mlle Cazotte, qui entraîne le vieillard à sa suite et l'emmène chez lui. Hélas ! peu de jours après, on l'enlève de nouveau à son foyer et on le conduit dans la prison de la Conciergerie. Sa noble et infatigable fille court à la commune, chez le ministre, et leur arrache la permission de servir son père pendant sa captivité. Mais ce n'était encore qu'un leurre. Pour échapper à ses importunes supplications, on la met au secret. Elle ne communique plus avec celui qu'elle ne pourra sauver une seconde fois. Elle ne sort elle-même de prison que pour apprendre la mort affreuse de son père et pour adoucir le chagrin de sa mère au désespoir.

EXERCICE.

L'amour doit accompagner le respect. — L'enfant doit entretenir en lui l'affection pour ses parents en se rappelant ce qu'ils ont fait et font pour lui.

Devoirs envers les parents vieux ou infirmes.—Ce qu'on entend par piété filiale. — Exemples divers de piété filiale dans les conditions obscures de la société et dans l'histoire.

CHAPITRE VI.

LES FRÈRES ET LES SŒURS.

Mes amis, il manque quelque chose à l'enfant qui vit seul dans sa famille. Il n'a pas tout près de lui des objets d'affection, des compagnons de ses jeux et de ses travaux. Peut-être aussi sera-t-il trop gâté par ses parents. L'affection fraternelle ouvre le cœur des enfants, les rend plus expansifs, moins égoïstes.

Être nés des mêmes parents, les avoir pour commun objet d'amour, de même qu'on est pour eux un commun objet d'affection, quel lien peut-on concevoir qui soit et plus fort et plus doux que celui-là ?

Partout l'abus de la force est condamnable ; mais où

peut-il l'être plus que dans la famille elle-même, entre des êtres nés pour s'aimer et se protéger mutuellement ?

Rien n'est plus odieux qu'un frère abusant de sa force pour tourmenter, opprimer son frère plus faible, lui arracher ses jouets, le rudoyer, le frapper même avec brutalité, tandis que son rôle et son devoir sont de le ménager, de l'aider, de lui céder même parfois, et de veiller sur lui avec une généreuse sollicitude.

Evitez ces *taquineries* qui sèment l'irritation et amènent quelquefois des pleurs, des brouilles, et peut-être des rancunes ou des refroidissements plus durables. Loin de vous surtout ces jalousies qui empoisonnent les cœurs et qui enfantent la discorde. Le crime de Caïn est né de l'affreux sentiment de la jalousie. Elle engendre du moins les mauvaises pensées, les sentiments malveillants, elle déchire le cœur où elle a une fois pénétré.

Devoirs envers les sœurs.

Vous devez à vos **sœurs** une affection plus tendre, leur faiblesse est leur titre même ; elles ont une plus grande délicatesse et de corps et de sentiments, plus d'aptitudes à aimer comme à souffrir. Le respect pour la femme et pour la faiblesse est un des devoirs où éclate le plus la générosité d'un noble cœur. Il appartient à l'éducation de le développer en vous. Pourquoi cette générosité serait-elle, comme jadis, le privilège d'une classe supérieure ? Ne cherchez-vous pas à vous élever au plus haut niveau par l'âme ? Que vos **sœurs** vous rappellent ce qu'étaient vos mères plus jeunes. Ayez pour elles ces attentions dévouées et ces complaisances qui, en vous rendant moins secs, moins durs, plus polis, vous honorent, sachez-le, aux yeux de tous. Un bon et aimable **frère** est un spectacle aussi agréable à voir que répugne celui d'un frère despote et brutal.

Vous devez **toujours** vous abstenir de mots grossiers,

mais c'est surtout devant vos **sœurs** qu'il vous faut observer cette convenance du langage qui fait la distinction de l'enfant, comme de l'homme, dans les conditions les plus humbles.

C'est encore plus la décence que la correction du langage qui établit entre les classes la vraie égalité.

Ne croyez pas faire les hommes en recourant à ces juremonts et à ces expressions basses et honteuses que l'honnêteté condamne.

Par là, vous ne faites qu'appeler sur vous le mépris au lieu de l'estime qu'un ton de franchise sans grossièreté vous assurera.

Presque toujours vos **sœurs** pourraient ici vous servir de modèles. Il serait honteux que ce fût vous qui leur fissiez prendre ces façons indignes des garçons, et déshonorantes pour des filles.

Dans la famille, telle qu'on aime à la concevoir, les **frères** et les **sœurs** doivent être les uns pour les autres une école mutuelle des qualités qui peuvent également appartenir aux deux sexes. Souvenez-vous du moins que leurs oreilles veulent comme leur âme être ménagées et d'abord préservées de toute parole qui souille l'imagination où elle entre et les lèvres qui osent la proférer.

Devoirs des aînés.

Les **aînés** ont des devoirs particuliers, qui leur imposent une véritable responsabilité dans la famille. Leur puissance est grande pour le bien et pour le mal, plus qu'ils ne le supposent eux-mêmes et qu'on ne le soupçonne souvent autour d'eux.

Les plus jeunes inclinent à les écouter comme des oracles, à les imiter comme des modèles, quoi qu'ils fassent.

Cette influence va quelquefois jusqu'à l'emporter sur celle des parents, dont les enfants ne comprennent pas toujours le caractère réfléchi et sérieux et qui parfois leur imposent des gênes dont ils ne voient pas la nécessité. L'*aîné* est plus près d'eux par son âge, par ses penchants et ses goûts.

Aussi un frère aîné doit-il, sans affecter l'autorité et le ton qui n'appartient qu'à un père, se considérer comme ayant mission de le représenter pour leur conseiller le bien, les détourner des fautes, écarter les occasions qui risqueraient de leur porter quelque préjudice moral.

Mes enfants, la mort frappe parfois sur la famille des coups terribles et inattendus. Hélas! il arrive qu'elle enlève prématurément un chef de famille, il arrive même que, doublement cruelle, elle emporte les deux chefs tour à tour, avant que leur œuvre ait été achevée. Alors c'est à l'*aîné* des fils qu'on voit prendre effectivement la place du père qui n'est plus là! Que de fois aussi une *sœur*, ayant une avance de bien peu d'années, s'est-elle trouvée tout à coup investie des charges d'une maternité précoce, sérieuse pourtant et pleine de responsabilité! Elle gouverne la maison, soigne, élève toute une famille, sœur par l'âge, mère par le devoir, providence visible que Dieu substitue à celle qui, enlevée à la terre, se perpétue dans une autre elle-même par l'âme et le dévouement!

Intermédiaires entre les parents et les enfants plus jeunes, que ceux qui portent ce titre d'**aînés** prennent de bonne heure l'idée des devoirs qui s'y attachent, enfants comme leurs frères, mais plus sérieux qu'eux, non pas maîtres, mais un peu chefs de tout ce petit monde qui a besoin d'être guidé.

EXEMPLES.

Un de nos auteurs dramatiques les plus connus dans le dernier siècle, Sedaine (né en 1749, mort en 1797), était fils d'un entrepreneur de bâtiment dont la perte prématurée laissait sans ressources une veuve et deux enfants ; le second était encore très jeune. — Sedaine, qui était l'aîné, avait environ quatorze ans. Il s'était déjà distingué par de brillants succès dans ses études. Le principal du collège proposait de le garder et lui promettait son appui ; mais l'enfant pensa qu'il devait avant tout assurer par un travail lucratif le sort de son jeune frère, ainsi que l'existence de sa mère. Il n'hésita pas à se faire apprenti maçon, et put ainsi pourvoir aux frais de l'éducation de son petit frère; lui-même consacra ses soirées à l'étude, grâce aux facilités que lui offraient ses maîtres et ses anciens camarades en l'assistant de leurs conseils et par le prêt de quelques livres. Il éleva son ambition jusqu'à devenir architecte. Il n'avait pas la somme nécessaire pour payer le voyage de Paris pour lui et pour son frère. Il fera donc ce voyage à pied, supportant pour son frère qui ne pouvait le suivre, les frais d'une place dans une voiture publique. A mesure que sa position devenait meilleure, le courageux jeune homme redoublait de sacrifices pour l'instruction de son frère, et il trouvait encore le moyen d'adresser à sa mère une partie de ses économies. Plus tard, au comble des honneurs que donnent les arts et les lettres, membre de l'Académie d'architecture et de l'Académie française, Sedaine se souvenait avec une joie profonde d'avoir si bien rempli son devoir d'aîné.

— Une jeune fille de quinze ans, nommée Elisa Sellier, était l'aînée de neuf enfants. Leur mère fut enlevée par une mort soudaine. Un plus grand malheur encore survint peu après : le père, livré à une vie de désordres, finit par abandonner la maison. Ce fut comme un coup de foudre pour la pauvre famille. Figurez-vous le désespoir et les larmes. Les plus petits seuls ne pleuraient pas, ignorant leur sort et n'étant pas les moins à plaindre. Élisa pleurait aussi et plus peut-être que ses frères et ses sœurs, parce qu'elle sentait mieux l'étendue d'une telle infortune. — Mais un éclair de résolution courageuse semble l'illuminer. Elle a compris qu'il y avait un immense devoir où les autres ne voyaient qu'un sujet de douleur. « Essuyez vos larmes, mes enfants, leur dit-elle, ayez confiance en Dieu, il me donnera la force de vous venir en aide. Je serai votre mère. »

Élisa Sellier se dévoue pour ses jeunes frères et sœurs, et, à quinze ans, devient leur mère.

La petite ouvrière tint parole. Elle partagea ses journées entre le travail et les soins donnés aux jeunes enfants et au ménage. Elle suffit à tout sans rien devoir à personne. Ainsi elle put élever cette petite famille à laquelle elle ne cessa de se dévouer que lorsque chaque enfant eut appris un métier.

EXERCICE.

Pourquoi il est heureux qu'on ait des frères et des sœurs. — Défauts à éviter dans les rapports des frères ; qualités à déployer particulièrement à l'égard des sœurs. — Rôle de l'aîné à l'égard des plus jeunes. — Ce que peut devenir ce rôle des ainés si les parents viennent à manquer.—Rappeler les principaux traits des exemples cités d'un frère et d'une sœur ainés devenus chefs de famille à défaut des parents.

CHAPITRE VII.

DEVOIRS ENVERS LES SERVITEURS.

Mes chers enfants, vous devez traiter les **serviteurs** avec bonté et leur parler avec douceur. Eux et vous n'êtes pas d'une nature différente. Ce que je dis s'adresse tout aussi bien et encore plus même aux enfants des familles aisées, qu'à ceux qui appartiennent à des familles plus pauvres où, quand il y a des domestiques, ils sont traités en général avec moins de hauteur.

Il y a eu un temps fort éloigné où les **serviteurs** étaient des *esclaves*. On entendait par ce mot des gens forcés de servir toute leur vie des maîtres qui avaient sur eux tous les droits parce qu'ils étaient comme leur propriété. Les maîtres pouvaient les vendre, comme cela existait encore pour les noirs réduits en servitude, il n'y a pas beaucoup d'années. Les peuples anciens antérieurs au christianisme, et notamment les Grecs et les Romains, possédaient des esclaves qu'ils supposaient n'avoir pas une âme comme nous et considéraient comme indignes et incapables de la liberté. Personne n'admet plus aujourd'hui cette opinion injurieuse pour une partie de l'espèce humaine; on regarde comme un crime de faire de l'homme un outil, une chose.

Aussi n'y a-t-il plus d'esclaves, si ce n'est sur quelques rares points de la terre, et bientôt il n'y en aura plus du tout.

Le **serviteur**, homme libre qui loue son temps et sa peine, mes chers amis, en échange de moyens de subsistance, est comme les autres journaliers qui accomplissent d'autres besognes. — Mais il a un titre de plus, il vit dans la même maison. C'est pour cela qu'on l'appelle **domestique**, mot tiré du latin, cette ancienne langue dont vous connaissez au moins le nom, et où *domus* signifiait maison. C'était si peu un terme de dédain qu'on voulait dire par ce mot que les domestiques faisaient partie de la maison, de la famille elle-même.

Le terme de **serviteurs** indique assez qu'ils jouent un rôle utile. Où a-t-on jamais vu que des *services* rendus ne fussent pas un titre à l'estime, dès lors qu'ils sont honorables? Ceux dont les *serviteurs* s'acquittent sont de première nécessité. Ils consistent à accomplir les tâches que nous ne voudrions ou ne saurions pas exécuter nous-mêmes.

Nous pourrions encore moins nous passer d'eux qu'ils ne sauraient se passer de nous; car rien ne les empêcherait de faire autre chose, et que deviendrions-nous sans eux surtout dans les familles nombreuses? Là le père a des occupations qui l'absorbent, souvent la mère se trouve placée par sa situation au-dessus de certaines besognes. Il n'est pas jusqu'aux familles modestes qui ne réclament leurs bras et leur concours utile sous différentes formes. Les enfants dont les maisons sont trop peu aisées pour avoir une servante pourraient apprendre à leurs camarades plus fortunés quelle activité et quel soin il faut pour bien remplir ce genre de devoirs. Ne voient-ils pas leur laborieuse mère, ménagère sans cesse occupée, levée souvent la première et quelquefois couchée la dernière, toujours à l'ouvrage, veillant à ce que la maison soit propre, les lits faits, le linge en bon état, les vêtements raccommodés et le repas toujours prêt aux heures qui ont été réglées, pour que le père qui revient de son travail et que les enfants qui rentrent de l'école n'aient pas à faire attendre leurs appétits impatients?

Quoi de plus ridicule qu'un enfant qui se sert, en parlant à des *serviteurs*, de ces paroles dures, insolentes, qu'on blâme même chez les maîtres, et qui prend avec eux un air orgueilleux de commandement! Leur situation dans la famille ne les empêche pas d'avoir pour eux la supériorité de l'âge, et plus d'une fois d'autres avantages encore. Le *serviteur* honnête homme a le droit d'être traité avec égards. On lui fait injure quand on a l'air de le regarder comme un simple instrument. Il est sensible à l'estime ou au mépris qu'on lui montre.

Les *serviteurs* ont des défauts, dites-vous, en répétant les plaintes de vos parents qui peuvent être fondées, et n'en avez-vous pas? Savez-vous si à leur place vous n'en auriez pas autant et plus qu'ils n'en ont eux-mêmes? Un auteur a dit plaisamment qu'à voir le nombre des qualités qu'on exige des domestiques, il y a plus d'un **maître** qui ne serait pas digne d'être **serviteur.**

Il est vrai que beaucoup de *serviteurs* ne considèrent la maison où ils sont que comme un lieu de passage. Un simple désagrément, la première offre de gages un peu plus élevés, et les voilà qui s'en vont ailleurs. Mais il en est aussi, plus qu'on ne le croit, qui ont des sentiments plus dévoués. On le voit quand la ruine ou la maladie viennent à tomber sur leurs maîtres. Cette élite suffirait pour qu'on ne se hâtât pas de se croire quittes envers les gens qui nous servent en leur payant régulièrement ce qui leur est dû.

C'est un devoir d'assister ses *serviteurs* de diverses façons, de leur donner de sages conseils, de les soigner ou de les faire soigner en cas de maladie.

Cette considération pour ceux qui nous servent ne doit pas pour tout vous engager à avoir avec eux une familiarité excessive, une sorte de camaraderie qui a souvent de graves inconvénients. Ce n'est pas pour en faire vos camarades et vos confidents que vos parents les ont introduits dans la maison.

Soyez bons, polis, humains envers les serviteurs, c'est tout ce que le devoir exige de vous.

2

EXEMPLES.

Quel admirable exemple de soins affectueux donnés par un maître à un serviteur vieux et malade que celui qui fut offert par un des hommes les plus illustres de l'Italie et du monde entier, au seizième siècle, par le fameux Michel-Ange, grand peintre, grand sculpteur, grand

Michel-Ange soigne son serviteur malade.

architecte ! Michel-Ange avait quatre-vingts ans, quand son fidèle serviteur Urbain tomba malade. Il le soigna nuit et jour, et quand il l'eut perdu, voici la lettre qu'il écrivit à un de ses amis ; elle montre encore mieux peut-être que sa bonne action les sentiments dont il était animé :
« Vous savez comment Urbain est mort, ce qui a été pour moi une très grande grâce de Dieu et en même temps une grande perte et une douleur infinie. La grâce a été qu'après m'avoir, pendant sa vie, conservé vivant

par ses soins, il m'a enseigné, en mourant, à bien mourir. Je l'ai gardé vingt-six ans, et je l'ai toujours trouvé bon et fidèle ; maintenant que je l'avais mis au-dessus du besoin et que je m'attendais à l'avoir pour bâton de vieillesse, il m'est enlevé, et il ne me reste d'autre espérance que de le revoir en Paradis. Dieu nous a donné un signe de cela par la très heureuse mort qu'il a faite, car il regrettait bien moins de mourir que de me laisser dans ce monde perfide, au milieu de tant de peines ; maintenant que la meilleure partie de moi-même s'en est allée avec lui, il ne me reste plus qu'une douleur infinie, et je me recommande à vous. »

— Les rapports faits sur les prix de vertu abondent en exemples de dévouement de serviteurs pour leurs maîtres infirmes ou tombés dans l'infortune.

— Marie Priour (1), née à Nantes, d'un père et d'une mère chargés d'enfants, avait été recueillie par Madame de Tiercelin, veuve d'un capitaine de vaisseau. La Révolution survint, et Madame de Tiercelin fut ruinée. Non seulement Marie ne l'abandonna pas, mais quand elle mourut en 1801, elle refusa de se séparer d'une fille que sa bienfaitrice laissait orpheline. Elle continua de la servir sans gages et ne voulut pas la quitter pour entrer chez des amis qui, connaissant ses rares qualités, lui eussent assuré du pain pour sa vieillesse ; le jour elle travaillait, la nuit elle brodait pour aider Mademoiselle de Tiercelin à se procurer de faibles ressources. En 1808, un oncle de Marie Priour, curé dans la Vendée, l'avait appelée auprès de lui ; elle répondit qu'elle ne pouvait quitter sa maîtresse, que personne ne soignerait lorsqu'elle serait partie. A son décès en 1814, ce digne oncle lui laissa quelques économies ; elle les consacra tout entières à Mademoiselle de Tiercelin, qui manquait de linge et des choses les plus indispensables. Ce double travail du jour et de la nuit affaiblit la santé de Marie ; elle se vit contrainte d'y renoncer ;

(1) Rapports sur les prix de vertu.

alors elle chercha des ménages à faire en ville, et ce qu'elle y gagnait, elle l'apportait à la maison. Cinquante francs lui revenant encore dans une part d'héritage, elle n'en gardait rien pour son usage personnel; enfin, devenue sourde, à la suite de tant de fatigues, elle n'a jamais perdu courage, et n'a point cessé de se dévouer à sa maîtresse devenue son amie.

EXERCICE.

Raisons de bien traiter les serviteurs. — Quelle conduite doivent suivre les enfants avec les domestiques ? — Qualités et dévouement d'un certain nombre de serviteurs. — Ne pas les abandonner dans leurs maladies. — Exemple d'un homme célèbre qui donne ses soins lui-même à un vieux serviteur malade, et d'une simple servante qui consacre sa vie à sa maîtresse tombée dans le malheur.

CHAPITRE VIII.

L'ÉCOLE, L'INSTRUCTION, L'ÉDUCATION.

Mes enfants, vous avez une intelligence qu'il vous est enjoint de cultiver. L'homme est fait pour se perfectionner et se développer, et rien ne se développe sans le travail.

Notre esprit ressemble à la terre qui ne produit guère que de mauvaises herbes si on l'abandonne à elle-même. L'homme ne laisse pas à l'état de nature les plantes destinées à se transformer sous sa main, ni les arbres qui portent des fruits si savoureux, ni ceux qui se couvrent d'une riche parure de fleurs.

N'avez-vous pas aperçu au fond des bois un petit arbuste que ne distingue aucun avantage apparent? Son attitude est modeste, sa fleur est pâle et presque sans odeur, rien ne montre sa supériorité sur beaucoup d'autres qui brillent à côté de leur éclat naturel.

Cet arbuste est l'églantier; la culture s'en empare,

et il produit la fleur aux belles couleurs et au suave parfum, la rose qui semble régner sur toutes les autres fleurs d'une origine souvent moins humble.

Il existe aussi une herbe vile, qui laissait à peine deviner sa fécondité future, et qu'on ne retrouve plus à l'état naturel ; la culture s'en est emparée, et la petite herbe est devenue... quoi ? le blé, mes enfants, et c'est le blé qui nourrit le genre humain !

La culture intellectuelle et morale opère de pareils prodiges. Elle met nos facultés en valeur ; elle y dépose des germes destinés à mûrir ; ce sont les connaissances.

L'**instruction** arme l'esprit des instruments les plus nécessaires ; la lecture nous met en rapport par des signes convenus, qu'on nomme lettres, avec la pensée des autres hommes. L'écriture, par l'imitation de ces mêmes signes, nous permet de leur communiquer nos propres pensées. Le calcul opère aussi sur des signes qu'on appelle des chiffres et sert à des usages fréquents dans la pratique de la vie. Voilà ce qu'enseigne l'**école**.

Les éléments de géographie vous y sont également enseignés. Ils vous permettent de n'être pas comme des étrangers sur la terre et dans votre propre pays. Ceux de l'histoire vous transportent dans le passé et semblent vous rendre contemporains des siècles écoulés. Elle vous intéresse aux générations qui vous ont précédés. Elle vous montre des aïeux dans tous les Français qui ont vécu avant vous.

C'est à l'**école** que tout cela est enseigné, mes enfants. Bénissez donc l'*école*, puisqu'elle vous initie à ces connaissances, qui forment le fonds de ce qu'on appelle la *civilisation*, c'est-à-dire cet état où les facultés humaines ont reçu leur développement et où les mœurs se sont polies.

Mais les mœurs regardent l'**éducation**. L'homme n'est pas seulement une **intelligence**, il y a en lui ce qu'on appelle le **cœur**, le **caractère**, la **volonté**. C'est à cette partie de nous-mêmes que l'**éducation** s'applique, comme l'**instruction** s'adresse à l'esprit. L'éducation contribue à former les habitudes. Elle y ajoute les manières douces, polies, qui sont ou doivent être le reflet de nos sentiments intérieurs de bienveillance pour nos semblables.

Instruction et éducation inséparables.

Que serait un enfant instruit, mes chers amis, s'il n'était en même temps *bien élevé* dans toute la force du mot ? Vous ne devez rien mettre, pas même les dons de l'esprit, pas même l'acquisition de la science, si honorable pourtant, au-dessus des sentiments affectueux et honnêtes, d'un cœur généreux, d'un caractère droit et d'une volonté accoutumée à aimer le bien et à le faire ; car c'est dans ces mérites surtout que consiste notre valeur véritable. *Ceux-là seuls sont des hommes vraiment hommes qui à l'instruction joignent l'éducation morale.*

Mais, s'il faut distinguer *l'instruction et l'éducation*, pourquoi ne pas le dire avant tout ? elles sont l'une et l'autre d'indispensables bienfaits. L'*instruction* pour sa part contribue à l'*éducation*, puisqu'elle donne de bonnes habitudes de travail, d'application et des goûts sérieux qui doivent éloigner de la frivolité et du vice.

Tout ce que je veux vous dire, c'est que l'*instruction*, qui n'est qu'un moyen, pourrait être tournée au mal, si une bonne *éducation* n'en assurait les heureux effets.

A quoi servirait la lecture, si on l'employait à se corrompre par de mauvais livres ? A quoi serviraient les connaissances qu'on reçoit à l'école et la science la plus consommée des secrets du métier, si, après y avoir trouvé les moyens de vivre, on les compromettait par des habitudes vicieuses ?

Le désir de s'instruire est aujourd'hui universel, et les moyens en sont tellement multipliés et à la portée de tous, que, pour ne pas s'instruire, il faudrait repousser tous les secours qui s'offrent. Sachez que beaucoup d'enfants, dans les temps qui vous ont précédés, ont rencontré au contraire de grands obstacles et n'en ont triomphé que par une force de volonté bien rare.

EXEMPLES.

L'enfance d'un de nos généraux les plus dignes d'estime par leurs talents et leurs vertus, le général Drouot, fait voir combien la volonté de s'instruire est grande chez les enfants qui ont du courage et de l'énergie. Ce général (né en 1774, mort en 1847) était fils d'un boulanger. Un vif désir de s'instruire s'empara de lui dès l'âge de quatre ans. Il allait alors frapper à la porte de l'école, pour qu'on la lui ouvrît, et il pleura fort quand on lui eut signifié qu'il était trop jeune pour y entrer. Quand il eut atteint l'âge, il alla se mêler à d'autres écoliers et suivit même quelques études plus fortes ; mais le brave boulanger n'était pas riche ; il avait besoin de l'enfant pour l'aider au logis, pour faire les commissions au dehors. Rentré de l'école ou du collège, il lui fallait porter le pain chez les clients, et, revenu chez lui, entendre dans la chambre commune tous les bruits des gens de la maison et toutes les conversations des acheteurs. Le soir, par économie on éteignait la lumière. Quel chagrin ! c'était justement ces heures-là que le studieux enfant aurait voulu mettre à profit. On lui ôte la lumière ; il travaille au clair de la lune, trop heureux quand il y en a. A deux heures du matin, les travaux de la boulangerie recommencent. L'enfant se lève, s'approche de la lampe, qui éclaire ces travaux ; mais voilà qu'on éteint la lampe ! Alors il demande à la lueur du four enflammé quelques rayons qui lui permettent de continuer à lire les livres d'histoire qu'il affectionnait le plus. « Telle était, a dit le célèbre prédicateur Lacordaire, dans l'oraison funèbre du général prononcée à Notre-Dame de Paris, telle était cette enfance dont le souvenir poursuivait le général Drouot jusque dans les splendeurs des Tuileries. Quand la France eut besoin, en 1793, de soldats pour défendre son indépendance, Drouot s'offrit des premiers. »

Le général Drouot, enfant, cherche à lire, la nuit, une fois la lampe éteinte, à la lueur du four allumé chez son père, boulanger.

— Chez les Anciens, l'instruction des enfants était regardée comme un devoir des parents, et le refus de faire les sacrifices nécessaires quand on pouvait y suffire, comme un déshonneur. Diogène, le fameux philosophe cynique (1), né dans l'ancienne Grèce, et qui, dit-on, pour se distinguer, logeait dans un tonneau, Diogène faisait profession de la plus rude franchise. On disait un jour devant lui que les habitants de Mégare n'avaient aucun soin de faire instruire

(1) On donnait ce nom de *cynique*, qui vient du mot signifiant *chien* en grec, à une secte de philosophes qui affectait le mépris des usages de la politesse et des soins donnés au corps. Aujourd'hui le mot cynique signifie impudent, et désigne celui qui affiche le mépris des bonnes maximes, des bonnes mœurs et des usages reçus.

L'ÉCOLE, L'INSTRUCTION, L'ÉDUCATION.

leurs enfants, tandis qu'ils avaient le plus grand souci de bien élever leurs troupeaux. « Si cela est, répondit-il aussitôt d'un ton plaisant, j'aimerais mieux être le bélier d'un Mégarien que son fils. » Ce mot piquant infligeait un blâme à ceux qui ne font pas donner d'instruction à leurs enfants ; il faisait honte aussi aux enfants ignorants.

— Les anciens peuples attachaient surtout une grande importance à l'éducation, et les plus fameux législateurs se montraient convaincus qu'elle peut agir beaucoup sur le naturel selon qu'elle est bien ou mal dirigée. On raconte à ce sujet une anecdote qui le fait voir d'une manière frappante. Un historien de l'antiquité rapporte que le législateur de Lacédémone, Lycurgue, prit deux petits chiens de même race, qu'il éleva chez lui d'une manière bien différente. Il nourrit l'un avec délicatesse, et forma l'autre aux exercices de la chasse. Quand l'âge eut fortifié le corps et les habitudes de ses deux élèves, il les amena sur la place publique, fit mettre devant eux des mets friands, et lâcha ensuite un lièvre. Aussitôt l'un de ces chiens courut vers le mets dont il avait coutume d'être nourri ; l'autre se mit à poursuivre le lièvre avec ardeur. Tous les efforts que faisait l'animal poursuivi pour éviter son ennemi ne servaient à rien ; le chien le pressait et l'eut bien vite attrapé. Tout le peuple applaudit à sa vigueur et à son adresse. Alors Lycurgue, s'adressant à l'assemblée : « Ces deux chiens, dit-il, sont de même race ; voyez cependant la différence que l'éducation a mise entre eux ».

EXERCICE.

Nécessité de l'instruction. — Éléments principaux qui la constituent. — En quoi l'éducation en diffère et en quoi elle consiste. — Différentes utilités de l'instruction. — Expliquer les divers exemples. — Faire ressortir la persévérance du général Drouot enfant, dans les faits qui montrent son avidité d'apprendre. — Rappeler ce qu'il y a de piquant dans le mot d'un ancien sur la négligence de l'instruction. — Dire comment l'éducation agit sur les animaux mêmes et peut à plus forte raison transformer les hommes.

CHAPITRE IX.

DEVOIRS D ECOLE.— DEVOIRS ENVERS L'INSTITUTEUR. DEVOIRS ENVERS LES CAMARADES.

Vos devoirs à l'**école** résultent de ce qui vient de vous être dit sur le devoir de s'instruire. Soyez exacts à y venir, et rejetez les vains prétextes par lesquels on essaie d'excuser une inexactitude qui ne peut être justifiée que par une maladie ou un événement exceptionnel.

Ne donnez pas ce mauvais exemple aux autres. Songez aux inconvénients qui résultent pour vous-mêmes de la perte d'une ou plusieurs leçons et à la difficulté que vous aurez ensuite à vous mettre au même point que les autres, et même parfois à comprendre les leçons suivantes.

On dit qu'on rattrape le temps perdu, ne le croyez pas, mes enfants. On retrouve une pièce d'argent qu'on a égarée. La minute, l'heure, la journée perdue ne revient pas. C'est comme si vous couriez après un oiseau envolé. Le temps a aussi des ailes.

Que vient-on faire à l'**école**, sinon s'instruire ? Soyez donc **attentifs** ; cultivez votre mémoire. On en a beaucoup, à votre âge. Plus tard, elle se perd. Mais apprendre par cœur ou répéter machinalement des mots n'est pas le but à atteindre ; il faut retenir ce qu'on a appris. Pour cela, le secret, c'est d'avoir bien compris. Et savez-vous comment on comprend bien ? Par l'attention. *Appliquez votre esprit à ce qu'on vous dit, à ce que vous faites.* Celui qui sait agir ainsi a déjà bien de l'avance. Je réponds de lui pour l'avenir. Au contraire, l'enfant qui a appris mollement oubliera tout, au sortir de l'école.

L'école est aussi un lieu sacré. Le recueillement, le silence, en dehors des heures de récréation, y sont obligatoires, comme la bonne tenue et la convenance. Des habits en désordre, la malpropreté quand on y arrive, une attitude molle ou remuante, la somnolence qui engourdit l'esprit ou l'agitation qui le dissipe, sont également à blâmer.

Que de manières de se mal tenir et de perdre son temps vous avez inventées, mes chers amis! Les bavards se décèlent et se font punir, ce qui est fort bien fait ; mais ces petits silencieux qui tracent des figures sur les marges de leurs livres déjà surchargés de dessins fantastiques ou qui suivent avec un intérêt qu'ils devraient réserver à la parole du maître les mille incidents de l'évolution d'un papillon ou d'un insecte bourdonnant, ou bien ce qui se passe sur la figure d'un camarade qui rit ou fait la grimace, croyez-vous donc que ceux-là méritent d'être approuvés ?

Et ces enfants qui sont toujours sur la limite des infractions et qu'il faut toujours surveiller, comment ne pas les censurer aussi? Pensez-vous qu'il suffise de ne pas manquer gravement à vos maîtres? Réfléchissez donc, je vous prie, à ce qu'est un **instituteur**, à ce que sa tâche a d'utile et d'élevé, et aussi à ce qu'elle a d'ingrat.

Soumettre aux lois de l'ordre et du devoir des enfants parfois turbulents, souvent légers, étourdis, répéter cent fois les mêmes choses pour les faire entrer dans vos têtes, quelle patience il faut pour l'accomplissement d'un tel devoir! — On dit parfois que vous êtes des diables, de petits diables, il est vrai. Cela n'annonce pas toujours une vie bien facile à ceux qui ont la charge de vous rendre raisonnables.

Et ces cerveaux lents, ces mémoires rebelles, ces ignorances récalcitrantes avec lesquelles il faut être sans cesse aux prises! Pour lutter contre de tels obstacles ne faut-il pas de la vertu? Oui, il faut pour y suffire le sentiment sérieux d'un devoir, la croyance profonde qu'on remplit une fonction profitable à la société, en accomplissant cette mission si honorable et si difficile d'instruire l'enfance.

48 LA FAMILLE, L'ÉCOLE, LA SOCIÉTÉ, LA PATRIE.

Vos **instituteurs** vous rendent en effet un des plus grands services qu'un honnête homme puisse rendre à ses semblables, en vous faisant participer à leur savoir. Ils remplacent en quelque sorte vos parents qui, en vous remettant à eux une partie de la journée, leur confient le dépôt de ce qu'ils ont de plus plus cher.

Déférence de l'empereur Théodose qui fait asseoir le professeur de son fils et ordonne à celui-ci de rester debout.

Reportez donc sur eux une partie du respect et de l'obéissance, de la gratitude et de l'affection, que vous devez à vos parents mêmes. Ces sentiments de votre part et l'estime reconnaissante de vos parents forment leur meilleure récompense.

Mais je vous entends, le maître est sévère. Voilà des siècles que cela se répète dans les écoles, sans que ce soit plus vrai aujourd'hui qu'autrefois.

Pardon, je me trompe. Autrefois il y avait un instrument dont le maître se servait beaucoup, c'était le **fouet**

Dans les écoles de nos voisins les Anglais, on s'en sert encore.

On s'est servi aussi de la palette, une grande latte qui faisait moins de mal, mais qui tapait ferme sur les doigts ou sur le dos. Tous ces instruments destinés à châtier l'enfance ont été mis de côté par des mœurs plus indulgentes et par l'habitude de faire davantage appel à la raison et aux bons sentiments des enfants.

Justifiez cette réforme et cette opinion plus favorable qu'on a de vous par votre docilité, mes enfants ; cessez de parler aujourd'hui surtout de la sévérité des **maîtres** ! Jamais on a moins puni, ni par des peines aussi douces.

Ne vous plaignez pas de ce que ces punitions soient appliquées quelquefois à vos fautes. Il faut bien que vous appreniez à respecter la discipline et à vous conformer à la règle. L'**instituteur** aurait des reproches à se faire à lui-même, et il serait blâmé de tous, s'il laissait se produire le désordre et s'il mettait les paresseux trop à leur aise. L'**instituteur** aimerait mieux louer toujours, ne gronder personne et ne punir jamais.

Devoirs envers les camarades.

Vous vous étonnerez peut-être qu'on ait aussi à vous parler de vos devoirs envers vos **camarades**. Ce mot-là ne vous rappelle que des jeux et l'émulation de la classe. Quel devoir peut donc avoir Jean à l'égard de Pierre, ou Marcel à l'égard de Jacques ? Et pourtant oui, ils en ont. Les bons exemples, les bons conseils s'ils vont faire quelque sottise, la douceur, la franchise, l'aide à leur donner sont des devoirs.

Soyez bons avec tous, mais ne prenez pas vos amis au hasard ; choisissez-les parmi les meilleurs et non parmi ceux qui vous amusent seulement parce qu'ils sont toujours en humeur de rire. Offrez une amitié solide à ceux dont vous avez fait choix et demandez en échange le même genre d'affection.

EXEMPLES.

Le respect de l'instituteur et la considération qu'il doit inspirer peuvent invoquer les plus illustres exemples.

— Un des plus fameux conquérants de l'antiquité, Alexandre le Grand, disait qu'il avait autant de reconnaissance qu'à son propre père à son précepteur Aristote; car, s'il devait la vie à son père, il devait à son précepteur d'être un homme par l'intelligence.

— On raconte que l'empereur Théodose, qui régnait sur une partie de l'univers, pénétré de ce sentiment du respect pour le maître, vit un jour son jeune fils prenant sa leçon assis, tandis que son professeur restait debout. Il ordonna à l'enfant de se lever, et fit asseoir le maître par marque d'honneur.

EXERCICE.

Devoir d'exactitude, de travail et d'attention, de convenance, de discipline dans l'école. — Devoir de respect et de reconnaissance que les enfants doivent avoir pour les instituteurs. — Nécessité de l'ordre; les punitions; abolition des châtiments corporels. — Devoirs envers les camarades. — Comment les exemples cités attestent que le respect et la reconnaissance pour les maîtres ont été de tout temps pratiqués.

CHAPITRE X.

LA SOCIÉTÉ..

Dieu a mis dans l'homme un penchant qui le porte à rechercher la **société** de ses semblables, penchant bien plus impérieux que celui qui pousse les éléphants et d'autres animaux, comme les chevaux dans leur pays natal, à aller par troupes : l'homme forme des sociétés comme l'abeille forme des ruches.

L'instinct de **sociabilité**, c'est-à-dire celui qui fait de la fréquentation des autres hommes un besoin nécessaire, est si puissant que l'isolement absolu est un des châtiments les plus durs. Il arrive aujourd'hui que lorsqu'un homme a commis un crime, on l'enferme pour un temps dans une cellule. Mais cet isolement ne demeure pas si complet qu'il ne permette parfois la vue des autres hommes et la communication avec eux ; cela est très pénible ; mais, si l'isolement n'était pas rompu quelquefois, l'individu, perpétuellement placé en face de lui-même, risquerait de devenir fou. S'il en eût été de la sorte, au commencement, pour chaque homme, il serait resté une brute.

Nécessité de la société.

Faut-il qu'on vous le fasse comprendre encore plus clairement ? Sans la **société**, il n'y aurait pas de langage. Comment un individu toujours seul pourrait-il former des mots sans le secours de ses semblables, et alors qu'il n'aurait rien à dire à personne ? Comme ses idées seraient restreintes ! Comme ses sentiments seraient bornés ! Il ne connaîtrait, n'aimerait que lui. Et comment aurait-il conservé la vie ? Le froid, la faim l'auraient tué !

Mais enfin supposons qu'un individu, sur des milliers, ait subsisté. Figurez-vous vous-mêmes, mes amis, abandonnés tout enfants dans une forêt (rien qu'à y penser vous avez peur) ; supposez que par un prodige comme celui qu'on raconte avec plus ou moins de vérité au sujet du fondateur de Rome, vous ayez été nourris du lait d'une louve complaisante, comme on n'en voit plus guère, et que vous ayez survécu en mangeant des racines et des fruits sauvages. Fort bien, et après ? Que serait-il résulté de là ? Un être affreux, ayant à peine figure humaine, poussant des cris inartioulés, errant comme un animal farouche, les ongles noirs, longs ou crochus, les cheveux tombant de tous côtés, le corps sordide.

Voilà l'homme sans la **société**, mes enfants, l'homme bien au-dessous du sauvage qui a la notion de la famille, qui connaît la vie de tribu, qui parle une langue, qui a un

Robinson Crusoë dans son île déserte.

culte grossier, qui observe quelques lois et qui reste, par ces avantages et par son commencement d'industrie, fort supérieur déjà aux animaux vivant près de lui dans la forêt.

On a opposé à ce que nous venons de dire l'exemple d'un héros bien connu des enfants par le roman auquel il a donné son nom : **Robinson Crusoë**. Mais d'abord ce héros jeté dans une île déserte par un naufrage est un peu imaginaire. Ensuite il avait été élevé par la **société**.

Tout ce qui le fera vivre, il le tire des débris du vaisseau naufragé, instruments et matières, en un mot tout ce qui aurait demandé le concours des hommes en société.

La **société** est d'abord une réunion de familles, qui elles-mêmes se groupent plus ou moins, en rapprochant leurs demeures pour former des hameaux, des villages, plus tard des villes.

Une fois ces familles rapprochées, elles font certains échanges. Les métiers se divisent. Les propriétés s'établissent et se répartissent entre les familles ou les individus. On trouve déjà dans ces *sociétés* naissantes des *intérêts particuliers* qui ont avantage à se contenter, à s'entendre les uns avec les autres, et des *intérêts généraux* qui ont besoin d'être administrés.

Vous demandez ce que ces expressions veulent dire : *intérêts particuliers, intérêts généraux*. Rien de plus simple à comprendre avec un peu d'attention.

L'intérêt mutuel.

Qu'est-ce que les *intérêts particuliers*, mes chers enfants, et comment doivent-ils s'entendre entre eux ? Ecoutez donc. Votre père à vous, André, est fermier ; votre père à vous, Mathurin, est meunier, tandis que le père de Georges est menuisier, et celui de Joseph serrurier. Chacun d'eux a son *intérêt particulier* ; chacun veut vendre son produit, mais chacun aussi a besoin d'autrui (1). Le fermier veut vendre son blé, car il lui faut pour vivre bien d'autres choses. Il vend son blé au meunier moyennant argent. Le meunier moud le grain et vend la farine au boulanger. Voilà des gens contents d'avoir placé leur marchandise, et qui le seront encore plus quand ils se

---

(1) Ces considérations rentrent déjà un peu dans les éléments d'économie politique, mais sous cette forme abrégée ils sont nécessaires pour que l'enfant se fasse une idée au moins générale de la société ; l'intelligence des développements ultérieurs lui sera ainsi facilitée.

seront procuré tout ce qui est nécessaire à la vie. Le menuisier achète du pain et vend des meubles au fermier et au meunier qui ont besoin de portes, de fenêtres, de tables, de meubles divers que le menuisier fabrique pour eux et pour tous ceux qui peuvent en payer le prix ; quand ils ont ces objets, nos mêmes gens veulent avoir des serrures pour les portes, pour les commodes, pour les armoires ; le serrurier les leur fournit. On voit, de même, d'autres personnes acheter des terres, des maisons ; il y en a qui s'occupent de plaider, de juger les affaires, d'autres de guérir les malades, et ainsi de suite de tous les divers états. Voyez déjà, mes enfants, ce qu'est l'intérêt particulier et comment il ne peut se passer des autres. Chacun veut vivre par son travail, et il n'a guère d'autres moyens que d'en échanger les produits contre d'autres choses qui lui manquent.

Société; échange de services.

Comprenez-vous donc maintenant à quoi sert la **société** ? Elle est un moyen de s'entr'aider. On s'entr'aide sans doute fréquemment par la charité et le dévouement, mais on s'entr'aide aussi en travaillant les uns pour les autres, à charge de revanche. On donne et on reçoit. C'est donc l'intérêt de chacun et de tous qui pousse à diviser les travaux, à se partager les états. Si l'individu vivait isolé, il serait obligé de faire tous les métiers, et il les ferait fort mal ; il en est qu'il ne ferait pas du tout, faute de temps, de ressources et de l'habileté nécessaires.

Comment fabriquer, par exemple, une montre à soi tout seul ? Que d'éléments il a fallu réunir ! quelle série de travaux accomplis pour exécuter ce merveilleux mécanisme qui mesure le temps ! Est-ce que le même homme peut aller extraire l'or et l'argent en Amérique, faire la navigation pour les rapporter, savoir comment tous ces petits ressorts se fabriquent et s'agencent ?

Mes enfants, vous êtes habitués à voir tout vous arriver à l'heure dite et suivant le besoin du moment. Vous trouvez un toit pour vous abriter, un lit pour vous recevoir le soir, des habits pour vous couvrir, des aliments au moment voulu ; cela vous semble si naturel que vous ne pensez guère aux causes et aux moyens par lesquels tout cela arrive. Eh bien ! c'est parce qu'on s'entr'aide, c'est parce que tous les métiers ont concouru à vous servir que vous avez ce qu'il vous faut. Tous se sont mis d'accord entre eux ; et il en est toujours ainsi !

Le cultivateur a besoin du forgeron pour avoir des charrues, et le forgeron ne pourrait rien sans le mineur qui extrait le fer ; les marchandises ont besoin du voiturier, celui-ci, à son tour, ne peut se passer de tout ce qui est requis pour fabriquer et mettre en œuvre ses voitures, et des marchandises elles-mêmes qui lui procurent des matières à transporter.

Outre ces *intérêts particuliers,* liés entre eux malgré leurs rivalités, il y a aussi, mes enfants, des *intérêts généraux.* Qu'est-ce que ces termes signifient ? Le voici. Du moment que nous sommes réunis en société, nous avons tous besoin d'être protégés par une police, défendus par l'existence de lois qui établissent nos rapports mutuels, et par une autorité qui fasse exécuter ces lois. Il faut des écoles pour tous, des routes, des rues, un éclairage, un pavage, et bien d'autres choses. Cela vous met sur la voie de la *commune* et *de l'Etat,* qui feront l'objet de chapitres spéciaux. Mais il fallait d'abord vous dire ce qu'est la **société**, comment elle fonctionne d'une manière générale, en quoi elle profite à tous, et combien elle mérite d'être bénie.

EXERCICE.

La société est nécessaire. — Ce que l'individu ferait sans elle. — Elle se compose d'une réunion de familles. — *Intérêts particuliers; — intérêts généraux.* — Les premiers sont amenés à s'entendre par le concours mutuel et l'échange de services rendus et de produits. Exemples pris pour divers objets ou métiers qui se portent un mutuel appui. — S'entr'aider est une règle de la société. — *Intérêts généraux*: besoin de protection et autres.— Comment la société est aussi bienfaisante qu'elle est indispensable.— En quoi ces notions préparent ce qui sera dit plus tard.

CHAPITRE XI.

LA PATRIE.

I. — *L'amour de la terre natale.*

La **patrie** a droit à notre affection, et elle nous impose des devoirs comme la famille. Mais qu'est-ce que la **patrie**? On distingue, dans ce grand nom de patrie, deux choses : le pays où l'on est né et la nation dont on fait partie.

L'amour de la terre natale est naturel à l'homme, qui s'attache aux objets qu'il a vus dès sa plus tendre enfance, aux sites qui ont frappé ses premiers regards, aux endroits où il a vécu sous le toit paternel avec les compagnons de son âge, au milieu d'autres foyers amis.

Aimez donc le coin de terre où vous avez eu votre berceau et où vos ancêtres ont leurs tombes. Réjouissez-vous quand vous apprenez quelque chose qui honore votre village, votre arrondissement, votre province. Mais tout cela c'est le pays, mes enfants, ce n'est pas encore la **patrie** dans le sens le plus large.

L'amour de la **patrie** doit dépasser les limites de la commune, de l'arrondissement, du département, de la vieille province qui a gardé son nom tout en perdant son rang dans les divisions administratives. Vous pouvez être satisfaits d'être Bretons, Normands, Gascons, Provençaux, etc., vous intéresser de cœur à telle région, à telle bourgade, à laquelle vous appartenez par votre naissance ; rien n'est plus naturel ; mais cet amour d'une partie de la France n'est pas l'amour de la **France**.

Votre amour doit s'étendre à la **France** entière. Cet amour c'est le *patriotisme*. L'amour trop exclusif du village, de la petite ville où on naquit, s'appelle *patriotisme de clocher*, un terme qui ne se prend pas ordinairement en un sens favorable, parce qu'il désigne un sentiment trop étroit.

Mais ce sentiment tout local, qui s'attache à la terre où l'on est né, est aussi sacré qu'il est naturel, et il dément ceux qui ont eu la triste pensée de nier l'amour du sol natal et de prétendre que nous ne devons avoir d'autre pays que celui où nous nous trouvons bien. Ainsi ce sentiment se mesurerait au bien-être, et on aimerait mieux une patrie fertile, riche, qu'une patrie pauvre! Il n'y a rien de plus faux, mes enfants. On a remarqué au contraire que les habitants des contrées âpres et rudes chérissent encore plus leur pays que ceux des terres fertiles et des beaux climats, et c'est un fait qu'on peut vérifier sous toutes les latitudes.

L'Arabe errant dans les déserts, où il voit rarement l'eau et la verdure, aime les sables où il conduit ses chameaux. Le nègre brûlé par un soleil dévorant sur une terre desséchée, le Lapon enseveli six mois sous des neiges glacées, sont attachés l'un et l'autre à leurs arides et tristes patries.

Le pauvre habitant de la Savoie regrette, au milieu de Paris, son hameau perdu dans des solitudes profondes et mornes. Les montagnards des parties de la Suisse les plus misérables éprouvent le même sentiment d'attendrissement et de regret, quand le souvenir de leur vallon est évoqué par leur imagination ou par quelque circonstance qui le leur rappelle. Je vous en citerai une preuve touchante. Il y a en Suisse un air antique qu'on appelle le *Ranz* des vaches, et que tout pasteur connaît dès l'enfance. Cet air exécuté devant les soldats suisses engagés en Hollande et en France semblait devoir leur être agréable, et sans doute croyaient-ils d'abord qu'ils y trouveraient des charmes. Il les plongeait au contraire dans une pénible émotion, redoublait en eux le regret amer de la patrie absente, et il fallut l'interdire.

Les Bretons ont été longtemps célèbres par un attachement extrême à leur terre natale, amour qu'ils conservent encore, mais qui dégénère moins souvent en maladie, lorsqu'ils sont éloignés pour servir au dehors comme domestiques, ou à l'armée, ou dans la marine. Beaucoup étaient pris par la *nostalgie* ou mal du pays, qui constitue une maladie spéciale bien connue des émigrants. Quelques-uns languissaient; on cite même des cas mortels. Il faut les féliciter s'ils s'abandonnent moins à un laisser-aller condamnable, à un désespoir contre lequel on doit avoir à lutter avec énergie. Mais combien un tel sentiment n'est-il pas naturel et fort, puisque nous devons nous défendre avec courage contre ses excès!

EXERCICE.

Qu'entend-on par la patrie? — En quoi d'abord consiste l'amour du sol natal? — Faut-il s'y abandonner exclusivement, c'est-à-dire ne penser qu'à son village? — Montrez par des exemples le caractère désintéressé et touchant, quelquefois même excessif, de ce patriotisme local.

SUITE DE LA PATRIE.

II. — *La Nation.*

Avoir une **patrie**, ce n'est pas seulement, vous le savez déjà, être né sur un point de la terre où l'on eut sa famille, ses aïeux, ses compagnons, où l'on éprouva les plus doux sentiments de l'enfance et de la jeunesse, où on a ses plus anciens et ses plus chers souvenirs. C'est autre chose aussi, et encore plus. Avoir une patrie, mes amis, c'est appartenir à une **Nation**

Or, qu'est-ce qu'une **Nation**? Suffit-il, pour en donner l'idée, de dire que c'est la population qui vit sur un même territoire, comme si elle n'y avait rien de commun que cette habitation sur un même sol? La **patrie** est-elle seulement l'unité du pays figurée sur la carte, et qui comprend avec votre village, avec votre département et tous les autres, toutes les campagnes et toutes les villes d'un grand territoire portant le même nom ? Par exemple, suffira-t-il, si on vous demande ce que c'est que la **patrie**, ce que c'est que notre France, de répondre : « La **France** est une étendue de 520,000 kilomètres carrés, ayant pour limites telles mers, telles montagnes, et habitée par trente-six millions de personnes de tout sexe et de tout âge? »—Sans doute, cette étendue forme la France physique, matérielle, mais il y a aussi une idée morale qui s'y attache ; quelle est-elle donc, mes amis ?

Quand on dit qu'on aime la **France**, on ne veut pas dire qu'on aime son climat, ses sites, ses productions ; on entend par là qu'on l'aime comme on le ferait pour une personne vivante. La **Patrie**, c'est la nation elle-même unie dans un même sentiment, régie par les mêmes lois, soumise au même gouvernement, obligée à des devoirs communs qui s'imposent à chacun des membres de cette nation qu'on appelle des citoyens ! Le lien de cette association, c'est la communauté de destinée, d'avantages et de charges, avec la volonté d'être et de rester ensemble ; c'est cet ensemble qu'on appelle l'**unité nationale**, à laquelle sont subordonnés, communes, arrondissements, départements, provinces.

Ainsi, mes enfants, on appartient à une même **patrie** quand on fait partie d'un même peuple, et un peuple n'est pas seulement un troupeau épars, une multitude sans lien d'aucune autre sorte que des rapports passagers ; c'est, je vous le répète, une association permanente, durable, tellement que les individus ayant disparu un à un pendant une succession de siècles, le peuple, la **nation** subsiste encore avec un héritage de richesses, d'idées, de connaissances, d'œuvres, de souvenirs qui sont accumulés, et auxquels chaque génération a apporté quelque chose pour les générations suivantes. Les citoyens d'une même patrie périssent; la **patrie** ne périt pas pour cela: les Français meurent successivement, mais la **France** est immortelle.

Vous le voyez, mes enfants, la *patrie*, la *nation*, c'est l'unité morale, politique, administrative d'un pays, que vous comprendrez encore bien mieux quand vous aurez achevé ce petit livre.

La *patrie* ne dépend donc en rien des différences régionales, qui sont grandes surtout en France. Ainsi on rencontre sur notre sol presque toutes les sortes de territoires et de climats. Nous avons, dans le midi de notre beau pays, les fleurs et les fruits de l'Italie et son ciel presque toujours bleu; nous avons dans les Pyrénées des productions qui ressemblent à celles de l'Espagne; au nord et à l'est, bien des traits communs s'offrent soit avec l'Angleterre, soit avec l'Allemagne.

Les habitants de nos provinces appartiennent à des races différentes, mais toutes se rencontrent dans l'amour de la **France**. Aujourd'hui notre belle langue française est parlée par tous les Français, mais il n'y a pas longtemps que chaque province avait une langue à elle; maintenant même il reste encore des débris de ces langues, comme le breton, le provençal, et une foule de patois à l'usage des localités. Grâce à l'école et aux relations devenues plus fréquentes avec les autres Français, ces diversités de langage n'empêchent plus qu'on apprenne la même langue, commune à la **France** tout entière. Aussi aujourd'hui tous se comprennent et se sentent unis par un lien nouveau. Pourtant, alors même que cette diversité s'ajoutait aux autres, il y avait déjà une *France*, mes amis! On ne parlait pas toujours le même idiome, mais les esprits s'entendaient, les cœurs battaient à l'unisson quand il fallait défendre le sol, et soutenir, de quelque manière que ce fût, l'**honneur du nom français.**

Voilà la **patrie** définie, et vous comprenez désormais ce que cela signifie, quand on dit que la nation, la patrie, forme un tout comme le corps humain qui a plusieurs membres, mais qui n'a qu'une vie, qu'une âme, ou comme la famille qui forme un tout composé de diverses personnes unies par une communauté d'affection, de devoirs, d'intérêts réciproques.

Quand une famille obtient un honneur, un avantage, tous les bons parents se réjouissent, et si c'est un événement malheureux, chacun d'eux s'afflige ; eh bien ! il en est de même pour la **patrie** ; quand un événement heureux arrive à la **France**, quand elle obtient un succès par ses armées, ou que l'ordre et la paix règnent et que le pays prospère, tous les bons Français s'en applaudissent ; si c'est le malheur qui l'éprouve, bien au contraire tous sont plongés dans la douleur. Vivre ainsi d'une pensée commune, voir son pays en toutes choses, vouloir sa grandeur, enfants, c'est avoir l'**esprit national.**
— Le **bon patriote** est celui qui éprouve ces sentiments, qui met ses actions d'accord avec ses idées en faisant à sa **patrie** tout le bien possible, et ne manque à aucun des devoirs envers elle.

EXEMPLES.

Les peuples anciens, et notre France en particulier parmi les nations modernes, présentent d'admirables exemples de patriotisme. Pour commencer par les Anciens, les Grecs, les Romains, les Juifs ont produit en ce genre des actes et des hommes dont la mémoire demeurera éternellement.

Chez les Grecs, le patriotisme était poussé, dans la république de Sparte ou Lacédémone (on lui donne ces deux noms), à un point qui semble avoir encore dépassé en énergie, en exaltation, ce qu'il était dans les autres

États de la Grèce antique, comme Athènes, Thèbes, Argos et d'autres célèbres cités. Les femmes elles-mêmes étaient animées de ce sentiment patriotique, et les mères en étaient pénétrées au plus haut degré par leur éducation. On cite de quelques-unes des mots sublimes et quelquefois même empreints d'une énergie farouche qui ne répond plus à nos mœurs.— La religion chrétienne n'a pas supprimé ces vertus ; loin de là, mais elle les a rendues moins dures, plus humaines.

Les mères françaises n'y verront pas moins, par ces exemples qu'on ne leur demande pas de suivre jusqu'à cette féroce exaltation, qu'elles doivent leurs fils à la patrie, et que la mort vaudrait mieux pour eux qu'un lâche abandon de ses intérêts et de sa cause.

Une mère de Lacédémone armait son fils pour le combat et lui remettait son bouclier : « Rapporte-le, dit-elle, ou qu'on te rapporte dessus. »

Une autre, apprenant qu'un de ses fils était mort glorieusement dans le combat : « Je ne m'étonne pas, dit-elle ; c'était mon enfant ». — Apprenant que l'autre avait fui lâchement. « Ce n'était donc pas mon fils » ! s'écria-t-elle indignée ! » Il n'y a qu'à admirer de pareils mots.

Une autre, ayant appris que son fils s'était sauvé du combat, lui écrivit : « Il se répand un bruit injurieux pour ton honneur ; fais-le taire ou meurs ».

Une autre avait un fils à l'armée et attendait des nouvelles de la bataille. Elle en demanda en tremblant à un ilote (esclave), qui revenait du camp. — « Vos cinq fils ont été tués, lui dit-il. — Vil esclave, reprit-elle, est-ce cela que je demande ? — Nous avons remporté la victoire », répliqua l'ilote. Elle courut au temple et rendit grâces aux dieux.

Une autre, voyant, au siège d'une ville, son fils aîné tomber mort à ses pieds : « Qu'on appelle son père pour le remplacer », s'écria-t-elle aussitôt.

Les mères françaises, sans être tenues de dire de ces

mots, un peu durs, dans leur héroïsme, doivent être capables de telles actions ; et vous, mes chers enfants, vous voyez ce qu'est la patrie, puisque des mères elles-mêmes peuvent lui sacrifier à ce point ce qu'elles ont de plus cher, de plus précieux au monde, leurs enfants que dans la vie ordinaire elles aiment souvent avec excès.

— Parmi les traits de patriotisme dont l'ancienne Rome abonde, on a cité souvent celui de Régulus qui semble surpasser tout ce qu'on peut invoquer comme exemple du plus volontaire et du plus sublime sacrifice de sa propre vie à l'intérêt de la patrie.

Ce général avait été fait prisonnier par les ennemis ordinaires des Romains, les Carthaginois, et il passa à Carthage plusieurs années en captivité. Ceux-ci résolurent d'envoyer des ambassadeurs à Rome pour traiter de la paix et de l'échange des prisonniers, car la plupart de ceux que Rome gardait appartenaient aux plus illustres familles. Ils chargèrent Régulus de se joindre aux ambassadeurs, lui ayant fait prêter serment que, s'il échouait dans cette négociation, il retournerait à Carthage se constituer de nouveau prisonnier, et lui faisant entendre que, dans ce cas, sa vie pourrait répondre de son échec. A Rome, il fut sommé par le Sénat, auquel il appartenait, de dire son avis sur l'échange des prisonniers. Ce fut une scène pleine de grandeur et au plus haut point émouvante. Quelle opinion allait-il énoncer ? Le Sénat s'intéressait à lui. Tout le monde était touché du malheur d'un si grand homme. Il n'avait qu'à prononcer un mot pour recouvrer, avec sa liberté, ses biens, ses dignités, sa femme, ses enfants, sa patrie! Mais ce mot lui paraissait contraire au bien de l'Etat. Il n'écouta que cet intérêt. Il déclara qu'ayant entre les mains plusieurs généraux carthaginois dans la force de l'âge et en état de lui faire encore beaucoup de mal, Rome avait tout avantage à les garder ; que, quant à lui, il subirait les conséquences du conseil qu'il avait exprimé en toute sincérité. Il ne lui restait plus qu'à tenir parole à l'ennemi. Il partit pour Carthage au milieu des larmes des siens. Il trouva les Carthaginois, ces ennemis déjà si cruels et si implacables, rendus furieux par l'avis qu'il avait osé donné contre leur désir ; bientôt ils le condamnèrent à mourir, et commencèrent par lui faire subir d'horribles tortures. Dans le noir cachot où ils le détenaient, ses bourreaux lui coupèrent les paupières, exposèrent ensuite ses yeux à un soleil ardent, puis ils l'enfermèrent dans un tonneau tout hérissé de pointes qui ne lui laissaient aucun moment de repos, ni jour, ni nuit. Quand Régulus eut ainsi épuisé pour ainsi dire tout ce que la douleur a de plus atroce, tout ce que l'insomnie prolongée a de plus cruel, ils l'attachèrent à une croix pour lui arracher ce qui lui restait de vie. Il avait été le martyr du patriotisme.

— Chez les Juifs, l'histoire des Machabées montre la force de leur patriotisme en même temps que l'attachement à leur religion. Les Juifs, ce peuple qui adorait le Dieu éternel et universel, et à travers plusieurs infidélités y revenait sans cesse, qui ne craignait pas de tout sacrifier pour maintenir ses croyances, n'était pas moins pénétré d'un sentiment profond, invincible de nationalité, et ce sentiment résista à tous les ennemis étrangers, comme il avait résisté à la captivité de Babylone. La domination et la persécution du roi de Syrie, Antiochus, firent naître, avec une grande explosion du sentiment national, une succession de héros dans une même famille, celle des Machabées, qui soutinrent la lutte avec une vigueur et une constance inouïes. Mathatias, prêtre du temple de Jérusalem, commença ce grand combat où il allait être suivi par tous les siens. Il avait été obligé de s'enfuir de la ville et de chercher sur le mont Modin un refuge avec ses cinq fils. C'est là qu'il exhorta le peuple à la résistance, alléguant Jérusalem souillée par la présence de l'étranger impie, les enfants et les vieillards sous le coup de la mort, la cité, née pour être libre, réduite à l'esclavage. Lorsque les Juifs soulevés se furent laissé massacrer dans une rencontre par les Syriens, pour ne pas violer le jour du Sabbat, Mathatias fit décider qu'on se battrait même le jour du Sabbat, si on était attaqué. Il obtint de grands succès, et il allait achever la délivrance de son pays quand il fut surpris par la mort. Mais il eut le temps de recommander au dévouement de ses fils, dans un suprême appel, la défense de plus en plus nécessaire de la patrie; il régla même la manière dont il leur transmettait ses pouvoirs et la suite de son entreprise; il en chargea, pour le conseil, Simon qui était l'aîné, et, pour la guerre, Judas qui avait toutes les qualités d'un grand chef militaire. Soutenu par ses frères et par tout un parti national, Judas remporta victoire sur victoire sur un ennemi qui avait réuni des forces considérables, et il put faire dans Jérusalem un retour triomphant, tandis que ses frères soutenaient d'autres combats. Ce fut une lutte terrible, acharnée, incessante. Plusieurs nations ennemies attaquaient tour à tour ou à la fois le peuple juif. Malgré tant de brillants combats, il n'en avait pas fini avec les Syriens qui revenaient toujours avec des forces nouvelles et se présentèrent de nouveau devant Jérusalem avec leurs troupes d'éléphants, portant des tours remplies de soldats pour effrayer les Israélites. Ils avaient compté sans l'énergie indomptable des héros de l'indépendance nationale! Les hostilités se poursuivirent pendant cinq années, et dans une dernière bataille, inférieur en forces, n'ayant plus que trois mille hommes, après avoir fait exécuter une charge héroïque qui mit en fuite une aile de l'armée ennemie, le grand Judas Machabée fut grièvement blessé et tomba après avoir défendu sa vie jusqu'au dernier soupir. Les frères de Judas ne se laissèrent point décourager par une si terrible épreuve. Jonathan fut proclamé chef à sa place et il continua avec la même persévérance et le même courage la lutte sainte de l'indépendance nationale. Il eut la joie de la voir reconnue, et le pouvoir héréditaire fut établi dans la famille des Machabées. Ils avaient prolongé la durée d'une indépendance qui ne devait disparaître que devant les Romains, ces dominateurs universels.

EXERCICE.

L'amour de la patrie, qui repose d'abord sur l'amour du pays natal, est complété par l'idée de la nation. — Expliquer comment ce mot ne s'applique pas seulement à l'unité de territoire. — Idées, sentiments, conditions qui forment une nation.— Comment elle est une association permanente soumise aux mêmes lois et institutions. — Dire ce qu'on entend par ces mots: *unité nationale, esprit national, patriotisme*. — Citer les grands exemples antiques de patriotisme qui attestent l'existence et l'énergie de l'amour de la patrie et du sentiment national.

SUITE DE LA PATRIE.

III. — *La France et l'histoire nationale.*—*Grandeur et malheurs de la Patrie.*

L'amour de la France enseigné par son histoire.

Mes enfants, vous savez maintenant ce qu'est la patrie, ce qu'est la nation, sans laquelle nous n'aurions de la patrie elle-même qu'une idée trop incomplète. Les liens qui nous y attachent ne vous seraient pas suffisamment connus pourtant, si on ne les faisait remonter jusqu'au passé. On vous apprend à aimer la **France** en vous apprenant son histoire.

Oui, vous aimez déjà la **France** dans ces temps pourtant si reculés dont on vous entretient.

Il y a mille ans que **Charlemagne** régnait sur nos ancêtres. Vous n'êtes pas sans fierté en voyant ce qu'il a fait pour rendre leur éclat aux écoles et aux lettres, au milieu de la barbarie, en le suivant dans ses victoires remportées sur les Saxons et sur leur chef Witikind ; vous

vous dites: c'étaient des **Français** d'un côté, des Allemands de l'autre, et vous êtes heureux quand vous apprenez que les Français furent vainqueurs. Les **croisades**, auxquelles prirent part toutes les nations chrétiennes pour aller à Jérusalem arracher le tombeau du Christ aux mains des Musulmans, sont aussi bien loin de nous, car il y a huit cents ans que tout ce monde-là s'en allait soutenir une lutte qui devait longtemps se poursuivre sur les terres lointaines de l'Orient. Vous vous intéressez à nos **Français** partant à la voix et sous la conduite d'un chef misérablement vêtu et qui leur tenait de si beaux discours pour leur soutenir le cœur ; de ce pauvre moine plein d'intrépidité et de foi qu'on nommait **Pierre l'Ermite**. Il vous plaît que le principal rôle ait échu, parmi les chefs d'autres nations qui pouvaient prétendre aussi au commandement, à un de ces Français illustres, Godefroy de Bouillon. Je pourrais par bien d'autres faits, qui sont maintenant à une grande distance de nous, vous montrer que nous sommes encore de cœur avec des hommes qui semblent pourtant n'avoir rien de commun avec nous.

Oui, mes enfants, les Français ont le droit d'être fiers de leur passé. Même à ces époques reculées où subsistaient tant de restes de l'ignorance et de la barbarie qui s'étaient introduites dans notre pays comme dans toute l'Europe, après la chute de l'empire romain, dont la domination s'était étendue à tous les peuples, la **France** ne tarda pas à faire paraître sa puissance et sa grandeur. A quelle hauteur n'était-elle pas déjà placée sous **saint Louis** qui fut un de nos plus grands princes, comme il en fut le plus vertueux! On vit alors refleurir les études avec plus de succès encore que sous *Charlemagne*. On vit s'élever en grand nombre ces belles cathédrales qui font encore l'admiration de l'univers, et différents arts acquérir un rare éclat. En même temps, la **France** était prise comme arbitre dans les plus grandes affaires du monde. Elle régnait déjà par les armes et par la puissance de son génie. Ce génie de la **France**, tous les peuples lui ont rendu hommage, mes enfants. Nulle nation, pendant une série de siècles, n'a produit plus de grands poètes, de grands artistes et de grands savants ; nulle n'a eu une langue plus admirable chez les peuples modernes ; aussi cette langue française, que je vous ai déjà montrée comme un des liens de l'**unité nationale**, a-t-elle mérité d'être apprise universellement, parce qu'elle était claire entre toutes, parce qu'elle était partout où on rencontrait l'influence française, et parce qu'elle était celle d'une foule de chefs-d'œuvre littéraires qu'admire aussi le monde entier.

Le grand rôle qu'a joué la **France** dans l'Europe, ses goûts guerriers, par moment peut-être excessifs, et mis en jeu par un certain nombre de ses rois qui les exagéraient et qui parfois rêvaient des conquêtes sur les autres États, souvent aussi la défense contre des agressions de l'étranger que rien ne justifiait, ont rendu les guerres fréquentes, mes enfants. Aussi la **France** a-t-elle eu tour à tour les succès les plus extraordinaires, et plus d'une fois éprouvé des revers aussi pénibles à sa fierté que préjudiciables à son bonheur. Il n'est pas étonnant que les autres peuples et les princes qui régnaient sur eux aient toujours désiré soumettre une nation si vaillante et si brillante, une nation rivale qui les éclipsait ou les gênait, qu'ils aient même voulu conquérir en partie ce pays qui était aussi l'objet de leur convoitise par ses richesses.

Je vous parlais de l'intérêt que vous preniez à ses destinées dans le passé.

Cet intérêt redouble quand elle a été envahie par les étrangers.

Oui, mes amis, ces épreuves de notre pays nous émeuvent encore profondément, parce que c'étaient des Français qui y étaient engagés et qu'il semble, lorsque nous lisons ces événements tragiques, que leurs souffrances soient les nôtres. Nous les plaignons, nous les suivons dans leurs efforts pour se relever, nous nous disons que ce sont eux qui nous ont conservé notre patrie en sauvant au prix de leur sang l'intégrité du **territoire national**. Ceux qui ont succombé, pour qui sont-ils morts, sinon pour leurs descendants, pour nous, pour vous, mes enfants ? En quelques mots vous allez le voir.

Malheurs et grandeurs de la France.

Je ne vous parlerai pas de ces temps éloignés où notre pays fut envahi par les hommes du Nord appelés Normands, qui mirent le siège devant Paris, ou par les Sarrasins, battus par Charles-Martel. Mais il y a un événement que les **Français** n'ont pas oublié, quoiqu'il remonte au quatorzième siècle et au quinzième, parce qu'il dura cent ans et qu'il est un des principaux de notre histoire, c'est-à-dire l'invasion de notre France par les Anglais.

Ah ! pendant cette longue et triste période, que d'événements funestes, malgré des retours de fortune et d'admirables faits d'armes ! Quelle dure destinée que l'invasion pour une nation grande, généreuse, qui se souvenait d'avoir été naguère la première de toutes par ses armes et sa civilisation ! Quelles peines endurées ! quels sièges longuement soutenus ! que de villes emportées et saccagées ! Combien de chefs et de soldats tués en batailles rangées ou dans de perpétuelles rencontres ! que de populations surprises sans armes et massacrées ! Quelle ruine enfin de nos pauvres campagnes ! Partout, les moissons, les granges, pillées, brûlées, détruites par les Anglais. Pourtant la **France** devait se relever ; elle se relève toujours, mes enfants.

Bertrand Du Guesclin.

L'heure de la **délivrance** n'avait pas encore sonné d'une manière définitive, et les luttes devaient recommencer encore, quand elle reprit le dessus avec quelques-uns de ses plus grands capitaines, avec l'un d'entre eux surtout dont la gloire brille entre toutes, avec un brave s'il en fut jamais, avec **Bertrand du Guesclin**, un Français héroïque, un de ces noms que nous ne prononçons encore qu'avec reconnaissance, tant ses prouesses (ainsi nommait-on les actes de bravoure de ces vaillants chevaliers) furent extraordinaires, tant il aima, ce bon Français, non pas seulement sa chère Bretagne où il avait vu le jour, mais cette grande *patrie* dont on ne pouvait toucher un seul point sans que tous se sentissent atteints ou menacés.

Ce héros, mes amis, fut un défenseur du pauvre peuple. Aux pillards anglais s'en étaient joints d'autres de toutes les nations, et même, j'ai honte de le dire, de mauvais Français, aventuriers et voleurs, sans foi ni loi : bandes qui affamaient le pays, rançonnaient les villes, et n'épargnaient pas les chaumières ; ramassis d'hommes sans aveu, qui s'appelait les *grandes compagnies*. Le brave **du Guesclin** les pourchassa par une guerre sans relâche sur cent points différents ; il en nettoya le pays ; mais, comme ces bandes se reformaient, il eut l'audacieuse idée de les discipliner et de les conduire lui-même loin de France dans de lointaines expéditions.

Mais ce qui fait que l'idée de l'**unité nationale** brille dans ce grand serviteur de la **France**, qui lui fut utile de plus d'une manière, c'est qu'il parvint à délivrer notre sol des Anglais envahisseurs. Ce n'était pas pour toujours malheureusement, et ici va se placer l'épisode le plus merveilleux de notre histoire.

Voici le fait où se manifeste avec le plus d'éclat cette grandeur même, qui, après des jours d'abaissement et de malheurs, réapparaît pour refaire et régénérer notre pays, à qui il semble que la Providence propice ait toujours prêté son concours, toutes les fois qu'il a fait lui-même un sérieux effort. Ce qu'est la *patrie*, ce qu'est la

France, mes enfants, de quel cœur elle doit être aimée et défendue, non, vous ne le sauriez pas assez, si je ne vous rappelais en quelques mots l'histoire de l'héroïne toujours populaire dont notre pays se souvient avec orgueil.

Les Anglais occupaient une si grande partie de la France qu'il semblait qu'ils n'eussent plus qu'une victoire à remporter pour s'emparer du reste, et il n'y avait plus là du Guesclin pour leur résister. Certes il y avait encore de braves généraux; mais aucun ne valait celui qui était mort depuis cinquante années. Le roi d'Angleterre s'était mis en tête l'insolent dessein d'ajouter à ses Etats le royaume de France. Il prétendait y avoir des droits de succession. Qu'il me suffise de vous dire que c'était par suite du lâche abandon qu'avait fait des droits de son fils une femme qui trahit indignement la France: Isabeau de Bavière, régente du royaume.

D'où viendra le salut? Le salut viendra d'une femme.

Jeanne d'Arc.

Cette histoire est la gloire du peuple, comme celle de *du Guesclin* avait été l'honneur de la classe noble, et elle la surpasse encore beaucoup en intérêt et en beauté. **Jeanne d'Arc**, dont vous savez au moins le nom, était une simple villageoise de la Lorraine.

Figurez-vous une enfant, qui n'était guère plus âgée que vous ne l'êtes, quand elle commença à s'affliger à la vue des souffrances de ses compatriotes et à l'idée de l'humiliation de son pays, comme d'une chose qui la touchait personnellement. Bien plus, aucun chagrin, qui n'eût regardé qu'elle, ne l'aurait à ce point tourmentée. A chaque coup porté par l'**Invasion**, à chaque plaie qui saignait dans une des parties du pays, son cœur ressentait la blessure avec une douleur aiguë.

La voix populaire, qui n'avait autour d'elle d'autre entretien que le mal fait par les Anglais, retentissait sans cesse à ses oreilles. Elle crut bientôt en entendre une autre plus mystérieuse qui l'appelait par des paroles distinctes à sauver son pays. Cela dura plusieurs années, jusqu'à ce qu'affermie dans l'idée de sa mission divine, malgré l'opposition de sa famille et la raillerie de quelques hommes de guerre auxquels elle avait osé se confier, voilà **Jeanne** qui conçoit l'audacieux dessein de se présen-

Jeanne d'Arc reconnaît Charles VII au milieu de ses courtisans et s'agenouille devant lui.

ter au château de Chinon, où le jeune roi Charles VII, entouré de ses guerriers et de ses compagnons, tenait sa cour et s'étourdissait au milieu des plaisirs.

Ce dessein, **Jeanne** le réalise, et la voyez-vous, l'humble et vaillante fille que soutient une foi héroïque, introduite dans le château, traversant la foule des courtisans, allant droit au monarque, qu'aucun insigne royal ne distinguait, s'agenouillant devant lui, et lui déclarant sa mission comme une chose dont il n'y avait pas à douter. Que propose Jeanne ? De se mettre, elle une fille de dix-neuf ans, à la tête des armées, promettant de les guider à la victoire !

Jugez, mes enfants, si ces vieux généraux qui faisaient cortège au roi se moquèrent d'elle !

Coiffer d'un lourd casque cette tête de jeune fille, envelopper sa poitrine et son corps de l'armure si pesante de ces temps-là, passe encore, si extraordinaire que cela pût paraître ; mais vouloir commander, concevoir et exécuter des plans de campagne, se vanter qu'elle chasserait l'étranger, et qu'elle irait faire sacrer le roi à **Reims**, tenir un tel langage devant ces hommes de guerre qui, malgré leurs talents et leurs efforts, n'avaient pas pu venir à bout en tant d'années d'expulser l'Anglais, quelle témérité inouïe !

Loin d'ici cette fille insensée, et qu'on se hâte de la renvoyer avec ses rêves à son pauvre village de Domremy !

On ne l'y renvoya pas pourtant.

Telle était sa foi inébranlable, telles son assurance et son autorité, que le roi finit par céder, après l'avoir fait soumettre à un long et solennel interrogatoire de la part de prêtres instruits et qui se refusaient à la croire sur de simples affirmations. — Ainsi **Jeanne d'Arc** est déjà l'objet de l'attention de tous et de l'espérance de plusieurs parmi ceux qui l'entourent !

La curiosité, l'espérance qu'on attache à tout ce qui peut offrir une chance suprême, la foi au surnaturel partout répandue dans les masses, le souvenir peut-être de ces héroïnes que la Bible nous montre dans l'histoire juive suscitées par Dieu pour sauver leur pays d'un joug étranger, commencent à créer autour d'elle une popularité de bon augure et à l'envelopper d'une sorte d'auréole.

Le roi fait assembler des troupes, on prépare un convoi de vivres que **Jeanne** devra introduire dans Orléans, assiégé par les Anglais, et qui semblait à la veille d'être pris, ce qui eût ôté à la **France** son dernier espoir. Et maintenant représentez-vous **Jeanne** ayant une armure, des chevaux, une maison militaire comme un vrai général, la main armée d'une épée qu'elle a fait retirer sous l'autel de Sainte-Catherine de Fierbois, portant un étendard de linon blanc semé de fleurs de lis d'or.

A cheval, au milieu des chefs, la voilà, l'ignorante enfant, qui ne connaissait de la guerre que les dévastations exercées dans le pays entourant son village, la voilà, ouvrant des avis, donnant des ordres, surpassant les plus prudents en sagesse et les plus vaillants en résolution !

Triomphes de Jeanne d'Arc.

Mais peut-être dois-je m'arrêter ici, mes chers enfants? Ce livre n'est pas fait pour vous enseigner l'histoire, mais la morale. Si je continue, je m'expose à entrer dans des détails qui auront l'air de m'éloigner de mon sujet. Cette crainte ne m'empêchera pourtant pas de terminer ce petit récit. C'est qu'en effet nous sommes entièrement ici dans l'idée morale du **Devoir patriotique.**

Comment on défend le sol national, comment, même au milieu de circonstances qui paraissent défavorables, il ne faut jamais désespérer de son pays, voilà la démonstration par le plus mémorable des exemples, que vous donne la belle histoire de **Jeanne d'Arc.**

Vous admirerez la puissance morale, même sans le secours de la force physique, la confiance qu'inspirent le patriotisme et une vertu pour ainsi dire surhumaine, en voyant quelle influence **Jeanne**, avant même qu'aucun succès n'ait assuré son autorité, avait déjà prise sur l'armée.

Le soldat, qui n'obéissait plus à ses chefs, s'étonne d'obéir à une enfant. **Jeanne** commande avec une fermeté simple qui se fait mieux écouter que les menaces.

L'enthousiasme éteint se ranime avec l'amour de la patrie et l'espoir enfin reparu de la sauver. **Jeanne** est pour les hommes d'armes et pour le peuple la **Patrie visible.**

On dirait qu'un ange est venu du ciel tout exprès. La confiance la suit, l'étoile de la **France** la précède. Qu'elle aille donc, la brave Lorraine, portée avec

Entrée de Jeanne d'Arc à Orléans

l'armée sur les navires de la Loire qui la conduisent sous le feu des batteries anglaises jusqu'à Orléans.

Elle y pénètre à l'heure où le jour commence à baisser, avec la troupe qui la suit. Quelle entrée déjà triomphale! Revêtue de sa blanche armure, et la tête découverte, elle s'avance au milieu des acclamations des habitants de la ville, avides de la contempler et de s'approcher d'elle. Chacun essaie de toucher ses mains, ses armes ou son cheval, comme s'il y avait en elle une force divine qui pouvait se communiquer.

L'histoire raconte avec des particularités bien curieuses que je suis obligé de supprimer comment elle-même, du haut d'une tour, fit sommation de lever le siège à l'Anglais qui ne lui répondit que par des insultes grossières ; comment, avec le sang-froid merveilleux d'un chef expérimenté, **Jeanne** examina les positions en vue de l'ennemi saisi d'un vague effroi ; comment elle fit les plus valeureux efforts pour rallier dans de terribles rencontres les Français plus d'une fois encore dispersés par des forces supérieures ; comment enfin, dans une lutte suprême, furieuse, héroïque, atteinte par une flèche, et un instant désarmée, elle entraîna tous les combattants à l'escalade de la dernière et formidable citadelle, et à leur suite les gens d'Orléans, qui se précipitèrent armés sur les murailles anglaises.

Orléans délivré, l'ennemi qui croit voir combattre contre lui non pas le ciel, mais l'enfer, démoralisé et battant en retraite, — le roi sacré à Reims comme elle l'avait dit, la **Patrie** sauvée selon sa promesse, quelles merveilles — terminées, hélas ! par la captivité entre les mains des Anglais et par une mort qu'ils voulurent rendre déshonorante, pour ôter tout prestige à ses victoires.

Mort de Jeanne.

Ses misérables juges l'accusèrent du crime absurde de **sorcellerie**, comme si elle tenait du diable sa puissance extraordinaire ; ils lui firent un grief digne de mort d'avoir porté des habits d'homme, tant les plus ridicules prétextes leur semblaient bons pour se débarrasser d'une ennemie si dangereuse.

Ils dressèrent à **Rouen**, sur une place, un bûcher pour la brûler vive : bûcher à jamais infâme pour ses juges et pour ses bourreaux, à jamais glorieux pour elle ; car sa mort fut digne de sa vie.

On raconte qu'au moment où elle entendit prononcer sa condamnation, elle avait laissé couler ses larmes sans se démentir pourtant, et en appelant de ses juges à Dieu; elle pouvait en effet regretter la vie qui manquait à sa jeunesse pleine d'années en espérance, ses parents qu'elle chérissait et son doux pays de **Lorraine**.

D'ailleurs sa mission était terminée, et la jeune fille avait remplacé la guerrière, portée au-dessus d'elle même par le sentiment d'une tâche immense.

Mais de même que son grand cœur était resté ferme au milieu des embûches du plus odieux procès, où tout était combiné pour la perdre, elle se montra forte et douce en présence des flammes prêtes à la consumer.

Entourée d'une foule immense émue de pitié et qui pleurait, **Jeanne** ne pleura pas cette fois, et les derniers mots qu'elle murmura attestèrent encore la vérité de sa mission et son amour pour la France.

Que cette leçon de **patriotisme** garde à vos yeux, mes enfants, toute sa portée et toute sa force imposante. Que la France rende à **Jeanne** quelque chose de l'amour dont elle brûla pour elle! Le jour où on voudra personnifier cette **Patrie française** sous une image guerrière et pourtant d'une douceur touchante, céleste et humaine à la fois, n'en doutez pas, c'est **Jeanne d'Arc**, la vierge héroïque, qui servira de modèle; et tous sans exception, sentant leur cœur s'animer d'une flamme inconnue, puiseront dans cette vue fortifiante la conviction de la grandeur impérissable de la **patrie**. Le culte par lequel nous l'honorons de plus en plus, et dont l'honoreront après nous d'autres générations encore, deviendra l'emblème de l'immortalité de la **France**.

AUTRES EXEMPLES DE PATRIOTISME.

Je vous ai nommé **du Guesclin**. Rien ne fait plus d'honneur au patriotisme que les détails qui accompagnent sa mort et ses funérailles. Chassé de presque toutes les places fortes, les Anglais tenaient encore, dans une forteresse de la Guienne, nommée Château-Neuf de Randon. Le gouverneur, après une vigoureuse résistance, voyant l'impossibilité de continuer la lutte avec ce qui lui restait de forces, obtint une trêve, en promettant de rendre la place à un jour fixé, s'il ne lui arrivait pas de

Le Gouverneur de Château-Neuf de Randon vient déposer les clefs de la forteresse sur le corps de du Guesclin, qui vient d'expirer.

renforts. Pendant cette trêve, le **connétable** (c'était le titre que portait **du Guesclin**, le plus haut titre qui existât dans l'armée) tomba malade et mourut le jour même où la citadelle devait être rendue, après avoir attendu de minute en minute que la nouvelle de la reddition de la place lui arrivât.

Les Anglais ne se crurent pas dégagés de leur parole envers le héros mort.

Tandis que les cris de douleur, qui s'élevaient dans le camp français, faisaient arriver jusqu'à eux l'impression profonde qu'avait produite cet événement funeste, ils sortirent du château, le gouverneur en tête ; le maréchal Louis de Sancerre les conduisit à l'hôtel où reposait le **connétable**, et le gouverneur vint déposer les clefs sur le corps du héros. Tout autour du lit, Français et Anglais pleuraient ou priaient en silence ; scène d'une solennité imposante où se déroule tout ce qu'il y a de grandeur morale dans les honneurs qui peuvent être rendus à un illustre **patriote**.

— On racontera d'âge en âge la valeur héroïque des femmes de Beauvais et de l'héroïne **Jeanne Hachette**, lorsque le fougueux duc de Bourgogne, Charles le Téméraire, en lutte ouverte avec le roi de France, Louis XI, vint assiéger cette ville de Beauvais à la tête d'une très nombreuse armée. — Les femmes prirent à la défense la part la plus active et la plus intrépide. Elles apportèrent à leurs maris et à leurs frères des munitions, et du haut des murailles firent pleuvoir sur les assaillants des pavés arrachés aux rues de la ville, des quartiers de rocs, de l'eau et de l'huile bouillantes.

Parmi elles se fit remarquer la fille d'un artisan nommé Laisné et qu'on appelait Jeanne ; le surnom de Hachette lui vient de ce qu'elle combattit comme un homme, avec une hache à la main.

Pendant que les Bourguignons à l'assaut dressaient des échelles et montaient aux murailles, la vaillante jeune fille prit et arracha l'étendard des mains du soldat qui s'apprêtait à le planter sur le mur et précipita celui-ci dans le fossé. Le roi Louis XI, en récompense de son courage, la maria, la dota et exempta le nouveau couple de divers impôts.

Le **drapeau** fut conservé dans l'église comme une relique patriotique.

Le roi établit en outre qu'à la procession de la sainte

patronne de Beauvais, les **femmes** auraient le pas sur les hommes, en souvenir de l'admirable valeur dont elles avaient fait preuve pendant ces journées héroïques.

— Le 3 août 1347, le roi Edouard III d'Angleterre parvint à réduire la ville de Calais qu'il assiégeait depuis longtemps. Irrité par la résistance acharnée qu'il avait dû subir, il voulait se montrer sans pitié et ne point faire de merci. Pourtant il se laissa fléchir et se contenta d'exiger qu'on lui livrât à discrétion six des principaux bourgeois, qui, pieds nus, et la corde au cou, lui apporteraient les clefs de la ville, et paieraient de leur vie la grâce qu'il accordait aux autres. Quand ils apprirent ces exigences, les habitants furent consternés. Il leur fallait livrer six de leurs compatriotes, six des premiers et des meilleurs, coupables seulement d'avoir agi en bons et loyaux citoyens ; choisir ou laisser le sort désigner ceux qui expieraient l'attachement de tous à la patrie. Ils hésitaient et ne pouvaient se résoudre, mais Edouard s'impatientait. Dans cette incertitude, un homme vint se présenter de lui-même à la mort. Il se nommait Eustache de Saint-Pierre. Cinq autres imitèrent son exemple, car le dévouement a sa contagion. Ils se passèrent la corde au cou et partirent. Du haut des remparts, on les suivait des yeux en pleurant. Arrivés devant le roi, ils s'agenouillèrent, et lui remirent les clefs. Edouard les reçut d'un air farouche et fit appeler le bourreau. Heureusement la reine Philippine de Hainaut était là ; elle eut le cœur touché de leur danger ; elle pria qu'un ordre aussi horrible ne fût pas accompli, et, vaincu par ses instances, le roi laissa la vie à ces héroïques défenseurs de leur pays qui n'avaient pas craint de s'offrir comme victimes pour le salut commun.

— Blessé à mort, Bayard, *le chevalier sans peur et sans reproche*, était couché au pied d'un arbre, près d'expirer et pourtant encore tourné vers l'ennemi. Le connétable de Bourbon, qu'un dissentiment avec François Ier avait jeté dans le parti espagnol, poursuivait l'armée française, et vint à passer par là. Il reconnut Bayard, s'approcha de lui et lui dit combien il le plaignait de le voir en cet état : « Ce n'est pas moi, répondit le chevalier, qu'il faut plaindre, Monseigneur, car je meurs en homme de bien, mais vous qui servez contre votre pays et votre roi. » Et peu après, il rendit le dernier soupir.

SUITE DE LA PATRIE.

IV. — *La France moderne.* — *L'unité nationale.*

Je vous ai dit, mes amis, que je ne voulais pas vous enseigner notre histoire nationale, mais seulement mettre en lumière l'idée de la **patrie**, replacée sous vos yeux par quelques traits où éclatent davantage sa vitalité, son énergie, les temps et les retours de grandeurs de notre noble pays. Il ne paraît jamais plus digne d'estime et d'admiration que dans ces moments solennels où tous s'unissent pour concourir à le relever.

Ces invasions à main armée des Anglais, au quatorzième et au quinzième siècle, ne devaient pas être la dernière visite que l'étranger nous faisait sur notre sol. L'Espagnol, l'Allemand n'y parurent que pour un temps plus limité. C'était à la veille d'un des plus grands siècles de notre histoire, siècle extraordinaire dans la guerre et dans les lettres, qu'on a nommé le **siècle de Louis XIV**.

Durant cette période la **France**, domina le monde par l'éclat des grandes choses qu'elle accomplit et des grands hommes qu'elle produisit dans tous les genres.

Malheureusement ce règne inauguré au milieu de succès qu'on vit se prolonger pendant de nombreuses années, se termina comme il arrive toujours quand un peuple ou quand un souverain fait de la guerre un funeste abus, par de tristes revers ; ils faillirent encore une fois compromettre l'intégrité de notre patrie. Une grande bataille gagnée dans les plaines de Denain par un célèbre guerrier, le maréchal de Villars, la maintint dans ses limites et lui restitua son prestige qui commençait à se perdre devant l'ennemi.

L'indépendance nationale fut de nouveau menacée et sauvée aussi de nouveau par le patriotisme des Français, à la fin du XVIII siècle, il y aura bientôt cent ans. C'est encore bien rapidement que je vais vous dire un mot de ces événements mémorables qui se rapprochent beaucoup plus de notre temps. Nous avons connu les survivants de ces grandes guerres, et il n'y a pas longtemps que les derniers d'entre eux sont couchés dans la tombe.

Il faut savoir d'abord, mes chers amis, que tout avait été changé en France par une grande **révolution** qui fut accomplie en **1789**. Elle avait été faite contre des abus dont souffrait le pays tout entier, et en particulier la grande majorité des paysans et des gens des villes.

Le régime intérieur de la **France** laissait beaucoup à désirer. Il y avait des **impôts** pénibles, lourds, mal établis et mal répartis et que la masse payait seule, tandis que des classes entières, celles mêmes qui auraient été le plus en état par leurs richesses de s'en acquitter, en avaient été exemptées. Les paysans étaient soumis à des **corvées** souvent dures; tous les **Français** ne pouvaient parvenir aux emplois à cause des entraves qui étaient opposées à ceux qui étaient nés dans les rangs inférieurs de la **société**. Il s'en fallait que la **justice** fût toujours rendue avec la promptitude, l'impartialité, l'équité nécessaires. Le roi était devenu trop puissant et avait, comme on dit, une **autorité absolue**, c'est-à-dire qu'il lui était permis de presque tout faire sans être empêché par aucun autre pouvoir : par exemple **déclarer la guerre** sans consulter ses sujets, disposer de l'argent produit par les **impôts** sans avoir à en rendre compte. Aussi cette disposition arbitraire des **fonds publics** avait-elle beaucoup contribué à amener une grande gêne dans les finances, causé des prodigalités extrêmes et de profonds désordres que l'on est d'accord à reconnaître dans cette ancienne **société**.

L'assemblée nommée par les **Français** pour y remédier se proposa de corriger ces abus et de **réformer les lois** et les **institutions** du pays auquel elle donna **l'égalité des droits civils** ; vous verrez mieux plus loin ce qu'on doit entendre par ces mots. Elle supprima le droit trop exclusif qu'avaient les **aînés** d'hériter de leurs parents, ainsi que l'exclusion des filles de ce même héritage. Tous purent arriver aux emplois moyennant certaines conditions. Le roi enfin cessa d'être **absolu**, et de plus grandes libertés furent données aux citoyens.

Vous demandez, mes amis, ce que peut faire tout cela à l'idée de la patrie et à la défense nationale; vous allez le voir. Ne comprenez-vous pas que des réformes si profondes devaient provoquer des résistances de la part de ceux qu'elles atteignaient en supprimant les avantages dont ils avaient joui, et produire des luttes qui risquaient de s'exaspérer d'autant plus que la **révolution** s'emporterait au delà des justes bornes? Ceux mêmes qui reconnaissent en 1789 la justice et la généreuse inspiration des réformes, sont forcés d'avouer les excès sanglants qu'elle commit dans son cours, et surtout pendant les années 1792-93-94. Lorsque la République eut succédé à la royauté, il y eut des émeutes, des insurrections, des luttes de partis violentes, et des républicains s'envoyèrent mutuellement mourir sur l'échafaud, comme y avaient été envoyés les royalistes et le roi Louis XVI lui-même. Ce fut le **régime de la Terreur**. Quelle occasion pour les étrangers, mes enfants, de se mêler de nos affaires ! Ils disaient qu'ils voulaient remettre l'ordre en France. Voilà ce qu'ils disaient; mais ce qu'ils désiraient, vous devinez bien ce que c'était, ils souhaitaient démembrer la **France** elle-même, en prendre, celui-ci une province, celui-là une autre, et ils commencèrent à l'envahir.

Ah ! mes amis, qu'ils avaient donc mal calculé ! Ils ne voyaient pas l'indignation **nationale** qui allait soulever la **France tout entière**, à l'exception d'un certain nombre de nobles émigrés. L'étranger préparait déjà sa marche sur Paris, il se croyait à la veille d'assurer à nos dépens ses convoitises. Rêves chimériques ! Menaces que devait encore déjouer la victoire de la **Patrie** ! Les **Prussiens** étaient battus à **Valmy** et la guerre transportée au dehors de la France.

Elle devait durer longtemps. Si vous saviez quelle noble phalange de jeunes et brillants généraux elle fit éclore ! A vingt-cinq ans ils paraissaient vieux de gloire. Il en est qui mouraient avant trente ans, déjà consacrés par l'histoire. Tel fut **Hoche**, enlevé par une mort presque foudroyante. Tel fut **Marceau** emporté sur le champ de bataille, et dont les funérailles furent accompagnées du deuil de la **patrie**, et baignées des larmes de son armée. Tel fut, quelques années après, **Desaix**, tombant percé de balles, un peu plus âgé, mais jeune encore. Les autres devaient poursuivre de longues et éclatantes destinées, comme **Bonaparte**, depuis **Napoléon**, et comme ceux qui devaient former autour de ce général devenu consul, puis empereur, un groupe illustre de généraux.

Après des victoires prodigieuses, **Napoléon** abusait de la guerre et de la France, dans des expéditions qui devinrent plus malheureuses à mesure qu'elles devenaient moins justes et moins raisonnables. Le vainqueur de **Marengo** et d'**Austerlitz** voyait son astre se couvrir de nuages menaçants. Les champs brûlés et les villes soulevées de l'Espagne, les plaines glacées de la Russie, envahie à son tour, devenaient comme le tombeau de cette fortune qui avait paru à l'abri des revers dans les plus audacieuses entreprises et qui n'allait plus faire que décliner. Une **coalition** des peuples étrangers se formait contre nous, et la **France** était envahie en 1814 et en 1815, pour rester, hélas ! cette fois amoindrie. Pourtant elle retrouvait d'autres gloires au lendemain de ses malheurs ; sa puissance militaire se relevait par d'honorables faits d'armes et par la conquête de l'**Algérie** en 1830, qu'elle étendait encore dans les années suivantes.

La **France** poursuivait ainsi des destinées toujours grandes à travers la diversité de ses gouvernements successifs. Sous le second empire, la Russie éprouvait notre puissance devant les murs de **Sébastopol** assiégé ; l'Autriche, sur les glorieux champs de bataille de **Magenta** et de **Solférino** qui délivraient l'Italie du joug de l'étranger. Car ce fut toujours une nation généreuse que la nôtre; partout où il y avait injustice, oppression, elle ressentait la souffrance des vaincus, et elle était tentée de prendre pour eux fait et cause.

Malheureusement, si nous débarrassions les autres peuples de l'étranger, nous ne savions pas nous en préserver nous-mêmes. Vos pères vous auront dit ou vous diront, mes chers enfants, cette terrible et sombre histoire. Ils vous raconteront comment, à la suite d'une guerre mal engagée et mal conduite avec la Prusse devenue menaçante par l'extension de sa puissance militaire, nous avons eu la douleur amère de voir envahir le sol français en 1870, malgré l'énergie d'une résistance prolongée sur différents points du sol national, qui se concentrait dans Paris. Enfin, après un long siège, soutenu au milieu des privations avec une admirable constance, il fallut céder à un ennemi mieux préparé et plus nombreux. Il fallut laisser aussi aux mains de l'Allemagne toute l'Alsace et une partie de la Lorraine.

Souvenirs toujours vivants, plaies qui saignent encore ! Et pourtant on vit la **France** reprendre ses forces plutôt qu'on n'avait paru l'espérer par ses ressources naturelles, le travail et la richesse de ses habitants. Aujourd'hui encore, placée au nombre des premières nations par sa puissance militaire, elle n'a pas de supérieure pour son génie et ses arts, pour la douceur de la vie et des relations, pour la justice de ses lois.

Constituée de nouveau en **République**, après l'effondrement de l'empire par la défaite, elle poursuit son relèvement. Respectueuse de l'indépendance des autres peuples, elle les regarde comme amis tant qu'ils respectent la sienne. Elle doit demander le secret de sa force avant tout à cette **morale** qui fait les **caractères forts** et les **âmes patriotiques**, à cette **instruction** qui fait les citoyens éclairés, capables de bien comprendre leur devoir pour le bien remplir. La **France de l'avenir**, c'est vous, mes enfants. L'idée de la **patrie** vient de vous apparaître à travers l'histoire ; vous savez maintenant ce qu'on entend par **l'aimer et la défendre**. Vous devrez donc la défendre et l'aimer comme on aime une mère.

EXEMPLES.

Le grand élan patriotique, qui emporta la France sous la première République à combattre l'invasion, produisit les plus beaux faits de dévouement national et des généraux qui seront l'éternel honneur de la France moderne. Quelques-uns même des hommes qui appartenaient aux anciennes armées de la monarchie se rallièrent au mouvement national et en devinrent les chefs.

Tel fut l'illustre la Tour d'Auvergne, qui lui-même descendait de ce Turenne dont la mort a été si glorieuse. Il était né à Carhaix, dans le Finistère, le 23 novembre 1743, avait pris part à la guerre de l'indépendance américaine contre les Anglais et s'était signalé en Espagne par des actes héroïques. Lors de la révolution, tous les officiers de son régiment émigrèrent ; son colonel et ses collègues voulaient l'emmener avec eux ; il répondit : « Quand toute l'armée émigrerait, je resterai en France ». En 1792, à la conquête de la Savoie, il entra le premier à Chambéry, à la tête de sa compagnie. Comme il refusait tout grade supérieur à celui de capitaine, et tout traitement comme tout honneur, on réunit tous les grenadiers de l'armée au nombre de 8,000 et on le nomma leur chef. A la tête de sa colonne bientôt célèbre sous le nom de *colonne infernale*, il déploya une hardiesse inouïe, sans cesse au milieu du feu, son chapeau vingt fois traversé de balles, inspirant une confiance telle qu'on le croyait invincible. Par la seule terreur de son nom, il enleva

La Tour d'Auvergne enfile la cocarde tricolore à son épée et défie les Anglais, dont il est prisonnier, de venir la prendre.

jusqu'à vingt-sept redoutes formidables : « Ayant résolu rapporte un de ses biographes, d'emporter le fort Saint-Sébastien qui est dans la mer, bien qu'il n'eût ni flotte, ni artillerie, il se jette sur une barque, aborde au fort et somme le commandant de se rendre, sous peine d'être bombardé sur-le-champ. Le commandant effaré demande qu'on commence le feu pour qu'il ait un prétexte de se rendre. La Tour d'Auvergne fait tirer son unique canon; les cinquante bouches à feu du fort répondent une fois, et le fort capitule. » Pris par les Anglais au moment où il se rendait à Boulogne, il resta deux ans prisonnier sur les pontons, aussi respecté par ses compagnons qu'il avait été adoré par ses soldats, plein de patience et d'entrain et relevant les courages prêts à fléchir.

Les Anglais ayant voulu enlever aux prisonniers la cocarde tricolore, La Tour d'Auvergne enfila la sienne à son épée et dit : « Qu'on vienne la prendre ».

Agé de soixante ans, il ne songeait plus qu'à passer ses dernières années dans l'étude, à laquelle il avait toujours consacré du temps, lorsqu'il vit un de ses amis au désespoir, parce qu'ayant déjà perdu quatre fils à l'armée, il voyait enrôler le cinquième ; l'intrépide et dévoué sexagénaire s'offrit à le remplacer.

C'est ainsi qu'après de nouveaux exploits, sur la proposition du célèbre Carnot, le consul Bonaparte le nomma « *premier grenadier des armées de la République* », et lui décerna un sabre d'honneur (1800).

Cet homme de tant de bravoure et de grandeur d'âme fut frappé à la tête de sa brigade, à Oberhausen, en Bavière, d'un coup de lance au cœur. Sa mort fut un deuil pour toute l'armée, les tambours de toutes les compagnies de grenadiers restèrent voilés d'un crêpe pendant trois jours. Son nom fut conservé à la tête de la brigade. Jusqu'en 1814, l'officier appelait son nom comme les autres. Quand il criait : *La Tour d'Auvergne*, le porte-drapeau répondait : « *Mort au champ d'honneur !* » Le monument qui lui fut élevé sur le champ de bataille devint un lieu de pèlerinage pour nos braves guerriers, et l'on en vit aiguiser leur sabre sur la pierre de ce monument.

— Marceau, fils d'un homme de loi, mais qui avait peu de goût pour le métier d'avocat, s'était engagé à 16 ans. Successivement sergent, officier instructeur de la garde nationale de Chartres, sa ville natale, puis capitaine de volontaires d'Eure-et-Loir, quand éclata la guerre en 1792, il était à Verdun au moment du siège. Il prêcha la résistance, et, à la mort de Beaurepaire, reçut la douloureuse mission de porter au roi de Prusse la capitulation de la ville. Envoyé en Vendée comme lieutenant-colonel, il sauva, à la défaite de Saumur, la vie du représentant Bourbotte. Le cheval de Bourbotte venait d'être abattu par un boulet, Marceau mit pied à terre et lui offrit son cheval : « J'aime mieux être pris ou tué, dit-il, que de voir prisonnier un représentant du peuple ». Promu au grade de général de brigade, il rassembla le plus de forces qu'il put et reprit le Mans, sur les Vendéens qui en avaient fait leur quartier général.

En 1794, Marceau contribua puissamment à la victoire de Fleurus, et bientôt après, entra à Coblentz, où il se montra, comme toujours, doux et modéré dans son triomphe. En l'an IV de la République (1796), le 19 septembre, il commandait une division de l'armée de Jourdan, et protégeait la retraite du général en chef. Il fallait, tandis que l'armée passerait, arrêter les Autrichiens, coûte que coûte, aux gorges d'Altenkirchen. L'ennemi approchait ; Marceau, dont les batteries dominaient l'entrée des défilés, avait poussé en avant pour faire une reconnaissance, accompagné seulement de quelques éclaireurs.

Un chasseur tyrolien, caché derrière une haie, le blessa d'un coup de feu presqu'à bout portant. Il tomba de cheval ; un de ses hommes le chargea sur son dos et le porta jusqu'à la petite ville voisine, dont le gouverneur le reçut chez lui. « Fais en sorte, avait recommandé Marceau au capitaine Souhait, que l'armée ne sache rien. » Mais la triste nouvelle s'était répandue. Jourdan accourut, et le trouva souffrant, tout près d'expirer. Le général autrichien Kray vint lui-même. Il avait eu Marceau devant lui pendant deux campagnes, et sur le champ de bataille, il avait appris à l'estimer. Quand il le vit pâle déjà de la pâleur mortelle, sur le lit où on l'avait déposé, il balbutia d'abord des mots de consolation, puis il prit la main du héros, et se mit à pleurer en silence. L'archiduc Charles arriva à son tour, amenant son chirurgien, et il se fit entre les Français et l'ennemi, au chevet de ce soldat qui, mourant pour sa patrie, se résignait à avoir si peu vécu, comme une réconciliation dans la douleur, comme une trêve des larmes

Mort de Marceau.

Regrets et soins devaient être inutiles : Marceau rendit le dernier soupir le matin du 21 septembre 1796.

Il avait 27 ans. Il eut la gloire suprême, comme du Guesclin, d'être honoré par l'ennemi même. Le canon tonna dans les deux camps en signe de deuil. On écrivit sur sa tombe: « Ses cendres sont ici, son nom est dans l'univers ». Lord Byron, le grand poète anglais, lui consacra ces nobles et fières paroles: « Le voyageur qui s'arrête près de cette tombe peut sans crainte prier pour le repos et pour la gloire de cette âme vaillante :

car il fut un champion de la liberté et il fut l'un de ceux-là, si peu nombreux, qui n'ont point outrepassé en frappant pour elle les droits qu'elle confie à ceux qui portent son glaive. Il avait gardé la blancheur de son âme, et c'est pour cela que les hommes ont pleuré sur lui. »

— Chaque année, on voit se renouveler les hommages funèbres rendus aux intrépides Français qui, lors de l'invasion de 1870, succombèrent à Buzenval, près de Paris ; ce hommage collectif, qui s'adresse à une poignée de braves, montre que le cœur de la France a gardé leur mémoire. Parmi les combattants, était un jeune peintre déjà célèbre et que ses talents appelaient à de brillantes destinées, Henri Regnault, fils d'un savant illustre. Riche, heureux, dispensé du service militaire, il avait volontairement pris place parmi les défenseurs du sol natal contre les Allemands. Une balle le frappa mortellement.

— Combien d'autres eurent le même sort! Des hommes de tous les partis comptèrent parmi les victimes du devoir national. Presque toutes les professions, des employés de divers services, encoururent des périls quelquefois suivis de mort. On prit comme otages, on fusilla des curés de village ; des instituteurs payèrent de leur vie leur patriotisme. Voici ce qui se passait au village de Pasly. L'instituteur, M. Jules Desbordeaux, réunit les hommes valides et se mit en devoir de repousser un ennemi malheureusement trop nombreux. Les envahisseurs, devenus maîtres du village, n'eurent rien de plus pressé que de se porter sur l'école. Ils se saisirent de M. Desbordeaux et fusillèrent ce courageux citoyen qui n'avait écouté que la voix du patriotisme.

On ferait un recueil glorieux pour la France de la seule constatation de ces sacrifices obscurs. Les noms de ces modestes héros méritent d'être conservés par l'histoire, du moins comme on lit sur la pierre d'un tombeau les titres qui recommandent à l'estime et au souvenir le dévouement de quelque citoyen généreux.

EXERCICE.

Le patriotisme trouve sa démonstration dans notre histoire nationale. — L'enfant éprouve du plaisir devant le spectacle des succès et des gloires de la France même dans le passé. — En citer quelques exemples. — Les luttes pour l'indépendance du sol national dans le passé —Guerres anglaises. Jeanne d'Arc. — Preuve qu'il ne faut jamais désespérer de la patrie. — Luttes héroïques contre l'invasion à l'époque de la Révolution et depuis. — L'enfant doit se préparer à tout faire pour sa patrie. — Montrer par des exemples historiques les hommages rendus aux glorieux défenseurs du sol national.

SUITE DE LA PATRIE.

V. — *Ses Bienfaits.*

Vous venez de voir ce qu'est la **patrie** : n'est-ce pas avoir compris déjà quels sont ses **bienfaits**, dont on vous a d'ailleurs rappelé quelques-uns des principaux ?

La société est un bien pour l'homme, mais la société est divisée en nations, dont chacune a sa manière d'exister et est constituée différemment. Outre les **bienfaits** généraux de la société, il y a donc ceux qui sont particuliers à la patrie. En quoi consistent, par exemple, ceux dont vous êtes redevables à la France ?

N'est-ce pas un *bienfait* d'abord que ces sacrifices continués pendant des siècles pour vous conserver votre *patrie* ? N'est-ce pas un avantage d'être né en **France** ? C'est un pays privilégié par son sol, son climat. Ce pays a toujours passé pour posséder tant d'agréments que nos plus anciens écrivains l'appellent en leur vieux langage : la **doulce France**. N'est-ce pas enfin un bonheur et un honneur d'avoir vu le jour dans une nation qui a fait de si grandes choses dont vous entretient son histoire ?

Vous pensez peut-être, mes enfants, que les autres

nations peuvent en dire autant. Sans doute, il n'en est aucune qui n'ait ses mérites et ses souvenirs glorieux.

Je suis loin de vous enseigner le mépris des autres peuples. Ils ont de bonnes raisons pour aimer leur pays. Une expression vulgaire désigne cet amour exclusif du pays qui est accompagné de vantardise et de mépris pour les autres: on a appelé cette grossière façon d'aimer son pays le *chauvinisme*.

Mais il ne faut pas tomber dans un autre excès et être **trop cosmopolite.**

Qu'est-ce que ce terme d'apparence savante? *Cosmopolite*, c'est-à-dire citoyen du monde. Le *cosmopolitisme* est ce sentiment ou cette idée qui affecte un amour égal pour tous les peuples. Cela est excessif, mes amis. On doit à son pays un amour de préférence. On ne peut pas être à la fois Français et Anglais.

Le patriotisme ne défend pas de venir en aide à un autre peuple, s'il est visité par des épidémies, des inondations ou soumis à un régime qui rende les hommes malheureux ; mais ne pas mettre sa patrie au-dessus de tout serait une trahison. Nous ne sommes pas redevables au monde entier ; ce ne sont ni les Anglais, ni les Allemands qui nous ont faits ce que nous sommes; loin de là, ils nous ont souvent nui, vous le savez.

La France est notre seule *bienfaitrice*, puisque c'est elle qui nous assiste et nous soutient. Elle met au service de chacun sa force collective, ses moyens d'instruction, ses secours à l'enfance, ses façons diverses de venir en aide aux malheureux et tout ce que son génie continue à concevoir de grand et de beau.

C'est la **patrie** sous une forme ou sous une autre qui assure la sécurité de nos personnes et de nos biens. C'est la magistrature, c'est l'armée de la France qui nous protège.

Je vous ai parlé de la douceur et de l'équité de ses lois.

Vous en êtes un exemple, mes enfants. Autrefois, l'autorité paternelle pouvait vous traiter plus durement qu'aujourd'hui; je ne vous parle même pas des peuples de l'antiquité. Chez eux, le père eut parfois droit de vie et de mort sur ses enfants. Mais, dans l'ancienne France, un père pouvait faire emprisonner ses fils, même assez âgés, et mettre ses filles au couvent à peu près à sa volonté.

Aujourd'hui le père peut user de ce droit de priver de leur liberté seulement des enfants encore mineurs et les faire mettre dans une maison de correction : il faut pour cela des cas graves, et c'est leur bonheur à venir que ce père obligé à la sévérité a en vue.

Les peines sont humaines, et appliquées sans qu'il y ait d'exception et d'exemption pour aucune classe. On a aboli la *torture* et toutes les souffrances horribles qu'on faisait endurer aux criminels ou aux individus simplement suspects de l'être : or, des honnêtes gens, des innocents peuvent être accusés.

On a écarté comme barbare le désir de vengeance contre les coupables qu'il faut réduire à l'impuissance de mal faire et punir suffisamment sans inutiles cruautés.

Ne vous ai-je pas dit enfin que tout **Français** pouvait arriver désormais aux divers emplois, même les plus élevés, sans rencontrer d'empêchement dans des lois qui les réservaient autrefois à un petit nombre de privilégiés en défendant aux autres d'y prétendre ?

Certainement, mes enfants, les autres peuples ont leurs mérites et peuvent avoir leurs raisons de se trouver bien chez eux; mais, quoique nous ayons nos défauts, nous sommes en droit de regarder notre France comme une **bienfaitrice**, d'autant plus que les autres nations rendent hommage à ses mœurs sociables et douces, à ses lois protectrices, à son génie civilisateur.

EXERCICE.

Comment la patrie française mérite d'être appelée notre bienfaitrice. — Ce qu'elle nous procure d'avantages de diverses sortes. — Services rendus à tous par la sécurité et l'assistance. — Equité générale et douceur de nos lois : démontrées par quelques exemples. — Sommes-nous les seuls à reconnaître ces mérites de la France qui nous la font regarder comme une bienfaitrice et une mère ?

LIVRE II

ÉLÉMENTS DE LA MORALE.

CHAPITRE I.

L'AME ET LE CORPS.

On a dit de l'homme, mes chers enfants, qu'il est un corps et une âme.

Ce qu'est le corps, vous n'avez pas besoin que je vous l'explique. Notre *corps* est pour nous un compagnon si inséparable que nous sommes tentés de le prendre pour nous-mêmes. Il y a pourtant autre chose en nous. Le *corps* se voit, se touche ; il n'en est pas ainsi de nos *affections*, de nos *idées*, de nos *volontés* : cela ne se voit pas comme les choses matérielles. On ne touche pas les sentiments comme l'*amour du bien*, le *dévouement*, la *vertu*, tandis que la *matière* est étendue, a un poids, en un mot des qualités qui sont appréciées par des *sens* matériels aussi.

Or, nos *idées*, nos *affections*, nos *volontés* ont un principe immatériel comme elles-mêmes, invisible et pourtant réel comme elles-mêmes le sont.

Ce principe que nous sentons intérieurement *sans le voir des yeux du corps,* et qui se révèle à nous par ses effets, nous l'appelons l'**âme**.

C'est par l'**âme** que nous sommes supérieurs aux animaux. Sans doute, notre organisation est plus complète et plus achevée que la leur. Mais enfin notre *corps* ressemble à celui des bêtes. C'est notre **âme** qui fait que nous sommes d'un plus grand prix qu'elles ; car avoir une **âme** qui se connaît, qui s'élève à la **vérité** et au **bien**, quelle plus grande supériorité que celle-là?

Nous sommes incomparablement plus intelligents que les animaux les mieux doués : ceux-ci n'ont guère que quelques notions bien bornées. Ils ne savent guère que ce que la nature leur a enseigné à faire une fois pour toutes. On a fait plus d'une fois cette remarque qu'on n'a jamais vu un animal capable d'**allumer du feu.** Vous ririez si je vous parlais d'animaux sachant l'*arithmétique,* la *géométrie,* l'*histoire,* composant des livres, ayant une *morale,* une *religion.*

On ne peut comparer à nos langues si savantes et si compliquées leurs cris divers ou les paroles sans suite qu'un perroquet a appris de nous à répéter. Les animaux sont à la vérité susceptibles d'un certain degré d'éducation et d'un attachement parfois remarquable pour l'homme. Mais rien là qui ressemble à un travail un peu complet de la **pensée**, et leurs qualités ne sont pas comparables à la *vertu,* effet de réflexions, de volontés, d'habitudes suivies dont l'homme seul est capable.

C'est par suite de cette **supériorité** sur les animaux que nous avons appris peu à peu à les dompter et à nous en servir, soit en leur faisant la guerre, soit en les réduisant à l'état de domesticité. Cette supériorité ne tient pas au **corps**; il y a des animaux plus forts, plus agiles ; elle tient à l'**âme** seule, à la *pensée.*

La meilleure preuve que cette **âme** existe éclate dans les circonstances où elle est en opposition avec le **corps**, par exemple quand il arrive que le *corps* aspire à certaines satisfactions, et que notre *volonté* se refuse à les lui accorder.

C'est ainsi que le *corps* va naturellement au plaisir, et que l'*âme* sait lui résister quand les plaisirs qu'il demande ne sont pas honnêtes ou raisonnables ; cette résistance nous fait sentir combien elle diffère du corps.

Ne l'avez-vous pas éprouvé bien des fois, mes enfants? Voyons ; n'avez-vous pas été tentés par la gourmandise? Votre **corps** aurait bien désiré manger les gâteaux ou les fruits qu'on ne vous permettait pas de dérober en cachette. Mais vous saviez que c'était défendu ; ce qui résistait à votre gourmandise, c'était votre **âme**.

Le *corps* étant blessé, il arrive aussi que l'*âme* le contraint à modérer l'expression de ses plaintes, à réprimer des cris qui seraient une marque de faiblesse ; de même l'âme oppose à la peur de la mort une résistance fondée sur de généreux motifs.

Le *corps* fuit instinctivement devant le danger ; à ces lâches craintes une voix intérieure répond : « Marche au combat, à l'appel de l'*honneur*, ne crains pas de t'exposer pour la *justice*, la *vérité*, la *patrie* ; en vain la mort t'épouvante ; il faut savoir mourir quand le **devoir** l'exige ».

EXEMPLE.

Un des plus grands, des plus braves généraux dont parle l'histoire de France, Turenne, ne pouvait, malgré l'expérience qu'il avait de la guerre, s'empêcher d'éprouver, au commencement d'une bataille, un peu de cette émotion qui trouble souvent nos jeunes conscrits et qu'on ne saurait leur reprocher que s'ils avaient la lâcheté d'y céder. Son corps était pris d'un léger tremblement qui se dissipait par la force de la volonté, et ne l'empêchait pas de combiner avec sang-froid ses opérations et de prendre part à l'action avec courage. Surpris un jour par cette émotion toute physique, s'adressant à son corps : « Tu trembles, dit-il, carcasse. » Ainsi il se distinguait de ce corps, de cette *carcasse*. Qu'était donc ce *il*, qu'était ce *moi* d'un guerrier plein d'énergie et de bravoure? C'était l'*âme* qui résistait au *corps*, protestant contre ses défaillances, et lui parlait comme à un étranger, comme à un esclave, qu'il fallait ramener à l'ordre et remettre à sa place.

EXERCICE.

A quels signes reconnaissez-vous que nous avons une âme? Ce qui la distingue du corps. — Comment la pensée nous rend supérieurs aux animaux. — Que l'âme se manifeste particulièrement dans les cas où elle est en opposition avec le corps. — Citer quelques-uns de ces cas. — En quoi cette opposition se montre-t-elle dans l'anecdote citée?

CHAPITRE II.

LIBERTÉ ET RESPONSABILITÉ.

On dit, mes enfants, en parlant de l'âme, qu'elle est libre et que sans cela elle ne pourrait pratiquer ces *devoirs* dont on vous parle.

Etre libre pour l'*âme*, qu'est-ce donc ? Je ne veux pas vous traiter en profonds philosophes, en raisonneurs subtils, comme le sont ceux qui ont parlé de ces questions-là. Vous comprendrez sans cela ce qu'il importe que vous sachiez pour connaître les éléments de la *morale*.

Le mot : **Liberté humaine** a deux sens. Ainsi il est bien certain qu'un prisonnier n'est pas **libre**. Vous n'êtes pas **libres** de quitter l'école pour aller jouer. Vous n'êtes pas **libres** de vous guérir d'une maladie à volonté.

Tout cela montre seulement qu'il y a des choses dont nous n'avons pas la puissance, parce qu'il existe des obstacles qui s'opposent à l'accomplissement de nos désirs.

Mais **être libre** a aussi un autre sens, qui s'applique à nos *résolutions intérieures*. Ainsi je viens de vous rappeler, mes enfants, ce qu'on appelle la **tentation**, l'envie de faire une chose défendue.

On est **tenté** de bien des manières : de ne pas faire son devoir avec soin, de dépenser en friandises un argent qu'on pourrait mieux employer, de faire à son père ou à son maître de sottes réponses quand ils vous donnent un ordre.

Eh bien ! que se passe-t-il alors en vous, surtout quand vous avez le temps de la réflexion ?

Il s'engage une *lutte*, un *combat* : vous vous demandez ce que vous allez faire, vous sentez que vous pouvez prendre un parti ou le parti contraire, et il en est ainsi toutes les fois que quelqu'un se trouve en présence d'une **détermination** à adopter.

C'est de cette **liberté**-là qu'il s'agit, non pas de la puissance que nous avons de faire une chose, mais de la **liberté** qu'on a de prendre une *résolution*.

Ainsi je me résous librement à lancer une balle ; mais voilà que ma main engourdie me refuse le service ; elle n'est pas libre en ce sens, qu'elle est impuissante, mais ma résolution de lancer la balle n'en a pas moins été prise *librement*.

Un homme se place dans une embuscade, armé d'un pistolet, fermement résolu à tuer son ennemi : voilà une **détermination libre** ; son ennemi vient à passer, l'homme lui tire un coup de pistolet, mais le coup ne part pas ; l'intention de tuer n'en reste pas moins criminelle. Pourquoi ? parce que la **volonté de mal faire** existe entière, quoique l'effet ait manqué.

Si nous sommes libres, cela ne veut certes pas dire qu'il nous soit permis de tout faire.

Vous vous sentez libres de frapper votre voisin ; vous savez pourtant que ce serait une action déraisonnable et méchante, et qui vous est interdite, quand même vous seriez sûrs de ne pas être punis.

Vous savez que nous sommes **obligés** à faire ce qui

est bien et à éviter ce qui est mal. **Obligés** ne signifie pas ici contraints par la force, *mais tenus par devoir* à faire une chose.

Quel que soit le parti que nous prenions, nous sentons que nous en sommes **responsables**, c'est-à-dire que nous **répondons** de notre action, soit devant nous-mêmes, soit devant les autres, soit devant Dieu. La religion nous parle de cette dernière **responsabilité**. Je vais vous dire un mot des deux autres.

Premièrement, mes chers amis, nous sommes **responsables** devant nous-mêmes. On entend par là que notre **conscience**, éclairée par la notion du *bien* et du *mal*, nous approuve ou nous blâme, selon la conduite que nous avons tenue ; une satisfaction ou une souffrance s'attache à ce sentiment. Celui qui **fait bien** éprouve le bonheur que donne le **devoir accompli** ; celui qui fait mal s'adresse des reproches qui lui causent parfois une souffrance aiguë, et que l'on appelle des **remords**.

Oui, vous le savez déjà, mes chers amis. Si vous avez bien travaillé, obéi, dit la vérité, rempli tous vos devoirs envers vos parents et vos maîtres, vous éprouvez un contentement intérieur. Le petit paresseux, le désobéissant, le menteur se sent **intérieurement** troublé, **malheureux**.

Les **remords** sont pour le criminel comme une première peine, et l'on a vu même quelquefois des coupables s'ôter la vie ou aller se livrer aux juges comme s'ils couraient eux-mêmes au-devant du châtiment qu'ils croyaient avoir **mérité**.

Deuxièmement, nous sommes **responsables** devant les autres qui nous attribuent aussi le mérite ou la faute de nos actions, et nous **estiment** et nous **louent**, ou nous **méprisent** et nous **blâment**, selon qu'ils les jugent bonnes ou mauvaises.

C'est là ce qu'on appelle l'**opinion publique**.

Mais il y a encore une manière différente d'être responsable devant la société, qui se manifeste par les **lois** et par les **punitions** dont sont juges les tribunaux. La société ne punirait pas si elle n'était pas convaincue que les coupables ont **agi librement**.

On n'a jamais eu l'idée de traduire devant un tribunal un chien qui mord, une vipère qui a fait une blessure même mortelle, parce que l'animal n'a ni la raison qui discerne ce qui est *honnête* et ce qui ne l'est pas, ce qui est *juste* et ce qui est *injuste*, ni la **liberté** de l'accomplir.

Il y a aussi des cas où l'homme lui-même cesse d'être **responsable** devant l'**opinion** et devant la **loi** : c'est quand il a perdu la raison, non pas volontairement comme l'ivrogne, mais involontairement comme le pauvre fou qu'on est obligé d'enfermer.

Mais les voleurs et les assassins ne sont pas des fous, mes enfants. Ils ont su et voulu ce qu'ils faisaient : c'est pourquoi la **loi** les condamne.

Si nous n'avions pas la **liberté** et la **responsabilité** de nos actions, nous devrions donc aussi cesser d'admirer tant d'hommes recommandables par leurs vertus, tant d'actes sublimes ou touchants.

Ce serait un grand malheur et une triste dégradation de l'humanité, car ce qui nous **élève au-dessus de tous les êtres créés**, c'est cette **responsabilité** qui permet les *belles actions* et nous en fait honneur devant nous-mêmes et devant les autres.

Cette **responsabilité** se manifeste encore d'autres façons. Ainsi notre conduite sage et prudente, ou folle et imprévoyante, est souvent récompensée ou punie par des avantages ou par des maux que nous nous imputons à nous-mêmes. L'homme laborieux s'attribue bien le mérite de l'aisance qui suit le travail. Au contraire le paresseux, le prodigue, se reconnaît l'auteur de la misère qui est l'effet de la dissipation et du vice.

Le *mal physique* s'attache presque toujours au *mal moral* comme une conséquence funeste.

3***

Mes enfants, je termine ces observations sur un mot que vous y avez rencontré : la conscience.

C'est, sachez-le, un mot sublime et redoutable. Être heureux par le témoignage de la conscience est le suprême bonheur. Avoir conscience du bien qu'on a fait porte déjà en soi sa récompense. Vous croyez quelquefois n'avoir pas de témoin. Erreur ! vous en avez un, **votre conscience vous voit et elle n'oublie rien.**

L'homme qui a fait une mauvaise action ne se sépare pas de ce témoin qui devient son persécuteur ; car ce **témoin c'est lui-même.** Apprenez donc à vous mettre bien avec ce **juge** invisible et inévitable qui voit tout et n'oublie pas.

EXEMPLES.

La conscience qui tantôt nous rend de bons et doux témoignages, tantôt nous fait des reproches qu'on ne comprendrait ni les uns ni les autres sans la liberté et la responsabilité, se témoigne de bien des manières : par des avertissements, des scrupules, des remords poignants. Ce sont là des avertissements terribles qui annoncent les souffrances auxquelles doivent s'attendre les mauvaises actions commises sans témoin.

Tel est le poids insupportable des remords, qu'on voit des criminels se livrer, ai-je dit, au supplice en se faisant connaître. Quelques-uns se dénoncent pour ne pas laisser punir à leur place ou à cause d'eux des innocents. C'est ce qu'on raconte d'un homme qui avait été condamné à être pendu (au dernier siècle on pendait encore), dans le village de la Marche, du ressort de Bar-sur-Aube. Conduit par des archers au tribunal auquel il en avait appelé, il trouve le moyen de s'évader de leurs mains. Ceux-ci furent rendus responsables et allaient être jugés. Pris de remords en apprenant cette nouvelle, il alla lui-même se constituer prisonnier. Cette preuve qu'il n'était pas complètement perverti, fit impression, et lui valut une commutation de peine.

— Voici des témoignages de scrupules partis de la conscience qui ont rappelé au sentiment du devoir des gens tentés de se laisser aller au mal — Un homme ne pouvant obtenir du magistrat chargé du rapport de son affaire qu'il l'expédiât, s'avisa de lui dire que son procès le regardait autant que lui-même : « Comment, dit le rapporteur, ai-je quelque intérêt à votre procès ? — Plus que moi-même, ajouta l'autre ; car il ne s'agit pour moi que de mon intérêt, et, pour vous, de votre conscience. » Cette réflexion frappa le rapporteur qui, peu de jours après, expédia l'affaire.

— Un homme avait acheté à crédit une paire de souliers. Étant revenu pour les payer, il trouva la boutique fermée, et il apprit que le cordonnier était mort. Il ressentit une secrète joie à cette nouvelle, qui semblait pouvoir lui permettre d'avoir les souliers et de garder l'argent; mais le remords suivit de près la faute. Il réfléchit sur son injustice et revint à grands pas à la boutique. Il glissa son argent par les fentes de la porte, se disant : « Cet homme qui est mort pour les autres est encore vivant pour moi. »

— Un des plus fameux conquérants de l'antiquité, Alexandre le Grand, roi de Macédoine, a été cité souvent, et le sera toujours, comme un exemple de la puissance du remords. Ce prince généreux de cœur, comme il était grand par le génie, avait malheureusement pris l'habitude, dans sa conquête de l'Asie, de se laisser aller aux excès qui accompagnent les grands festins. — Échauffé par le vin et provoqué par les censures violentes et réitérées, produites par le même genre d'excitation, d'un des généraux, nommé Clitus, qui était un de ses meilleurs amis, il se précipita sur lui avec une fureur aveugle et le perça de son javelot. Revenu à lui, Alexandre s'adressa les plus terribles reproches, et, dans son désespoir, il voulait se percer du même javelot qu'il arracha du corps sanglant de son ami ; ceux qui l'entouraient le désarmèrent, et l'emportèrent dans son appartement. Il y passa toute la nuit et le jour suivant à pleurer sans cesse jusqu'à ce que, ne pouvant plus répandre

Alexandre pleurant la mort de Clitus que, dans un moment d'égarement, il a tué.

de larmes, il s'étendit sur le plancher, pour y pousser des gémissements qui semblaient ne devoir pas finir. Le temps seul et les devoirs du commandement purent non faire cesser, mais adoucir une douleur si désespérée.

EXERCICES.

Qu'entend-on par *liberté* ? — Est-elle la même chose que la puissance de faire une chose ? — Dans quel sens prend-on ce mot ? — Lorsqu'on croit l'homme responsable de ses actions, ne veut-on pas parler de la liberté de choisir entre deux partis ? — Être libre, est-ce avoir le droit de tout faire ? — *La conscience* : la satisfaction morale, le remords — La responsabilité s'exerce-t-elle seulement devant nous-mêmes et devant l'opinion ? — S'il n'y avait pas de liberté et de responsabilité, pourrait-on condamner les malfaiteurs comme criminels ? — Notre responsabilité n'est-elle pas attestée aussi par le bonheur ou le malheur qui s'attachent à la bonne ou à la mauvaise conduite ? — Importance pour l'enfant d'écouter la voix de sa conscience. — Exemples qui le démontrent.

CHAPITRE III.

DIFFÉRENTES SORTES DE DEVOIRS.

Libres et *responsables* de nos actions, éclairés comme nous le sommes, par la distinction du *bien* et du *mal*, nous avons différentes sortes de *devoirs*.

Ainsi nous en avons d'abord **envers nous-mêmes.** Nous en avons envers notre *corps* et relativement à l'usage des biens matériels qui se rapportent à sa vie, nous en avons qui regardent l'*âme* et son bien propre, son perfectionnement.

Nous sommes liés aussi par des *devoirs* **envers nos semblables.** — Vous avez déjà vu, mes enfants, d'une manière générale, ce que nous devons à la famille, à la société et à la patrie ; mais les **obligations morales** envers les autres hommes n'ont pas encore été développées dans ce qui précède.

On peut dire que nous avons aussi des devoirs envers les êtres inférieurs à nous, mais organisés, vivants, sensibles, envers les **animaux** que nous faisons servir à notre usage.

Enfin il en est qui nous unissent à l'**être infini et parfait**, au **créateur** de l'univers, législateur du monde physique et moral, qui est **Dieu.** La religion en fait son affaire essentielle ; de ce genre essentiel de *devoirs* la morale universelle doit aussi nous entretenir.

EXERCICE.

Quelles sont les diverses sortes de devoirs ? — Comment se divisent les devoirs envers nous-mêmes ? — Ne nous sommes-nous pas déjà occupés précédemment de certains de nos devoirs envers les autres hommes ? — Nous avons aussi des devoirs envers les êtres inférieurs et envers le Créateur.

CHAPITRE IV.

DEVOIRS QUI CONCERNENT LE CORPS PROPRETÉ, SOBRIÉTÉ, TEMPÉRANCE.

Le *corps* et l'*âme*, malgré les luttes qui peuvent exister entre les instincts matériels et le *sentiment du devoir*, sont le plus souvent appelés à vivre en bonne intelligence et à s'aider mutuellement.

Le *corps* fournit à l'*âme* des instruments qui sont les membres et les différents sens ; l'*âme*, de son côté, doit diriger le *corps*, s'occuper de satisfaire à ses besoins d'une manière intelligente et de les régler avec sagesse. Nous nous occuperons d'abord des soins que réclament le **corps et la vie matérielle**.

Vous devez prendre soin de votre *corps* ; il donne au dehors l'idée de ce que vous êtes au dedans, de même qu'un vêtement rend témoignage de ce qu'est celui qui le porte.

Le bon état des organes est nécessaire pour vaquer aux devoirs et aux fonctions qu'impose la vie à toute créature humaine.

Ainsi ne vous étonnez pas que la morale recommande, à différents points de vue, la **propreté**.

Elle est d'abord nécessaire à la **santé** dont nous devons avoir quelque souci pour accomplir notre tâche ; plusieurs maladies sont venues de la saleté excessive, comme la lèpre qui en était un effet trop fréquent au moyen âge.

La disparition de cette maladie de la peau si répugnante,

si redoutable par les souffrances qu'elle occasionnait, prouve que la masse a fait des progrès pour le soin du *corps*.

Mais le manque de **propreté**, même aujourd'hui si désastreux pour la santé, atteste en outre un manque habituel de dignité, une incurie honteuse qui ne rougit pas de laisser notre visage, notre corps, nos vêtements devenir pour les autres un objet de profond dégoût.

La **sobriété** atteste **l'empire de l'âme sur le corps** dont elle modère la nourriture en l'empêchant d'abuser de la quantité des aliments et des raffinements excessifs.

L'*âme* s'en trouve bien et le *corps* aussi.

L'homme qui vit sobrement ne s'expose pas à cette lourdeur de l'esprit et des membres qui forment un obstacle à l'exercice facile des facultés intellectuelles et à l'exécution des tâches à remplir.

La **tempérance** indique une vertu, comme la *sobriété* une manière d'être habituelle. La **tempérance** combat la gloutonnerie et la gourmandise et l'abus des boissons fortes.

Aucun abus n'est plus repoussant que l'**ivrognerie**.

L'**ivrogne** n'est plus un homme. Il a perdu ce qui en fait le caractère, la **raison**. Il ne se gouverne plus.

Il tient des propos incohérents, assez souvent semblables à ceux d'un fou ; son rire est idiot, sa gaîté est celle d'un insensé ; sa tristesse, son humeur noire ou ses attendrissements stupides nous répugent ; ou, si parfois on rit de lui, ce rire ne fait que marquer davantage le dégoût et le mépris.

L'ivrogne ne dirige guère mieux son corps que son esprit. La tête lui tourne, il se heurte aux objets extérieurs sans les voir ; sa démarche vacillante est celle d'un homme qui a perdu son équilibre, et qui est toujours près de tomber ; il lui arrive de rouler ivre mort sur la route ou dans quelque fossé où il reste des heures sans parler, sans entendre, sans savoir que le monde existe, à peine sensible aux coups qu'il reçoit.

Il sort de cet état, l'esprit hébété, l'œil terne, le corps brisé de fatigue, l'âme remplie de honte et de remords, si l'habitude ne l'a complètement endurcie.

L'**ivrognerie** mène à la paresse. Celui qui boit avec excès néglige toute tâche utile et est encore un jour ou deux incapable d'un travail sérieux.

L'**ivrognerie** est souvent accompagnée du **jeu** qui cause la ruine.

Elle détruit le sentiment de la famille chez ceux qui consomment en boisson le **salaire** et l'**épargne** qui devaient profiter aux enfants et à la femme.

Combien de fois elle est obligée de ramener son mari par le bras et de le coucher dans un lit où il ne trouve qu'un lourd sommeil troublé par des rêves affreux. Que de fois, on a vu le malheureux, quand son ivresse, au lieu de faire de lui une masse inerte, le surexcitait, menacer sa femme avec fureur, tandis que les pauvres enfants, épouvantés, se jetaient au-devant de lui, et que l'aîné lui retenait le bras prêt à frapper !

Les ravages causés par les boissons fermentées, le vin, la bière, le cidre, et surtout par les boissons alcooliques, comme l'eau-de-vie et l'absinthe, sont un des pires fléaux qui affligent les regards d'un honnête homme.

Ne vous étonnez donc pas qu'il se soit formé des sociétés de gens de bien, dites **Sociétés de tempérance**, pour essayer de porter remède à ces désordres. Les hôpitaux reçoivent un grand nombre de ces malheureux atteints de maladies qui affectent tous les organes, le cerveau surtout. Beaucoup en effet sont frappés d'**aliénation mentale**, d'une folie qui revêt des formes souvent affreuses, livrés à un délire accompagné de désordres d'une nature effrayante.

Nul vice une fois contracté n'est plus difficile à guérir, mes chers enfants. Souvenez-vous du proverbe populaire, qu'on peut prononcer en riant et avec indifférence, mais qui menace l'**ivrogne** d'un avenir bien triste : **Qui a** bu boira. C'est peu à peu que ces victimes d'un vice si redoutable sont tombées dans cette humiliante et dangereuse servitude.

Aussi est-ce au **commencement** qu'il faut résister. On doit fuir toute occasion, ne pas se dire qu'une **fois n'est pas coutume.** Qu'en sait-on ? Il n'y a pas, sachez-le, sur cette pente fatale, de laisser-aller innocent.

EXEMPLES.

La tempérance nous rend maîtres de nous-mêmes. Elle prouve déjà que nous le sommes par la résistance à toutes les tentations auxquelles nous exposent l'excès et le raffinement de la nourriture et des divers besoins. Elle a toujours été une qualité des nations fortes et courageuses. Les armées qui ont honoré la France, sous l'ancien régime et sous la République en 1792, savaient se contenter du nécessaire, qu'elles n'avaient parfois que d'une manière bien stricte, et que de fois même elles en manquèrent ! Les généraux eux-mêmes, jusqu'à une époque très avancée de notre histoire, avaient la table la plus modeste. Ils évitaient tout ce qui les aurait amollis et aurait enlevé à leur esprit sa lucidité, à leur corps la libre disposition de lui-même. Un de nos anciens maréchaux de France, le maréchal de la Ferté, pensait qu'on devait accoutumer la jeunesse à une vie sobre et dure. Son maître d'hôtel ayant fait, par ordre de son fils, des provisions destinées à flatter le goût, il jeta le mémoire avec indignation : « Ce n'est pas ainsi, dit-il, que nous avons fait la guerre ; des mets apprêtés simplement étaient tous nos ragoûts ; je ne veux être pour rien dans des dépenses aussi indignes d'un homme de guerre et aussi folles que celles-là ».

— Certains hommes ont vécu très longtemps, en observant la plus sévère tempérance, buvant de l'eau et se nourrissant de végétaux. Un médecin, nommé Morin, au XVIIIe siècle, vécut de pain, d'eau et de fruits, n'y ajoutant seulement qu'un peu de riz et de vin, strictement mesuré dans ses dernières années, et cela jusqu'à quatre-vingts ans. Le célèbre Cornaro vécut un siècle en suivant ce régime. Il avait été celui de beaucoup de chrétiens qui menèrent l'existence la plus austère, soit dans la solitude, soit en communauté. On cite tel de ces solitaires, qui vécut jusqu'à quatre-vingt-dix ans avec des légumes et des racines, sans prescrire d'ailleurs aux autres un tel excès d'austérité. Il reconnaissait qu'il ne faut pas affaiblir le corps et ajoutait même : « Le jeûne le plus agréable à Dieu est de faire en tout et toujours la volonté de Dieu même ».

— Quelques sociétés de tempérance vont jusqu'à recommander un régime qui conviendrait mal à nos climats et à notre façon de vivre. Mais en général les gens aisés boivent et mangent trop. Les excès d'abstinence, qui sont des exceptions, ont fait assez peu de mal ; ceux de l'intempérance font des victimes par milliers. Les exemples des crimes auxquels ils entraînent doivent inspirer une salutaire horreur de ce genre du vice. L'ouvrier X... avait coutume de se laisser aller à la boisson. Nous lisions récemment dans les journaux que ce malheureux, rentrant chez lui, y trouva sa vieille mère qui lui fit quelques reproches. Il se jeta sur elle comme une bête fauve, et ne la lâcha qu'après l'avoir tuée. Il ne se passe pas d'années où n'éclatent des rixes suivies de mort d'homme, et où ne se commettent des assassinats sous l'empire de la boisson.

EXERCICE.

Les devoirs de propreté sont indispensables : pourquoi ? — De la sobriété et de la tempérance. — L'ivrognerie est un vice honteux, qui dégrade l'homme et le pousse au crime. — Citer des exemples.

CHAPITRE V.

LA GYMNASTIQUE.

Voilà qui est étonnant, dites-vous. La **gymnastique** à propos de **morale**! Les exercices du trapèze et autres tours de force, de la **morale**! Est-ce que c'est être vertueux que d'être fort en gymnastique?

Attendez un peu, mes petits raisonneurs. Je conviens qu'on peut faire des **tours de force** qui excitent l'admiration de tous les camarades, sans être pour cela un écolier plus sage et plus laborieux que les autres. Mais réfléchissons.

Nous avons reconnu que le bon état du *corps* importe à l'*âme*, au travail.

Eh bien! la gymnastique contribue à la santé, à la vigueur, à l'adresse.

Ce sont là des biens qui ne sont pas à dédaigner pour eux-mêmes. Un corps faible ne permet pas non plus d'accomplir tous les *devoirs* qui nous sont imposés.

Ainsi on exécute mollement sa tâche avec un tempérament languissant, et on est par la suite moins utile à sa famille et à soi-même.

On est certainement un moins bon soldat, car on a besoin de **force** pour porter ses armes et ses bagages et pour soutenir de longues marches, et d'adresse pour franchir des obstacles souvent imprévus: ainsi un ruisseau, un fossé à sauter, un mur sur lequel il faut monter.

Il y a, sans faire la guerre, une foule d'occasions où on tire parti de ces avantages.

Sachez que ce sentiment qu'on a de ses moyens physiques a encore le mérite d'augmenter la **confiance en soi** et le **courage**.

Tel n'entreprendra pas une chose difficile et utile au risque de s'exposer peut-être à être soupçonné de lâcheté pour ne pas la tenter, quoiqu'il ne soit pas lâche, mais il se sent inhabile.

Savoir nager est aussi un exercice utile pour le corps, ainsi qu'un plaisir. Si on ne le sait pas, non seulement on risque de se noyer si l'on tombe à l'eau, mais on est hors d'état de porter secours à un malheureux qui se noie faute de secours, alors qu'il serait encore temps de le sauver.

Les exercices du *corps* contribuent à maintenir la **santé de l'esprit**. Mais la marche, les jeux où le corps est en mouvement ne sauraient produire les mêmes effets que la **gymnastique** qui vous apprend à régler vos mouvements et qui forme des hommes vigoureux, souples et adroits.

Les peuples anciens faisaient dans l'éducation une part notable à la **gymnastique**. Les plus prévoyants parmi les modernes ont accordé une place à cet **art** qui mérite d'être cultivé et encouragé.

EXERCICE.

Comment il se fait que la gymnastique, qui parait n'avoir d'autres effets que de fortifier le corps, en a aussi directement ou indirectement d'un autre genre? —Quels sont ces avantages? — Utilité dont peuvent être la force et l'adresse? — Incapacité fréquente et manque de confiance en eux-mêmes de ceux qui n'ont pas suffisamment exercé et assoupli leurs membres; quels services ils ne peuvent rendre. — Nécessité des exercices de corps reconnue par les peuples les plus sages.

CHAPITRE VI.

ÉCONOMIE. — CONSEILS DE FRANKLIN.

Apprenez à pratiquer l'**économie**; apprenez-en le prix pour l'avenir.

Economiser, c'est prévoir.

Les sauvages savent que le lendemain n'est pas assuré,

si on ne fait quelques réserves. Il y a des hommes, dans nos sociétés civilisées, qui semblent ne pas s'en douter. Ils vivent au jour le jour *comme des sauvages et plus encore que des sauvages*

Pensez un peu à ce qu'on entend par ce mot d'économie, aux différentes applications qu'il comporte.

Mettre de côté une petite somme d'argent ou quelques vivres dont on s'est privé en vue des besoins à venir, c'est avoir fait acte d'*économie*. L'économie consiste dans le bon aménagement de ce qu'on a, dans le soin qu'on prend de le faire durer autant que possible, sans excès pourtant, car cela deviendrait un vice.

Ainsi l'économie sait ne rien perdre, ne rien dissiper, n'abuser de rien. Elle évite les plus petites dépenses inutiles. En tout cela, elle est digne d'éloge.

Elle s'appelle **parcimonie** lorsqu'elle devient extrême, et ne se justifie alors que chez les gens d'une excessive pauvreté. L'économie est d'ailleurs partout à sa place, même dans les maisons aisées, qui se ruinent peu à peu lorsqu'elles en manquent. Son absence défait les fortunes les plus solides ; sa pratique constante est le fondement des *fortunes qui s'élèvent*.

Mais, direz-vous, un enfant peut-il être **économe** ? Assurément. Il doit s'habituer à ne pas prodiguer, user sans scrupule, — par irréflexion et jeu, ou par un goût de destruction blâmable, quoique trop naturel à certains enfants qui détruisent ainsi ce qu'ils ont en leur possession, jouets, vêtements ou livres.

D'abord, on ne doit rien **détruire** inutilement.

Puis, une telle destruction est un **vol** fait à vos parents qui ont payé de leur argent ce dont vous abusez avec indifférence.

Lacérer vos habits, dont l'achat représente un sacrifice de leur part ; réduire en morceaux, couvrir d'encre ou d'affreux bonshommes les pages d'un volume, c'est être prodigue et **destructeur** à leur détriment.

C'est prendre en outre une habitude funeste pour vous-mêmes. Il est beau d'être soigneux ; il est utile de l'être, tandis qu'on ne peut que blâmer ce petit **dissipateur** qui gâche plumes, papier, crayons, les emploie, les rejette sans en avoir tiré le parti possible. Il s'accoutume ainsi au **gaspillage**, sans se douter que celui qui *gaspille*, se prive lui-même ou prive les autres de la valeur qu'il détruit ; car les dix ou vingt francs que vous avez ainsi perdus inutilement *auraient servi à acheter autre chose*.

Apprenez aussi à estimer l'utilité de l'**épargne**. Elle va plus loin que l'**économie**, avec laquelle on la confond souvent, et sur laquelle elle se fonde.

On *économise* un franc qu'on évite de dépenser inutilement, mais on le met aussi à part pour l'**avenir**.

Cela peut se faire de deux façons.

On peut déposer ce franc dans une cassette, dans un tiroir, dans un vieux bas, comme le faisait naguère plus d'un campagnard. Cela s'appelle **thésauriser**.

On peut le placer à intérêt : c'est-à-dire qu'on a inventé des moyens qui permettent à ces pièces de monnaie de **faire des petits** pour ainsi dire, de telle sorte qu'elles procurent des revenus en sus du capital.

Placer ainsi ses **économies**, c'est véritablement ce qu'on appelle **épargne**.

Nul emploi n'est plus sage et plus fructueux, pourvu que ces placements soient confiés à des mains sûres.

L'illustre et sage Américain Franklin a dit dans son petit ouvrage intitulé la **Science du bonhomme Richard**, tout plein d'excellents conseils : « Si vous voulez être riche, n'apprenez pas seulement comment on **gagne** ; sachez aussi comment on **ménage**. »

Il ajoutait ces paroles qui doivent rester à jamais gravées dans la mémoire : « Un peu, répété plusieurs fois, fait beaucoup — **Soyez en garde contre les petites dépenses**: il ne faut qu'une légère voie d'eau pour submerger un grand navire. — La délicatesse du goût conduit à la mendicité ; les fous donnent les festins, et les sages les mangent. — Si tu **achètes** ce qui est **superflu** pour toi, tu ne tarderas pas à **vendre** ce qui t'est le plus **nécessaire**. — Réfléchis toujours avant de profiter d'un **bon marché**. J'ai vu des quantités de gens **ruinés** pour avoir fait des **bons marchés**. — C'est une folie de **dépenser son argent** pour acheter un **repentir**. »

EXEMPLES.

Les princes les plus puissants ont su montrer le cas qu'ils faisaient de l'économie. « Un père de famille, écrit un auteur illustre, pourrait apprendre dans les lois de Charlemagne à gouverner sa maison. Il mit une règle admirable dans sa dépense, et fit valoir ses domaines avec sagesse, avec attention, avec économie. On voit dans ses Capitulaires (1) la source pure et sacrée d'où il tira ses richesses. Je ne dirai qu'un mot : il ordonnait qu'on vendît les œufs des basses-cours de ses domaines et les herbes inutiles de ses jardins. »

— Colbert, un des plus grands ministres de Louis XIV, lui écrivait : « Il faut dépenser des millions pour la France, mais épargner cinq sous pour les choses inutiles ».

— Nous citerons surtout ici encore Franklin, le grand citoyen Américain, et le sage moraliste qui à ses précieux conseils joignit la pratique de l'économie, où il trouva les fondements d'une grande aisance. Il raconte lui-même comment, étant enfant, il se laissa aller à une dépense inutile, de laquelle il tira une bonne leçon pour se corriger à l'avenir : « Quand j'étais un enfant de cinq ou six ans, écrit-il, mes amis, un jour

---

(1) On appelle *Capitulaires* des projets de lois que préparait Charlemagne et où il consignait toutes les mesures qu'il jugeait bon de prendre dans l'intérêt public.

de fête, emplirent ma petite poche de sous. J'allai tout de suite à une boutique où on vendait des babioles ; mais étant charmé du son d'un sifflet que je rencontrai en chemin dans les mains d'un autre petit garçon, je lui offris et donnai volontiers pour cela tout mon argent. Revenu chez moi, sifflant par toute la maison, fort content de mon achat, mais fatiguant les oreilles de toute la famille. Mes frères, mes sœurs, mes cousines apprenant que j'avais tout donné pour ce mauvais bruit, me dirent que c'était dix fois plus que la valeur ; alors ils me firent penser au nombre de choses que j'aurais pu acheter avec le reste de ma monnaie, si j'avais été plus prudent. Ils me ridiculisèrent tant de ma folie que j'en pleurai de dépit, et la réflexion me donna plus de chagrin que le sifflet de plaisir. Cet accident fut cependant, dans la suite, de quelque utilité pour moi, l'impression restant sur mon âme : de sorte que, lorsque j'étais tenté d'acheter quelque chose qui n'était pas nécessaire, je disais en moi-même : « *Ne donne pas trop pour le sifflet!* », et j'épargnais mon argent ».

EXERCICE.

En quoi consiste l'économie ? — Comment un enfant peut et doit pratiquer l'économie, et en quoi il peut en manquer? — Ce qu'on doit entendre par *l'épargne* ? — Quels conseils ont été donnés par Franklin ? — Économie louée et pratiquée par les plus puissants personnages. — Qu'y a-t-il à remarquer dans l'anecdote du *sifflet* raconté par Franklin ?

CHAPITRE VII.

ÉVITER LES DETTES.

Les dettes naissent moins souvent, mes enfants, d'une nécessité réelle que des *habitudes d'imprévoyance* et de *dépenses mal réglées*.

On s'endette pour satisfaire des besoins factices, des

fantaisies, et après qu'on y a dépensé son argent, on *s'endette* en outre pour vivre, c'est-à-dire qu'on en est réduit à acheter le nécessaire **à crédit**, parce qu'on a commencé par s'endetter en achetant le **superflu**. L'économie laisse toujours quelques avances pour les moments difficiles.

Les écoliers ne font guère de *dettes*, si ce n'est de bien petites. Ils feront sagement d'éviter même celles-là.

Une fois *endetté*, à quoi s'expose-t-on en effet, mes chers amis?

D'abord à payer plus cher, s'il s'agit d'objets **achetés à crédit**, vivres, meubles, vêtements. Les marchands, si tous payaient comptant ou du moins exactement, vendraient à **meilleur marché**, comme on le voit en effet dans les ventes faites par certains magasins qui n'accordent pas de *crédit*.

Ne risque-t-on pas aussi de contracter bien vite une habitude si commode, mais si pleine de tentations et de pièges, qui permet de satisfaire les **caprices** et pousse à des consommations exagérées, dans les *cafés*, par exemple? Il semble qu'en grossissant la note, on rend le créancier plus patient : plus d'un fournisseur en abuse pour exciter de pauvres gens à **dépenser**.

Quelle humiliation que la **dette**, mes chers amis! Dans quelle dépendance avilissante elle met le **débiteur** vis-à-vis du **créancier**! On fuit sa présence, on l'évite dans la rue, on se dérobe quand il vient réclamer, on est réduit à le supplier humblement d'accorder des délais, on invente de faux prétextes pour ne pas s'acquitter et de feindre qu'on le pourra bientôt. « **Le mensonge**, dit encore Franklin, monte en croupe de la dette. — Il est difficile qu'un sac vide se tienne debout. — Celui qui va faire un emprunt va chercher une mortification. — Conservez votre liberté et maintenez votre indépendance; soyez laborieux et libres, soyez économes et libres!

EXERCICE.

Quelle est la source trop fréquente des dettes? — Quelles en sont les conséquences? — Acheter à crédit, est-ce payer trop cher? — Comment se contracte l'habitude de s'endetter? — Humiliation qui suit la dette.

CHAPITRE VIII.

FUNESTES EFFETS DE LA PASSION DU JEU.

Jouer, dans votre langage, mes amis, c'est s'amuser à quelque exercice du corps. Ce *jeu* est soumis néanmoins à certaines règles dont l'accomplissement exige de la force, de l'agilité, de l'adresse.

Ne croyez pas qu'on veuille vous blâmer d'aimer le *jeu* compris de la sorte. Il est au contraire très digne d'approbation. Il repose et distrait l'esprit : c'est pourquoi vous l'appelez une **récréation**. Il exerce les membres; il est une sorte de *gymnastique*.

Les enfants qui ne *jouent* pas ont tort. Cette immobilité empêche leur corps de se fortifier et de s'assouplir; ils risquent de devenir lents et lourds, et leur humeur pourra s'en ressentir fâcheusement, faute de mouvement et de gaîté.

Mais la plupart aiment plutôt le *jeu* avec excès, et se montrent justement remuants et dissipés. Le *jeu* prend alors le pas sur le travail, et l'on peut dire que même en ce sens la *passion du jeu* a besoin d'être réprimée. Dans le *jeu* même, il faut de la modération.

Mais quand on parle de la **passion du jeu**, il s'agit habituellement des **jeux de hasard**. Ils ont sur l'homme une sorte d'attrait puissant. Un penchant naturel le porte vers l'inconnu, et au désir d'éprouver sa chance se joint l'appât dangereux du **gain**.

Nulle passion n'est plus dévorante. Le **joueur** ne se

contente pas de ses gains et ne se résigne pas à ses pertes.

L'espérance a fait de lui sa proie ; il ne voit plus que le **gain** qu'il s'imagine tenir et qui le plus souvent lui échappe.

Dans la lutte qu'il engage contre le **sort**, il hasarde tout ; il joue, on l'a vu trop souvent, ses autres biens après son argent, et jusqu'aux objets qui servent à son usage. Il ne recule pas devant la chance de ruiner sa famille, sauf à se trouver en face du *désespoir* et peut-être du *suicide*.

Sans aller à ces extrémités, le jeu, comme le pratiquent trop fréquemment les gens de la campagne et les ouvriers et artisans des villes, est un goût très dangereux en ce qu'il **détourne du travail** et sert d'accompagnement à d'autres dépenses et à d'autres excès, comme celui de la **boisson**.

Vous aurez à vous défier de ces *habitudes de café* qui ont pris un regrettable accroissement ; c'est en combattant le **penchant du jeu**, qui ne doit être qu'une distraction de famille, aux heures de loisir, que vous y réussirez le mieux. Les gains fondés sur le **hasard** sont trompeurs ; c'est ainsi que les **loteries** absorbent beaucoup d'épargnes, et ne donnent qu'une portion de *chance* extrêmement minime à chacun.

Que de souffrances seraient adoucies si le jeu n'emportait une partie notable du *temps* et de *l'épargne* !

EXERCICE.

Le jeu, dans le sens où on le prend à l'école, est utile. — Inconvénients, cependant, qui peuvent résulter d'un goût excessif pour le jeu. — Quels sont les inconvénients et les dangers attachés aux *jeux de hasard* ?

CHAPITRE IX.

NE PAS AIMER TROP L'ARGENT ET LE GAIN. AVARICE ; PRODIGALITÉ.

Ce qu'on vous a dit pour vous conseiller l'*économie* ne doit pas vous conduire à **aimer immodérément le gain et l'argent.**

On ne peut pas se passer d'argent. Ceux qui en affectent le mépris absolu mentent aux autres ou se mentent à eux-mêmes, puisqu'il est le moyen indispensable de se procurer les choses nécessaires à l'existence, un intermédiaire plus commode et plus sûr dans les échanges que ne le serait le troc des choses les unes contre les autres.

Mais il ne faut pas se faire de l'*argent* une **idole**, et placer le **gain** avant tout, car il y a beaucoup de choses plus nobles et plus désirables.

A trop aimer le **gain**, on court souvent grand risque de devenir dur, indélicat, malhonnête. Tel le marchand qui ne se fait pas scrupule de *tromper sur les marchandises.*

On nomme **cupidité** l'amour immodéré du *gain*, **avarice** la passion d'entasser richesses sur richesses, sans les dépenser, sorte de passion *insatiable* et bizarre qui vit, sans en jouir, sur des monceaux d'or, qu'elle ne trouve jamais suffisants.

Je parle d'amas d'or, mes enfants, mais l'**avarice** l'est souvent à moins.

Voyez ce *ladre* qui entasse *sou par sou*, qui dissimule son misérable trésor, et qui, loin des regards, le compte et recompte.

On dit qu'il en est qui vont même, la nuit, contempler le trésor enfoui, qu'il soit composé de sous, d'argent ou d'or. L'**Avare**, nommé *Harpagon*, dans notre célèbre auteur comique Molière, ne parle que de sa **chère cassette.** Il n'est pas, vous le voyez, de passion plus sotte et plus vilaine que l'**avarice.**

Presque toujours sales et mal tenus, parce qu'il leur faudrait débourser pour renouveler les habits, se privant des mets nécessaires et à plus forte raison agréables, parce que **manger coûte de l'argent**; ne faisant jamais la **charité** parce que donner aux pauvres, qui ont faim, leur ôterait quelque chose de ce **trésor** qu'ils ne pensent qu'à augmenter, les **avares** se mettent eux-mêmes hors des lois et de l'humanité.

Ce sont de misérables dupes; ils se refusent toutes les honnêtes satisfactions du corps et de l'âme; ils ne jouissent de rien, si ce n'est du stupide plaisir d'entasser, qui ressemble à une idée fixe, à une sorte de folie.

L'**avare** n'est pas seulement nuisible à lui-même, mes enfants. Cet argent qu'il **thésaurise** reste stérile. Il aurait fait vivre d'autres hommes, et d'abord procuré du bien-être à sa famille. Mais est-ce que l'**avare** a du cœur pour sa famille?

La *lésinerie* est un degré inférieur de l'**avarice**; elle n'entasse pas, mais elle exagère l'économie; elle retranche sur le nécessaire.

La **prodigalité** est un autre genre de vice et de folie. L'avare va au delà de l'économie; il n'use de rien. Le **prodigue** dissipe les épargnes pour en faire un emploi capricieux ou vicieux, et abuse de tout.

Tandis que l'homme économe exerce sur lui-même un noble empire, en sachant s'imposer des privations utiles à l'avenir ou du moins en ménageant ses ressources, le **prodigue** a perdu l'empire de lui-même, sa vie appartient à la **passion**, à la **fantaisie**, et il est bien rare que ce soit une générosité charitable qui cause ces **profusions**; c'est presque toujours l'**égoïsme**.

On s'imagine que la **prodigalité** profite à la société, que l'*avarice* frustre de l'argent non employé. C'est une erreur, mes chers enfants. Le **prodigue** ne dépense pas seulement **trop**, il dépense **mal**. Il mange **tout**, comme on dit vulgairement, fonds et revenu, et son argent va presque toujours à des gens indignes, à des industries qui ne produisent que pour la **vanité** ou pour le **vice**. Il donne, en un mot, à la frivolité et à la corruption des encouragements qui seraient bien mieux placés ailleurs.

Un enfant peut être **prodigue** en *aimant la dépense à l'excès* relativement à ses petites ressources ; il peut manifester aussi une inclination fâcheuse à l'**avarice**. Il peut en effet rechercher trop avidement l'argent, en si petite quantité qu'on le lui donne, *convoiter* les objets qu'il lui est agréable de posséder, se refuser aux moindres dons par ce même attachement égoïste.

Loin de vous cependant si peu en rapport avec les sentiments généreux de l'enfance et de la jeunesse. Que le besoin des autres vous touche ; à plus forte raison, que le malheur ouvre vos cœurs et vos bourses. **Ne soyez ni prodigues, ni avares.** En étant économes, montrez-vous prêts *aux dépenses vraiment nécessaires* et restez *compatissants*. Un des bienfaits de l'*économie*, c'est, en pourvoyant à vos besoins, de faire aussi une part à ceux des autres. L'*économie* trouve toujours un petit fonds pour la charité ; l'avarice n'en a pas, et la **prodigalité** n'est pas toujours sûre de n'en avoir pas tari complètement la source.

EXEMPLES.

Qui n'a connu des hommes livrés à la passion excessive du gain et aussi des avares tenant plus à accumuler des richesses qu'à en jouir ? Mais l'histoire des personnages célèbres montre peu ce vice qui semble rechercher les ténèbres, et laisse peu de traces dans la mémoire des générations à venir, tandis que l'éblouissement, que produisent les prodigalités éclatantes, s'imprime plus fortement dans les souvenirs, après avoir frappé les contemporains. La France n'a pas manqué de ces illustres prodigues, sans parler de la foule qui surabonde.

Dans l'ancien régime, la noblesse s'est livrée à de grandes profusions. On vit, sous Louis XIV et sous la Régence, les dépenses les plus exagérées, le jeu le plus effréné, les dettes les plus accablantes. Les autres pays offriraient aussi trop de témoignages de ces scandaleux abus de la richesse. L'Angleterre en a vu se produire beaucoup dans la classe opulente et aristocratique. Des personnages distingués, le romancier Fielding, le grand orateur Fox, l'illustre poète lord Byron, bien d'autres encore, ont appris, à leurs dépens, les tristes effets de l'imprévoyance et de la prodigalité. Mais aucun n'a expié peut-être plus cruellement le défaut d'ordre et d'économie que le célèbre écrivain dramatique et orateur Sheridan. Enrichi trop vite par des spéculations heureuses, il montra, comme il arrive souvent en pareil cas, une facilité à dépenser égale à celle qu'il avait rencontrée pour réaliser des gains exorbitants. Ruiné en partie par ses dépenses excessives et par l'incendie d'un grand théâtre, dont il exploitait les bénéfices, il put réunir encore la somme de six cent mille francs, qu'il ne tarda pas à dissiper encore. Il mit dans ses affaires un tel désordre qu'en même temps qu'il ne soldait pas certains créanciers, il en payait d'autres, dit-on, plusieurs fois pour la même dette, laissant d'ailleurs s'accumuler les intérêts par incurie. Il fut comblé par le gouvernement anglais de places lucratives et qui l'occupaient peu, comblé d'or par les souscriptions et les dons de ses amis politiques. Il engloutit toutes ces sommes pour satisfaire son luxe, ses fantaisies, son goût pour les libéralités. Enfin cet homme, un des premiers de l'Angleterre alors par l'éclat de ses talents si divers, aboutit à la vente et à la saisie de tous les objets précieux qu'il possédait et de ses autres propriétés, à la prison pour dettes, à une maladie grave causée par son intempérance et à une mort prématurée.

EXERCICE.

La nécessité de l'économie et la recherche d'un gain légitime ne doivent pas conduire à l'amour excessif de l'argent. — Ce qui fait de cet amour un vice et une sorte d'idolâtrie. — Portrait de l'avare. — En quoi l'avarice est-elle nuisible à la société ? — Comment la prodigalité rencontre parfois des préventions favorables peu justifiées. — Caractère et résultats funestes de ces dépenses. — Comment l'enfant peut manifester de l'inclination pour l'un ou l'autre de ces vices et doit s'en préserver. — Faire ressortir les principales circonstances des exemples cités.

CHAPITRE X.

LE TRAVAIL.

I. — *Ne pas perdre son temps.*

Qu'est-ce que **ne pas perdre son temps ?** C'est l'employer **tout entier**, c'est l'employer **consciencieusement**, deux choses différentes et nécessaires l'une et l'autre.

Ne pas employer son temps, c'est être **oisif, désœuvré.** Perdre son temps de cette sorte, c'est perdre sa vie, si le temps est, comme le disent les Américains, **l'étoffe dont la vie est faite.** Selon un proverbe anglais, **le temps est de l'argent.** Or l'argent représente les moyens de subsister et d'épargner. Aussi dit-on **gaspiller** ou **prodiguer** son temps, tout comme on le dit de l'argent.

Pour vous, mes enfants, perdre votre temps, c'est aussi **perdre l'argent de votre famille,** celui des frais faits pour l'école. Faudra-t-il donc dire que celui qui *perd son temps* **vole** l'argent dépensé pour son instruction ? Le mot serait dur; il serait vrai pourtant. Occupez donc tout votre temps, et gravez en votre esprit ces maximes :

« *Celui qui se lève tard s'agite tout le jour et commence à peine ses affaires qu'il est déjà nuit.* »

« *La paresse va si lentement que la pauvreté l'atteint bientôt.* »

« *Poussez vos affaires, et que ce ne soit pas elles qui vous poussent.* »

« *Se coucher de bonne heure et se lever matin procure santé, fortune et sagesse.* »

« *Levez-vous donc dès le point du jour; que le soleil en regardant la terre ne puisse pas dire : Voilà un lâche qui sommeille.* »

« *Labourez pendant que le paresseux dort: vous aurez du blé à vendre et à garder.* »

« *L'eau qui tombe constamment goutte à goutte finit par creuser la pierre. Avec du travail et de la patience une souris coupe un câble, et de petits coups répétés abattent de grands chênes.* »

« *Employez bien votre temps, si vous voulez mériter le repos, et ne perdez pas une heure, puisque vous n'êtes pas sûr d'une minute.* »

(Science du bonhomme Richard.)

Mais, en occupant même tout ou presque tout son **temps**, on peut, mes chers amis, le faire sans une application et une énergie suffisantes.

La **quantité** des instants donnés au travail importe; mais la **qualité** du travail, son intensité, n'importe pas moins. Il y a un travail, qui **vaut** beaucoup; il y en a un qui **vaut peu** et qui même pourra **ne rien valoir.**

Ne savez-vous pas en effet par vous-mêmes qu'on peut faire un devoir mollement et avec distraction, tout en ne quittant guère son travail des yeux ?

C'est alors du **temps mal employé.** Ce n'est pas qu'on en ait fait un mauvais usage, comme lorsqu'il s'agit d'une chose condamnable, mais on n'en a pas *tiré tout le parti possible;* on n'a pas donné à son esprit toute la force, toutes les connaissances qu'il pouvait acquérir.

Aussi les devoirs faits dans ces conditions sont loin d'être aussi satisfaisants qu'ils l'eussent été avec un *travail plus appliqué*.

Voulez-vous que les moments occupés à l'étude soient réellement féconds pour votre instruction ? **Occupez tout votre temps**, mais en y mettant votre *attention tout entière*. Sinon, il vous arrivera ce qui arrive à trop d'entre vous, d'oublier vite ce que vous aurez appris à l'école.

EXEMPLES.

Le grand philosophe grec Aristote, qui a laissé d'immenses travaux où presque toute la science humaine de son temps est renfermée, employait tous ses instants avec un tel scrupule qu'il avait recours à d'ingénieux moyens pour se garantir du sommeil aux heures qui ne devaient pas lui être consacrées. Il lisait et écrivait même dans le bain, et, sujet à s'y endormir, il avait imaginé de tenir d'une main une boule d'airain qui, au premier sommeil, tombait avec bruit. Le philosophe, réveillé soudain, reprenait son travail.

— Un grand naturaliste de notre siècle, Georges Cuvier, ne quittait pas le livre ou le travail même en voiture. Notre célèbre historien, Augustin Thierry, aveugle et paralytique, ne passait pas un seul des moments que lui laissait la souffrance, sans se faire lire ou sans dicter.

EXERCICE.

Qu'entend-on par ne pas perdre son temps ? — Qu'entend-on par la valeur du temps ? — Suffit-il de l'employer tout entier ? — Qualités requises pour un temps bien employé. — Exemple d'un temps bien employé.

SUITE DU CHAPITRE X.

II. — *Obligation du travail pour tous les hommes.*

L'homme est fait pour travailler, dit l'Ecriture, comme l'oiseau pour voler. « Celui qui ne veut pas tra-

vailler, écrit l'apôtre saint Paul, **ne doit pas manger**»; — et un sage de l'antiquité, Socrate : « Il est évident que celui qui ne sait pas de métier et qui ne veut point cultiver la terre, a **l'intention de vivre de vol, de brigandages ou d'aumônes** ».

L'*ignorance*, l'*abrutissement*, les *vices* envahissent celui qui ne fait aucun effort pour cultiver son esprit, comme les mauvaises herbes envahissent un sol dont on a cessé de s'occuper.

Sachez, mes enfants, que la nature ne vous donne presque rien qui ne lui ait été **arraché** par des efforts assidus, réguliers, pour ainsi dire perpétuels.

Voyez ce qui se passe pour le *blé*.

La terre ne le fournit pas à nos besoins sans culture, et il faut l'emploi de plusieurs industries pour qu'il nous donne le *pain*.

Le bois et le fer ne se convertissent en charrue que par une série de travaux.

Les animaux ne viennent pas d'eux-mêmes se faire nos auxiliaires et nos serviteurs.

Les marais doivent être desséchés, le sol amendé pour produire.

Il faut atteindre le gibier, le poisson au prix de mille difficultés.

Il a fallu construire nos demeures, ainsi que nos moyens et voies de communication, nos routes et nos canaux, nos navires, nos voitures, nos chemins de fer.

Supposez le **travail** suspendu, même pour un temps limité, à peine deux ou trois ans : l'humanité mourrait de faim, de froid, de toutes sortes de maladies qui viendraient fondre sur elle à la suite de toutes les privations et de toutes les causes de destruction vite accumulées.

Le **travail**, c'est la vie même pour l'homme qui agit, c'est la condition de l'existence par tous les biens qu'il amasse. C'est ce qui fait que le travail est pour chacun **une dette à payer**, de quelque manière qu'il la paie, de même qu'il est une **obligation** imposée par **Dieu à l'humanité sur la terre.**

EXERCICE.

Sens des citations sur l'obligation du travail. — Sort de celui qui ne travaille pas. — Sans le travail, nous ne pourrions utiliser les matières et les forces que fournit la nature. — Le travail est une nécessité pour vivre, comme il est une obligation et un devoir.

SUITE DU CHAPITRE X.

III. — *Noblesse du travail manuel.*

Le **travail manuel** a sa noblesse comme tous les autres travaux. On le comprend mieux aujourd'hui.

Le **travail** est honoré sous toutes les formes, même les plus modestes.

Il n'en a pas toujours été de la sorte, mes chers enfants : les peuples de l'antiquité, si grands à tant d'égards, les Grecs, les Romains **méprisaient le travail manuel :** chez eux, la plupart des travailleurs manuels étaient des **esclaves,** c'est-à-dire des hommes méprisés comme de simples instruments et qui n'avaient aucun droit de citoyen.

On faisait peu de cas même des **ouvriers libres.** On n'estimait que la guerre, les travaux intellectuels, les magistratures politiques ; on accordait plus d'honneur à l'agriculture qu'à l'industrie et au commerce, mais seulement dans la personne des propriétaires qui exploitaient leurs domaines, et non dans celle des fermiers et des ouvriers ruraux.

Autrefois les **ouvriers** de l'agriculture étaient **serfs,** c'est-à-dire à demi-esclaves. Ceux des villes étaient relégués de même à un rang avili. Pourtant le **travail manuel** avait été réhabilité, c'est-à-dire remis en honneur et en dignité par le christianisme. Le Christ lui-même avait travaillé de ses mains. Les apôtres, les premiers solitaires et les moines réunis dans les communautés de ces siècles pleins de foi avaient **travaillé de leurs mains**, soit à la terre, soit à la production de divers ouvrages, croyant se sanctifier par là comme par la prière et les exercices du culte.

Intellectuel ou manuel, le **travail** est conforme à notre vraie destinée. Une légitime fierté s'attache à ce **devoir accompli** pour le plus simple ouvrier.

Il a le droit d'être satisfait quand le soir il se dit : « **J'ai gagné ma journée** ».

Il peut se dire aussi qu'il a **rendu service aux autres** par l'utilité de la tâche remplie.

Rien de plus honorable que les efforts faits pour nourrir une famille, élever des enfants. Sachez-le, mes amis, celui qui aurait aujourd'hui l'idée de **mépriser un travail et un travailleur quelconques**, s'exposerait à **être méprisé lui-même**. On ne méprise que ceux qui se montrent malhonnêtes dans leur profession ou dans leur industrie, si hautes et si importantes qu'elles puissent être, comme on méprise l'ouvrier sans conscience, non pour le métier qu'il fait, mais pour la façon dont il s'en acquitte. **L'estime se mesure à la valeur de l'homme.**

EXERCICE.

Tout travail est digne d'être honoré. — L'a-t-il été toujours ? — Le christianisme n'a-t-il pas rendu hommage au travail manuel ? — Estime qui s'attache à tout travail utile et à l'ouvrier honnête ; elle a pour mesure non le métier, mais l'homme.

CHAPITRE XI.

VÉRACITÉ ET SINCÉRITÉ. NE JAMAIS MENTIR.

Une honte particulière s'attache à cette qualification donnée à un homme ou à un enfant : **C'est un menteur.**

Celui qui trompe sciemment sur ses défauts, qui nie une faute commise, qui s'attribue un mérite qu'il n'a pas, **vole** la bonne opinion qu'il cherche à inspirer de lui. Si sa dissimulation est habituelle et profonde, si elle va jusqu'à feindre les vertus dont elle est la plus éloignée, c'est alors l'**hypocrisie**, le *mensonge* porté à son plus haut degré, car l'hypocrite ment par ses discours, par sa tenue, par tout ce qu'il montre, par tout ce qu'il cache ; en un mot, *tout ment en lui.*

L'homme sincère porte sa pensée inscrite sur son front et dans ses yeux.

Mentir, voulez-vous que je vous le dise, mes amis, c'est faire comme celui qui **vend à faux poids** ou donne une pièce de monnaie fausse pour une vraie. **La parole de l'homme est une monnaie qui ne doit pas être altérée et veut conserver toute sa valeur pour avoir cours.**

La société repose sur la confiance mutuelle, mes enfants, elle vit sur cette supposition que les hommes se servent de la parole non pour fausser mais pour **exprimer avec vérité** ce qu'ils pensent. Celui qui trompe la confiance détruit par conséquent autant qu'il est en lui la base même sur laquelle s'appuie toute société. Que diriez-vous, mes amis, si vous ne pouviez vous fier à personne, si on ne vous faisait des promesses qu'en se proposant de ne pas les tenir, si celui à qui vous donneriez de loyales paroles ne vous payait que par des apparences et des mensonges ?

Il y a des enfants qui **mentent par peur d'être punis** C'est une **lâcheté** et souvent un **mauvais calcul**. Ils auraient du moins adouci la sévérité par leur franchise et leur modestie. Il en est qui mentent **par honte d'être convaincus d'un méfait**. Il est aussi des **menteurs par vanité**, par exemple ceux qui mêlent dans leurs récits toutes sortes d'inventions pour *se rendre intéressants.* Ils ont vu, ont fait ceci ou cela, s'attribuent dans ce qu'ils racontent un rôle important qu'ils n'ont pas joué, de belles paroles qu'ils n'ont pas dites. Les petits menteurs vantards ne valent pas mieux que les petits menteurs par respect humain. Les uns et les autres s'efforcent de *voler* l'estime et la considération d'autrui.

Le mépris qu'on témoigne en face au menteur n'est pas habituellement la moitié de celui qu'on ressent et qu'on exprime lorsqu'on parle de lui en son absence. Il ignore qu'on se défie de lui en toutes circonstances ; qu'on ne **veut plus jamais le croire**, même quand il dit vrai ; qu'on évite de faire avec lui telle affaire qui aurait pu lui être très avantageuse.

Le respect de nous-mêmes nous commande de respecter aussi la vérité comme un dépôt sacré. On se déshonore lorsqu'on la trahit. **N'oubliez pas qu'il y a des hommes qui ont subi le martyre plutôt que de parler contrairement à la vérité et à la conscience.**

EXERCICE.

On ment de différentes façons : par la dissimulation, par l'hypocrisie, par la négation d'un fait vrai, par l'invention d'un fait faux. — La société repose sur la confiance mutuelle et sur la supposition que la pensée et la parole sont employées à rendre témoignage à la vérité. — On porte atteinte à ses semblables et on se nuit à soi-même par le mensonge.

CHAPITRE XII.

DIGNITÉ PERSONNELLE. — RESPECT DE SOI-MÊME.

Si l'homme possède réellement ces dons supérieurs qui établissent sa valeur, la conscience, la raison, la liberté, comment ne se *respecterait-il pas lui-même?* Comment avilirait-il ce qu'il y a en lui de plus précieux ? Comprendre qu'il ne faut consentir à cette dégradation à aucun prix, c'est avoir le **sentiment de la dignité personnelle.**

Respectez votre *corps* en éloignant de lui les souillures qui déshonorent l'*âme*. Fuyez ce qui blesserait la décence, même les lois de la simple convenance. Elles exigent, vous l'avez déjà vu, mes enfants, des soins et de la tenue.

Il est contre la dignité humaine de présenter l'aspect sale et dégoûtant qui rappelle certains animaux immondes. Cette raison ajoute à ce qu'on vous a dit déjà sur l'obligation de la *propreté*.

La **dignité** consiste essentiellement dans le *respect de l'âme*, et dans le soin qu'on a de *se faire respecter* ; on ne doit pas s'abaisser devant la puissance, s'avilir par la flatterie. Cela ne veut pas dire qu'il faille méconnaître les supériorités de tout genre, ni manquer au **respect** qui leur est dû ; cela signifie seulement qu'il ne faut pas leur *sacrifier sa conscience*.

Ne confondez pas la *dignité* simple et la fierté légitime d'une âme honnête avec la raideur orgueilleuse de ces gens qui ont toujours peur d'être méprisés ou moins estimés qu'ils ne s'estiment eux-mêmes en prenant leur amour-propre pour juge. Cette fausse dignité se trouve dans toutes les classes, et l'homme qui occupe une place modeste peut n'en être pas plus exempt que celui qui remplit de hauts emplois ou qui possède de grandes richesses.

EXERCICE.

Qu'entend-on par respect de soi-même et par dignité personnelle ?

Diverses applications du respect de soi au corps et à l'âme. — Vraie et fausse dignité.

CHAPITRE XIII.

I. — *Modestie.* — *Ne pas s'aveugler sur ses défauts. — Éviter l'orgueil.*

Mes amis, on parle souvent du mérite modeste et de la sottise orgueilleuse, et on a raison.

Les gens sans **modestie** sont ceux qui *ne voient pas leurs défauts* et qui *s'exagèrent leurs qualités* : ils sont doublement aveugles. Il suffit, pour être **modeste**, de se comparer à l'idée que nous nous faisons du bien, et que nous n'égalons jamais. Il suffit aussi de se comparer aux hommes les mieux doués et les plus remarquables en tous les genres.

Défiez-vous de l'amour-propre qui nous séduit et qui nous porte à rapetisser la valeur des autres dans l'idée que nous nous en formons. Un sentiment secret de jalousie et d'envie dont elles ne se rendent pas toujours compte rend trop de personnes aveugles sur les mérites supérieurs de ceux surtout qui poursuivent la même carrière. Mais nous nous montrons trop souvent, même en dehors de ce cas :

Lynx envers nos pareils et taupes envers nous,

comme a dit notre grand fabuliste La Fontaine. Ce qui signifie que notre vue est perçante pour voir ce qui péche chez les autres, si perçante même qu'elle leur suppose parfois des imperfections, tandis qu'en ce qui concerne nos défauts, nous sommes myopes pour ainsi dire.

L'homme **modeste** peut ne pas *ignorer ce qu'il vaut*, mais il se dit qu'il *n'est pas le seul qui vaille quelque chose;* il doit puiser dans la connaissance de ce qui lui manque, la pensée généreuse de l'acquérir. Celui qui par **orgueil** s'aveugle sur ses défauts ne se corrigera jamais.

Mes enfants, comment ne seriez-vous pas **modestes**? Vous n'avez encore rien fait dans la vie. Vous ignorez même vos propres forces; vous savez seulement qu'elles sont nécessairement très bornées.

L'enfant modeste parle peu de lui-même. Il ne se vante pas des succès qu'il peut avoir dans ses études, ni d'aucun des avantages qu'il peut tenir de la nature ou de la fortune. Loin de rechercher, il évite tout ce qui pourrait *humilier ses camarades* par des comparaisons à leur désavantage. Nulle qualité ne rend plus aimable que la **modestie**.

L'**orgueil**, au contraire, est odieux. Il choque celui des autres, car peu en sont complètement exempts. L'*air de supériorité* blesse toujours. On éprouve de l'antipathie contre un visage hautain et dédaigneux, une parole tranchante et impérieuse. L'*enfant orgueilleux* se reconnaît le plus fréquemment à sa tenue, et il déplaît même avant qu'il ait ouvert la bouche; s'il parle, c'est pis encore: il se rend insupportable par ses **vanteries**, ses **critiques arrogantes ou moqueuses**, qui achèvent d'éloigner de lui ses camarades.

C'est particulièrement chez vous, si vos parents n'ont pas reçu une instruction bien étendue, que vous devez **être modestes**, mes enfants. Tel, pour avoir reçu les éléments qu'on apprend à l'école et obtenu quelques prix, se croit supérieur à ses parents. Quelle sotte erreur, outre que c'est retourner en quelque sorte contre les parents des avantages qu'ils ont favorisés et encouragés! Qu'est-ce que ces éléments en comparaison de ce qu'apprennent la vie et l'expérience? Ne ressemblez donc pas à ces petits docteurs qui ont toujours l'*air de faire la leçon* à leurs père et mère; ils sont blâmables et ridicules.

EXEMPLES.

La modestie est d'autant plus à sa place chez ceux qui ne sont ni puissants ni supérieurs en génie, qu'on l'a vu pratiquer par des hommes du premier mérite. Charles V, ayant jeté les yeux sur Bertrand Du Guesclin pour le créer connétable de France, le fit entrer dans le palais où tout son Conseil était assemblé, et lui dit d'un ton de maître : « Du Guesclin, prenez mon épée, et l'employez contre les ennemis de la France ». Du Guesclin la refusa, s'excusant sur son incapacité, et principalement sur sa naissance qui devait l'éloigner d'une si haute charge; mais le roi lui dit : « Sachez, messire Bertrand, que n'ai ni frère, ni cousin, ni neveu, ni baron dans mon royaume, qui n'obéisse à vous ; et si quelqu'un y était contraire, il m'irriterait tellement, qu'il s'en apercevrait. Ainsi, prenez cet office avec joie, et je vous en prie ». Alors l'illustre guerrier, ne pouvant résister plus longtemps à la volonté du souverain, qu'il servait avec tant de zèle et tant de courage, prit l'épée, et la tira du fourreau en disant : « Je ne l'y remettrai jamais, qu'après avoir chassé les ennemis du royaume ». Et il tint parole.

— Vauban, maréchal de France sous Louis XIV, un des plus illustres guerriers de ce temps, Vauban qui se rendit célèbre surtout par les fortifications dont il a couvert la France, et par ses écrits sur l'amélioration du sort du peuple, notamment du système des impôts, était aussi modeste qu'il était grand par son génie et par son cœur. Il ne cherchait pas à briller dans les entreprises, mais à en assurer le succès, prenant pour lui la peine et laissant l'honneur aux autres. Il n'accepta de commander qu'en second dans un siège où un autre général avait sur lui l'antériorité des services et la noblesse, que l'on consultait fort en ce temps pour régler les grades, et il ne se laissa nommer maréchal de France que lorsqu'il y fut contraint.

— Après la fameuse bataille des Dunes, dans laquelle Turenne acquit tant de gloire, ce grand homme écrivit de sa propre main le billet suivant à sa femme, la vicomtesse de Turenne : « Les ennemis sont venus à nous ; ils ont été battus : Dieu soit loué ! J'ai un peu fatigué toute la journée. Je vous donne le bonsoir, je vais me coucher ».

— Le cardinal de Mazarin étant ministre avait fait une relation d'une journée où le maréchal d'Hocquincourt avait été battu. Ce rapport commençait par rappeler le conseil que Turenne avait donné au maréchal et dont le mépris avait causé la défaite. Turenne obtint du ministre d'ôter cet article, représentant que le maréchal avait déjà assez de chagrin d'être vaincu, et lui-même voulant ménager sa propre modestie en passant sous silence cette circonstance glorieuse pour lui.

EXERCICE.

Quelles sont les raisons qui nous prescrivent la modestie ? — Inclination qui nous porte à nous mettre au-dessus des autres et trop souvent à rabaisser ceux-ci. — Modestie que doit avoir un enfant. — Exemples de modestie chez les plus grands hommes.

SUITE DU CHAPITRE XIII.

II. — *Éviter la vanité, la coquetterie, la frivolité.*

Il y a plus d'une variété dans l'orgueil, mes enfants. C'est un défaut qui prend bien des formes, tout plein de ressources, de détours et de malices, qui se mêle à tout, même au vice dont il devrait rougir.

Quand il se rapetisse à faire un étalage puéril de certains avantages de naissance, de fortune, de beauté physique, d'ameublement ou d'habillement, il s'appelle la **vanité**.

On la rencontre partout ; elle est la *menue monnaie de l'orgueil*, et vous savez qu'il y a plus de petites pièces que de grosses.

Le **vaniteux** n'est pas toujours hautain, sec, impérieux, comme le véritable **orgueilleux** ; il ne se croit pas toujours un génie supérieur aux autres ; mais il cherche ses petits triomphes dans tout ce qui peut agréer à l'**amour-propre** et dans la *flatterie* dont il se montre insatiable, ce qui l'expose à être attrapé bien souvent.

Dans la fable de La Fontaine, le corbeau qui, entendant vanter sa belle voix par le renard, laisse tomber sa proie que celui-ci ramasse, est une *image de la vanité*. Le geai qui se pare des plumes du paon est un **vaniteux** ridicule et puni.

L'enfant **vaniteux** aime, lui aussi, à faire parade de tout ce que peut attirer sur lui l'attention. Il vante tout ce qui le touche de près ou de loin. Il vous dira que tout ce qu'il y a chez lui est superbe. Si on lui parle d'un cheval, son père en a un encore bien plus beau ; d'un bon dîner, ce qu'on mange chez lui est bien plus délicat encore, et ainsi de suite.

Prenez la **vanité** sous une autre face, vous avez la **coquetterie**. Dans une ancienne fable, *Narcisse* contemple son image dans un ruisseau et il en devient épris follement, tant il se trouve agréable, charmant ! Mais, quand on se trouve si joli, on veut se parer pour l'être encore plus, et si on ne l'est pas, on veut se parer encore pour paraître moins laid et pour étaler de beaux ornements. Ce n'est pas seulement aux petites filles qu'on reproche ce penchant ; on voit aussi des petits garçons qui aiment à « *faire les beaux* ». Ils s'imaginent sottement qu'on les admire ; on se moque d'eux ; ils feraient mieux de chercher à se faire estimer par des qualités plus solides.

La **frivolité** marche avec la **vanité** et la **coquetterie**. Etre **frivole**, c'est aimer les bagatelles, jusqu'à y donner ses soins et son temps, et y attacher une importance extrême, ce qui est une marque de niaiserie, le signe d'une *tête légère*. Or, la vie exige autre chose, mes enfants ; elle veut du sérieux, de l'application. On peut sans doute s'amuser, se distraire, il y a temps pour tout, avec des bagatelles ; on ne saurait en faire sa pensée dominante. Les *têtes frivoles* sont des épis vides qui se dressent fièrement et tournent à tous les vents. Les têtes sérieuses sont les épis pleins que leur poids fait tenir moins haut, mais qui ne tournent pas facilement au moindre souffle.

La **frivolité** et la **coquetterie** sont souvent aussi des sources de dépenses pour les jeunes garçons. L'achat d'objets inutiles, et notamment celui d'objets de **parure** ou d'habits coûteux, peut les entraîner bien loin. « Pour le plaisir de *porter de beaux habits,* dit Franklin, beaucoup de gens vont l'estomac vide, et laissent leur famille manquer de pain. Les belles étoffes éteignent le feu de la cuisine. **L'orgueil de se parer est une malédiction.** Quand vous en êtes atteints, consultez votre bourse avant de consulter vos goûts et votre fantaisie. »

EXEMPLES.

Nous avons cité des exemples de modestie. Citons maintenant un exemple de simplicité dans les vêtements. Sachez, mes enfants, que la simplicité dans un habillement propre et convenable a presque toujours distingué les hommes d'un vrai mérite.

Des souverains puissants ont eux-mêmes donné l'exemple de l'éloignement pour les recherches de la parure. Charlemagne, si magnifiquement vêtu dans les occasions où la majesté impériale était en représentation, était très simple habituellement. Il portait en hiver un pourpoint fait de peau de loutre et une tunique de laine ; il mettait sur ses épaules un manteau bleu, et n'avait pour chaussures que des bottines ou des sandales retenues par des bandes de diverses couleurs croisées autour de ses pieds. Or c'était en ce temps-là, chez les jeunes seigneurs, la mode, portée jusqu'à l'abus, des fourrures précieuses et des splendides étoffes de soie, goût qui paraissait efféminé à cet empereur, désireux de conserver parmi sa noblesse la simplicité mâle qui convient à des guerriers. Un matin qu'il menait avec lui à la chasse plusieurs de ces riches jeunes gens ainsi parés, la pluie et la neige les détrempèrent ; au retour, ils s'approchèrent du feu et les habits mouillés en prirent toutes sortes de mauvais plis. Charlemagne regarda sévèrement les jeunes courtisans et leur dit. « Comme vous voilà faits ! Vos fourrures sont belles maintenant ! Vous avez perdu des sommes folles, et moi je reviens avec mon gros manteau, qui n'en vaut ni plus ni moins ».

— Louis XI exagérait même la simplicité au point de

ressembler à un marchand aisé plus qu'à un prince dans son costume, qui était celui d'un bourgeois. — Saint Louis eut une simplicité parfaite. Il s'habillait de drap commun, et cette habitude, à la différence de Louis XI, n'avait rien d'affecté et d'exagéré.

— Henri IV ne fut pas non plus de ces princes fastueux qui consacrèrent des sommes exagérées au luxe et

Henri IV et Sully, simplement vêtus, se moquent des nobles qui portent de trop riches habits.

à la magnificence. Il n'aimait point, en fait de vêtements, les dépenses inutiles, et ce grand prince montrait par son exemple à éviter toute superfluité par rapport à la magnificence des habits. Il allait ordinairement vêtu de gros drap, avec un pourpoint de satin ou de taffetas, sans découpure et sans broderie. Il louait ceux qui s'habillaient de la sorte ; et son sage ministre Sully se moquait des nobles qui venaient dépenser leurs revenus à Paris et à la cour, en se couvrant de splendides habits : « Ils portaient, disait-il, leurs moulins et leurs bois de haute futaie sur leur dos ».

EXERCICE.

Raisons qui doivent combattre les dispositions à l'orgueil. — L'enfant orgueilleux. — Dangers de la présomption.— En quoi consiste la vanité.— Comment de la vanité naît la coquetterie ? — Qu'est-ce que la frivolité ? — Inconvénients de ces derniers défauts ? — La simplicité des vêtements recommandée par de grands exemples.

CHAPITRE XIV.

AVOIR HONTE DE L'IGNORANCE ET DE LA PARESSE.

Ce serait n'avoir rien compris, mes enfants, à tout ce qui vous a été dit précédemment, que de ne pas en avoir conclu qu'il n'y a rien de plus honteux que l'**ignorance**, aujourd'hui surtout qu'elle ne peut plus être que volontaire, quand il y a tant de moyens mis à votre disposition pour la combattre.

Quelle honte en effet de ne pouvoir se rendre compte de rien ! et combien cette honte redouble quand on vit avec des gens qui ont reçu de l'instruction et avec lesquels on est hors d'état d'entrer en communication, comme on l'est quand on arrive dans un pays dont on ne parle et dont on n'entend pas la langue !

Tout le monde va savoir lire, et on lirait à peine en balbutiant, en épelant difficilement chaque mot ! On écrirait d'une manière peu lisible ! On ne saurait pas seulement faire un compte !

Français, on ignorerait entièrement la France !

Citoyen, on ne saurait pas seulement comment est organisée la France du présent ! On ignorerait les droits que l'on doit exercer bientôt !

Ne rien savoir de la *terre qu'on habite*, du pays où l'on vit, est une **chose humiliante** ; mais ne s'y joint-il pas aujourd'hui le sentiment d'une infériorité pénible, puisque les ignorants seront bientôt en infime minorité ? Rester **ignorant**, c'est se placer au bas de l'échelle sociale. On se met par l'**ignorance** presque hors de l'humanité ?

Rougissez de l'*ignorance*, mais d'abord de la **paresse** qui la produit, car nous n'en voyons guère plus d'autre cause. On ne peut plus accuser la *société*, qui fait ce qu'elle peut ; on ne peut plus que s'en prendre à soi-même.

La **paresse** est donc seule coupable.

Elle est la *mort de l'intelligence*, par l'engourdissement habituel, par la torpeur et l'inertie qu'elle répand dans l'âme ; elle l'atteint dans sa *vie même* ; et la religion, en l'appelant un péché *capital*, lui reconnaît une gravité que justifie pleinement la réflexion.

L'histoire naturelle nous décrit un animal d'une immobilité, d'une inertie telles qu'il se refuse à faire une œuvre quelconque ; il nous paraît ridicule, quoiqu'il ne soit qu'une simple bête : on l'appelle le **paresseux**.

L'enfant *paresseux* a quelquefois cette apathie ; il peut aussi être agité, remuant, mais son esprit n'en est pas plus animé au travail.

Quand on lit ses *devoirs*, on voit que son esprit n'a fait aucun effort, et chacun rit de ses bévues.

On l'interroge sur ce qu'il devait apprendre : il balbutie ou demeure muet.

On lui fait réciter une *leçon*, il ne la sait pas, reste court ou bien se borne à en rappeler quelques mots, en ânonnant. **Anonner**, vous voyez, mes enfants, à qui ce mot fait allusion ; mais ne faisons pas injure à l'animal que ce terme rappelle, car il est un des animaux les plus laborieux.

Vous voyez que la honte attachée à la **paresse** est telle qu'on va tout de suite chercher, pour en donner une idée, des comparaisons humiliantes.

Mais qu'est-ce que cette honte de l'écolier, comparée à l'**humiliation** qui attend l'homme mûr? L'**enfant paresseux** prépare l'homme **incapable**, méprisé et misérable. Les vices qui suivent l'oisiveté achèvent de le faire regarder comme un individu dont on ne peut attendre rien de bon et qu'on tient à l'écart.

EXERCICE.

Comment' l'ignorance doit inspirer la honte par elle-même ? — Comment les moyens d'instruction mis à la disposition de l'enfant la rendent plus honteuse encore aujourd'hui? — Elle ne peut plus être que volontaire. — En quoi la paresse est-elle humiliante et funeste ?

CHAPITRE XV.

I. — *Courage dans le péril et le malheur.*

Si l'on vous demande ce que c'est qu'**avoir du courage**, vous répondrez peut-être que c'est se bien battre pendant la guerre.

Oui, c'est cela sans doute, et c'est autre chose aussi.

Certainement c'est être **courageux** que de déployer une intrépidité mêlée de calme dans les batailles, que d'attendre avec résolution l'ennemi ou d'aller au-devant de lui; on appelle ce *courage* du nom de **bravoure**. Mais il y a d'autres sortes de *courage* qui n'exigent pas de combats à soutenir et de batailles à livrer.

Le **courage dans le péril** se présente sous d'autres formes. Supposez un incendie: eh bien! tout enfants que vous êtes, vous pouvez faire preuve de **courage** par votre sang-froid, par votre entrain à porter secours, si vous en êtes capables.

Qu'un danger vienne à vous menacer : le **courage** consiste d'abord à ne pas perdre la tête, à rester maîtres de vous.

Au cas, par exemple, où on attaquerait votre père

votre mère, peut-être ne seriez-vous pas en état de vous battre bien utilement; mais le **courage** serait de crier, d'appeler le secours, au risque d'attirer sur vous la menace des agresseurs, ce serait d'aller chercher ce secours où il pourrait être.

Quelquefois un enfant peut donner lui-même l'aide nécessaire pour arracher un de ses camarades à un péril. De jeunes garçons, fils de pêcheurs, de marins, de militaires, ont donné, dans tous les genres de périls, des preuves d'un **courage** qu'on croyait être au-dessus de leur âge.

Le **courage dans le malheur** est autre chose encore. Hélas! qui de nous n'a eu à en faire preuve, à **s'armer de courage**, comme l'on dit, devant la perte de ceux que nous aimons?

L'existence humaine est une perpétuelle épreuve. Ne pas se **décourager**, ne jamais désespérer, *voilà le devoir*, mes chers enfants.

Lutter en mettant sa confiance dans ses généreux efforts contre les chances de misère, par exemple, espérer dans la Providence qui vient en aide à ces efforts, c'est une obligation qu'il faut accepter vaillamment.

J'ajouterai une recommandation à ces conseils sur la nécessité d'acquérir du **courage** à votre âge : il y a des enfants qui sont sujets à la **peur**, à des peurs vagues ; ils doivent se dire qu'elles ne répondent à aucun danger réel, qu'elles sont le fruit de l'*imagination* troublée.

C'est surtout dans les ténèbres que ces terreurs sans cause sérieuse se manifestent ; habituez-vous donc à **braver** ce genre de **peur** instinctive : dites-vous que votre frayeur n'a sa cause qu'en vous; vous apprendrez en même temps à vous défier des suggestions d'une imagination qui s'abandonne à des superstitions absurdes qu'on voit encore régner dans quelques campagnes, la crainte de prétendus revenants et d'autres sottises qui n'ont aucune **réalité**.

EXEMPLES.

On vous a parlé, dans ce chapitre, des différentes sortes de courage, et surtout de celui qui consiste à affronter des périls ailleurs même qu'à la guerre. Apprenez ici encore, mes enfants, à élever votre âme par de grands exemples. Quelques-uns sont des scènes fournies par la vie ordinaire. Le courage civil qui brave le danger au nom du devoir à remplir a toujours eu d'héroïques représentants dans notre pays. — C'est au milieu des discordes et durant les séditions populaires qu'il a eu plus d'une fois à se déployer.

— Pendant la Révolution, on cite celui dont fit preuve le président de la Convention, Boissy d'Anglas, au jour d'une insurrection des faubourgs de Paris, qui, égarés par des agitateurs, venaient pour réclamer du pain et le rétablissement du régime de la Terreur. Devant un manifeste rempli de menaces, l'assemblée jura de mourir à son poste.

Tout à coup les portes cèdent avec fracas ; la foule arrive comme un flot qui se précipite. Un député, Clauzet, découvrant sa poitrine, cherche à l'arrêter en lui faisant entendre de sages paroles. Un autre, qui avait accompli des missions aux armées et qui avait reçu plusieurs blessures dans des combats livrés à l'ennemi, le député Féraud, s'élance aussi au-devant d'elle et lui crie : « Tuez-moi, si c'est du sang qu'il vous faut! » Il est jeté à terre, foulé aux pieds et relevé évanoui. Boissy d'Anglas, qui présidait, se couvre la tête devant le tumulte pour marquer que la séance est finie. Un insurgé dirige son fusil vers le président; mais Féraud, revenu à lui, le couvre de son corps, et reçoit d'un autre insurgé un coup de pistolet qui le tue à bout portant. Les indignes assiégeants traînent le cadavre de cet homme courageux et lui tranchent la tête. Boissy d'Anglas devient le point de mire des injures, des menaces, des fusils braqués sur lui. En vain il cherche à rappeler au respect des lois cette foule furieuse. Un homme entre, tenant au bout d'une pique la tête sanglante du brave Féraud, et la tend vers le président. Boissy d'Anglas, calme, impassible devant le danger, se découvre devant cette noble tête du martyr de l'ordre et de la liberté des délibérations, et la salue avec un respect religieux. Le peuple, le vrai peuple, celui qui ne se fait pas le complice de l'illégalité et des factions sanguinaires, accourut pendant ce temps, et délivra l'Assemblée des séditieux qui en opprimaient la liberté et en déshonoraient l'enceinte.

— Après ces beaux faits qui ont un éclat extraordinaire, nous voudrions citer une intéressante anecdote qui regarde plus particulièrement votre âge, mes chers enfants. Je vous ai dit de vous accoutumer à vaincre le sentiment ou plutôt l'instinct de la peur, et notamment celle qu'inspirent les ténèbres. Voici un trait que raconte à ce sujet un célèbre écrivain français et qui se rapporte à sa propre enfance : « J'étais à la campagne, en pension chez un ecclésiastique appelé M. Lambercier ; j'avais pour camarade un cousin qui était singulièrement poltron, surtout la nuit. Je me moquai tant de sa frayeur, que M. Lambercier, ennuyé de mes vanteries, voulut mettre mon courage à l'épreuve. Un soir d'automne, qu'il faisait très obscur, il me donna la clef de l'église, et me dit d'aller chercher dans la chaire la Bible qu'il y avait laissée. Il ajouta, pour me piquer d'honneur, quelques mots qui me mirent dans l'impuissance de reculer.

« Je partis sans lumière ; il fallait passer par le cimetière ; je le traversai gaillardement.

« En ouvrant la porte, j'entendis à la voûte un certain retentissement que je crus ressembler à des voix, et qui commença d'ébranler ma fermeté. La porte ouverte, je voulus entrer ; mais à peine eus-je fait quelques pas, que je m'arrêtai. En apercevant l'obscurité profonde qui régnait dans ce vaste lieu, je fus saisi d'une terreur qui

5

me fit dresser les cheveux ; je rétrograde, je sors, je me mets à fuir tout tremblant. Je trouvai dans la cour un petit chien nommé Sultan, dont les caresses me rassurèrent. Honteux de ma frayeur, je revins sur mes pas, tâchant pourtant d'emmener avec moi Sultan, qui ne voulut pas me suivre. Je franchis brusquement la porte, j'entre dans l'église. A peine y fus-je entré, que la frayeur me reprit, mais si fortement, que je perdis la tête ; et, quoique la chaire fût à droite, et que je le susse très bien, ayant tourné sans m'en apercevoir, je la cherchai longtemps à gauche ; je m'embarrassai dans les bancs, et ne savais plus où j'étais ; et, ne pouvant trouver ni la chaire ni la porte, je tombai dans un bouleversement inexprimable. Enfin, j'aperçois la porte, je viens à bout de sortir de l'église, et je m'en éloigne comme la première fois, bien résolu de n'y jamais rentrer seul qu'en plein jour. Je reviens jusqu'à la maison. Prêt à entrer, je distingue la voix de M. Lambercier mêlée à de grands éclats de rire. Je les prends pour moi d'avance, et, confus de m'y voir exposé, j'hésite à ouvrir les portes. Dans cet intervalle, j'entends Mlle Lambercier s'inquiéter de moi, dire à la servante de prendre la lanterne ; et M. Lambercier se dispose à me venir chercher, escorté de mon intrépide cousin, auquel ensuite on n'aurait pas manqué de faire l'honneur de l'expédition. A l'instant, toutes mes frayeurs cessent et ne me laissent que celle d'être surpris dans ma fuite ; je cours. Je vole à l'église sans m'égarer, sans tâtonner, j'arrive à la chaire, j'y monte, je prends la Bible, je m'élance en bas ; dans trois sauts je suis hors du temple dont j'oubliai même de fermer la porte ; j'entre dans la chambre, hors d'haleine ; je jette la Bible sur la table, effaré, mais palpitant d'aise d'avoir prévenu le secours qui m'était destiné. »

EXERCICE.

Il y a diverses sortes de courage. — Comment un enfant peut en faire preuve. — Distinguer le courage spécial qui consiste à lutter contre le malheur. — L'enfant doit lutter contre certaines peurs instinctives, comme celles des ténèbres, pour devenir courageux. — Faire ressortir dans les exemples cités ce qui donne le mieux l'idée des genres de courage auxquels il est fait allusion.

SUITE DU CHAPITRE XV.

II. — *Patience, esprit d'initiative.*

C'est bien aussi une sorte de **courage** que cette force d'âme qui nous fait tantôt supporter nos maux sans révolte et avec constance, tantôt attendre des circonstances meilleures qui nous permettent de nous relever. C'est la **patience** qui nous vient en aide dans ces épreuves dont la vie n'est jamais exempte.

Il faut de la patience contre les souffrances physiques; il en faut contre les difficultés sans cesse renaissantes de l'existence. Cette vertu n'est pas moins utile qu'elle est honorable. La **patience** triomphe presque toujours, à la longue, des obstacles quand elle est accompagnée des vertus qui font le bon travailleur et l'homme économe.

Enfin, n'est-elle pas aussi nécessaire pour supporter les **caractères difficiles** avec lesquels nous sommes parfois obligés de vivre en contact perpétuel? Exercez-vous à être **patients**, mes chers amis. Réprimez la *mauvaise humeur* qui corrompt toute la vie.

Savoir attendre, ne pas s'irriter au premier obstacle, au premier mot, est un des premiers articles de l'*art de vivre*.

Sachez-le bien, celui qui se montre habituellement **impatient** est vaincu d'avance dans ces combats qu'il nous faut soutenir sous tant de formes différentes. Un proverbe populaire appelle ce manque de patience et de courage : jeter le manche après la cognée. Il n'est pas honorable pour ceux auxquels on l'applique : refuser d'accomplir sa tâche jusqu'au bout est une **désertion du devoir.**

Il faut de la **patience** dans vos études scolaires. Il faut accepter les premiers ennuis des commencements, ne pas se laisser rebuter. Vous avez peut-être éprouvé parfois de la résistance en essayant de tourner une clef dans une serrure. Au bout d'un peu de temps elle s'ouvrait sans aucune peine : tout est de savoir attendre ; en *persévérant*, on arrive à s'y prendre mieux.

Vous dire en combien de ciconstances et sous combien de formes vous aurez à exercer votre **patience**, ce serait passer une à une en revue toutes les conditions de la vie : il ne serait pas facile d'y arriver.

A cette **patience** qui produit et dénote la *force de caractère*, il est utile d'ajouter une autre qualité plus inégalement répartie entre les hommes, mais dont tous sont capables dans une certaine mesure.

On l'appelle **l'esprit d'initiative.** Il s'applique aux résolutions que nous prenons en nous-mêmes pour former et exécuter un dessein, un plan de conduite, pour nous ingénier à trouver des ressources et nous tirer d'affaire. Il suppose de la **volonté.** On peut d'ailleurs aussi l'appliquer au perfectionnement de soi-même, ce qui est un objet plus élevé.

En général, ce terme signifie la *hardiesse qui entreprend*, sans attendre que le bien vienne en dormant, l'*activité* employée à se frayer une carrière, à s'assurer une position, à acquérir de l'aisance, à réaliser un projet. **L'esprit d'initiative** suppose, outre la **volonté**, la *raison*, la *capacité* pour ne pas tomber dans ce qu'on appelle *l'esprit d'aventure.*

L'enfant ne peut avoir autant **d'initiative** qu'une personne éclairée, formée par l'étude et l'expérience. **Il ferait des écoles,** on appelle ainsi des expériences malheureuses et souvent les plus regrettables sottises, s'il imaginait de se conduire par lui-même.

Mais il ne doit pas rester inerte, endormi, inhabile, lorsqu'il est forcé de *prendre une détermination,* ou qu'il peut se rendre utile par quelque service.

C'est d'ailleurs en accomplissant d'abord tous ses devoirs, en y mettant tout ce qu'on peut avoir d'énergie et d'attention qu'on développe en soi cette *force* qui plus tard devient **l'esprit d'initiative**.

Mes enfants, mettez-vous tout entiers dans ce que vous avez à faire, et un jour, habitués à diriger votre esprit et munis des connaissances nécessaires, vous pourrez sans danger et utilement **voler de vos propres ailes**.

EXERCICE.

Comment la patience est aussi une sorte de courage. — Différents cas auxquels elle peut s'appliquer. — Qu'est-ce que l'esprit d'initiative ?

CHAPITRE XVI.

DANGERS DE LA COLÈRE.

La **colère** ressemble à l'ivresse et même à une ivresse furieuse.

La déraison et l'exaltation produite par cette terrible passion l'ont fait comparer aussi à une *folie passagère*.

L'homme semble dans la **colère** avoir lâché la bride à la *bête féroce,* qui est en lui s'il ne la réprime.

Car, mes enfants, si nous avons de bons instincts, nous en avons aussi de bien mauvais : c'est ce qui a fait dire que l'homme est **ange et bête** à la fois.

Il faut donc surveiller, combattre les mauvais instincts. Très souvent la laideur en accompagne le développement, en est la manifestation extérieure.

Un homme ivre et un homme furieux sont laids, horribles à voir. Dans la **colère**, les yeux s'injectent de sang, la face de l'homme **furieux** devient d'une rougeur violette ou d'une pâleur livide. Ses poings se crispent. Il est affreux à contempler lorsqu'il se jette sur les choses inanimées, ce qui achève de l'assimiler à un insensé égaré par le délire ; il brise les meubles, frappe avec rage sur tout ce qui se trouve sous sa main.

Lorsqu'ils se tournent contre celui qui les a irrités, on en voit se servir de leurs dents pour mordre, de leurs ongles comme de griffes, se jeter sur l'adversaire et lui porter des coups terribles, lui lancer à la face des corps pesants ou tranchants qui lui font d'horribles blessures. Quelques-uns de ces **furieux** ne reculent pas devant un crime, sauf à en éprouver bientôt un cruel repentir. Un couteau ou quelque autre arme rapidement saisie devient l'**instrument du meurtre**. Ces faits ne sont pas, mes amis, aussi rares qu'on pourrait le croire. Les journaux nous retracent trop souvent ces scènes hideuses qui nous transportent loin de la société civilisée.

Vous direz peut-être, mes enfants, que c'est là un tableau bien noir et bien lugubre, et que, fort heureusement, tous les gens qui *se mettent en colère* n'en arrivent pas à ces extrémités. Je le reconnais ; mais est-il nécessaire que la **colère** arrive à cet excès de délire pour devoir être réprimée ?

La main peut se lever sans frapper toujours, mais cela même peut être un crime. Une main levée, dans un instant d'égarement, sur un père ou sur une mère, n'est-ce pas déjà un *acte abominable* ?

Combien de fois cette habitude chez l'écolier de céder à la **colère** a eu plus tard chez l'homme fait des suites tragiques ! A un mot, à un geste qui semble parfois provoqué par les paroles dures, même injustes d'un chef militaire, la loi ne pardonne pas, c'est à la **mort** qu'elle envoie le coupable.

Heureux ceux qui sont doux, dit l'Evangile.

La douceur est un attrait, une force, un moyen d'influence, une garantie de la *paix intérieure* pour la famille, où la **colère** porte le trouble, la discorde. Que de larmes font couler ces *scènes de colère*, qui laissent après elles des plaies longtemps saignantes et des brouilles durables entre des gens faits pour s'aimer !

EXEMPLES.

Je ne vous citerai pas, mes enfants, des exemples de gens colères terriblement punis, après ce qui vient déjà de vous en être dit ; mais vous verrez combien des hommes d'un caractère énergique peuvent se maîtriser sur ce point. Surpris par une circonstance qui serait de nature à motiver leurs emportements, ils se possèdent et montrent une douceur admirable. — Un des guerriers les plus illustres de la France, ce Turenne qu'on a plus d'une fois lieu de citer pour de belles actions, donna un jour un exemple de douceur bien remarquable chez un homme de ce caractère. Ce qui le rehausse encore, c'est qu'il s'agissait d'un serviteur qu'il eût été permis, selon les idées du temps, à un si grand seigneur de traiter durement, même de frapper. Voici le fait tel qu'il a été raconté. « Un jour d'été, qu'il faisait fort chaud, le vicomte de Turenne, en petite veste blanche et en bonnet, était à la fenêtre dans son antichambre. Un de ses gens survient, et, trompé par l'habillement, le prend pour un aide de cuisine avec lequel ce domestique était familier. Il s'approche doucement par derrière, et, d'une main qui n'était pas légère, lui applique un grand coup. L'homme frappé se retourne à l'instant. Le valet voit en frémissant le visage de son maître. Il se jette à genoux, tout éperdu : *Monseigneur, j'ai cru que c'était Georges... Et quand c'eût été Georges,* s'écrie Turenne en se frottant, *il ne fallait pas frapper si fort.* »

EXERCICE.

Ce qu'est la colère. — Qu'elle est la manifestation extérieure des mauvais instincts de l'homme. — Ce qu'est la violence. — Dire si, d'après les exemples cités, on peut maîtriser sa colère.

CHAPITRE XVII.

DEVOIRS ENVERS LES ANIMAUX. — LOI GRAMMONT.

Si la **colère** est blâmable contre les hommes, elle l'est aussi contre les **animaux**.

Nous exerçons un empire naturel sur les **animaux**, et nous les faisons servir à notre usage. Nous agissons de la sorte sans remords, même lorsque nous les immolons pour servir à nos repas.

La nature a indiqué elle-même cette nécessité.

On a observé qu'une certaine quantité de chair doit entrer dans l'alimentation de l'homme. Ce n'est pas qu'on n'ait vu, je vous l'ai dit, des individus se nourrissant de légumes et de fruits trouver dans ce régime des forces suffisantes. Sans doute on cite des exemples célèbres d'une telle façon de s'alimenter ; dans l'antiquité, une secte philosophique, les Pythagoriciens, ne mangeaient que des légumes, qui forment également la nourriture de certaines communautés religieuses. On a déjà rappelé l'exemple de l'Italien nommé Cornaro, qui vécut plus de cent ans en suivant ce régime, ce qui prouve que la tempérance conserve plus qu'elle ne tue. On doit pourtant voir là des exceptions.

Mais la grande majorité ne pourrait supporter ce régime. Il n'est pas compatible avec la nécessité du *travail actif* et avec nos climats souvent *froids et humides*. Dans ces conditions, la chair des **animaux**, consommée par l'homme dans une certaine mesure, contribue à la **santé** et à la **vigueur**.

Nous usons à plus forte raison sans remords de la *force* de ceux que nous avons convertis en auxiliaires : ainsi nous employons le **cheval** pour labourer et traîner les voitures, l'**âne** pour transporter les denrées, le **chien** pour chasser, et ainsi de suite.

Enfin la science peut aussi faire servir les **animaux** vivants, par des opérations douloureuses mais utiles, à des expériences destinées à l'éclairer et qu'elle ne pourrait sans crime faire sur les hommes. Elles lui permettent d'étudier les organes que nous avons en commun avec les animaux, et par là de porter plus tard des remèdes aux maladies dont ces organes peuvent être le siège. Mais il serait cruel d'abuser de ces moyens.

Gardez-vous donc de conclure qu'on soit autorisé par là à martyriser les **animaux**. Toute **souffrance inutile** doit être épargnée aux bêtes.

Je n'appelle pas **utile** le seul mérite de servir à un amusement féroce qui se plaît à les faire battre entre elles. Les combats sanglants de taureaux, ceux des chiens, ceux des coqs, ont pour effet de causer des **souffrances inutiles** et d'endurcir le cœur des spectateurs, qui s'accoutument au sang et prennent l'habitude des émotions violentes.

On doit apprendre à chercher des plaisirs moins barbares que ceux-là, et, grâce à Dieu, il ne manque pas d'autres distractions pour en tenir lieu.

Les **animaux** qui nous servent doivent être traités avec ménagement, parce que leur organisation les rend **sensibles** comme nous. Vous savez ce que c'est que souffrir. Et vous iriez froidement faire subir un vrai supplice à un animal pour un cruel amusement !

Nous imposons déjà de bien rudes travaux aux bêtes : il n'y a pourtant point de mal à cela, parce que c'est utile ; mais se laisser entraîner parfois à les frapper avec un odieux acharnement, un tel emportement ne fait qu'attester une inexcusable dureté de cœur.

Manquer de pitié pour la souffrance, c'est détruire à sa source un des meilleurs sentiments qui soient en nous.

Quelle raison y a-t-il de **torturer** un pauvre *chien* avec une brutalité sauvage ? Pourquoi prendre pour **victime** ce pauvre *baudet* dont on n'obtiendra guère plus de service par ces mauvais traitements et qu'on ne fera même qu'épuiser ainsi ? Pourquoi frapper du fouet à coups redoublés ou d'une pointe aiguë le *cheval* asservi à l'homme et qui l'aide dans tant de circonstances et de tant de façons, jusqu'à braver avec lui la mort sur les champs de bataille ? Les charretiers et les cochers qui les maltraitent, n'agissent-ils pas plus qu'eux *comme des brutes?*

Mes chers amis, il y a un *lâche abus de la force* dans le mal qu'on fait à un être qu'on a mis dans l'impuissance de se défendre.

C'est aux mœurs et à l'opinion des hommes éclairés, de ceux qui ont quelque sentiment et un peu de réflexion, à réprimer un tel désordre. Mais comme leurs conseils ne sont pas toujours écoutés et que les abus étaient trop criants, la **loi** elle-même s'en est mêlée et a été employée à réprimer ces *actes de barbarie* par trop incompatibles avec les mœurs d'une société qui se vante de sa douceur.

Le législateur jugeant avec vérité que l'homme *excédait son droit* en infligeant de pareilles tortures à de malheureux **animaux**, et que de plus *les cœurs s'endurcissaient* par des emportements si odieux, a voulu mettre un terme, par des peines déterminées, à cette sorte d'excès.

Un député, M. le marquis de Grammont, a fait adopter la *loi* suivante qui porte la date du 2 juillet 1850: « Seront punis d'une *amende* de cinq à quinze francs, et peuvent l'être de un à cinq jours de prison, ceux qui auront exercé *publiquement et abusivement* de mauvais traitements envers les **animaux domestiques**. *La peine de la prison sera toujours applicable au cas de récidive.* »

Une association publique s'est formée chez nous sous le nom de **Société protectrice des animaux**. Elle décerne des récompenses aux inventeurs d'appareils propres à soulager les **animaux** ; aux employés qui ont signalé les méfaits commis contre eux, et aux agents de l'agriculture qui se sont particulièrement fait remarquer par de bons traitements à leur égard.

Il y a là une leçon à tirer pour vous, mes enfants. C'est un méchant et sot amusement de tourmenter les *insectes*. Il est féroce de jeter des pierres à des *oiseaux*. C'est aussi une méchanceté de tirer les pattes ou les oreilles d'un *chien* ou d'un *chat* que vous semblez avoir pris pour amis.

L'étourderie ne saurait plus vous servir d'excuse, maintenant que vous êtes prévenus. Ces plaisirs cruels n'annoncent rien de bon pour ce que l'enfant sera, une fois devenu homme, *à l'égard de ses semblables*. La douceur *envers les animaux* révèle déjà la bonté, qui est une des grâces de l'enfance. Au contraire, la **méchanceté** la rend odieuse et laide quand elle s'exerce contre de pauvres êtres sans défense.

Vous étiez faibles, lorsque vous étiez petits ; votre faiblesse est justement ce qui a fait qu'on vous a traités avec tant de ménagements ; vous êtes faibles encore, et on vous ménage.

Vous direz avec raison que vous n'êtes pas *semblables aux bêtes;* mais c'est assez du moins pour que la cause des *êtres faibles et souffrants* ne vous trouve pas insensibles, à commencer par les êtres inférieurs qui par la souffrance sont à un petit degré nos *frères*.

EXERCICE.

Comment s'exerce la domination de l'homme sur les animaux ; en quels cas il est permis de s'en servir. — Condamnation de la souffrance inutile infligée aux bêtes. — Mauvais effets sur l'homme lui-même. — En quoi consiste la loi Grammont; ses motifs. — La douceur envers les animaux recommandée aux enfants d'une façon particulière.

LIVRE III.

DEVOIRS ENVERS LES AUTRES HOMMES.

CHAPITRE I

LA JUSTICE.

Ne porter atteinte ni à la vie, ni à la personne, ni aux biens, ni à la réputation d'autrui. Probité, équité, délicatesse.

Vous avez vu combien la société est nécessaire à chaque individu. En relation incessante avec les autres hommes, chacun a des **devoirs** envers eux comme il en a vis-à-vis de lui-même.

Les premiers devoirs envers les autres s'appellent **devoirs de justice**; les seconds, **devoirs de charité**.

Les premiers se résument dans le précepte : « *Ne pas faire à autrui ce que vous ne voudriez pas qui vous fût fait.* »

Les seconds se résument dans cet autre précepte : « *Faites à autrui ce que vous voudriez qu'on fît pour vous-mêmes.* »

La **justice** consiste à *ne pas faire tort à autrui*. En ce sens, celui qui s'y conforme accomplit strictement son devoir. Il n'y pourrait contrevenir sans crime. Être injuste est chose pire que ne pas faire le bien ; c'est *commettre un mal positif*. Voyez maintenant quels devoirs dérivent de la justice.

I. — *Le respect de la vie.*

La personne humaine a droit à être respectée dans ce qui la constitue d'abord, la vie, ce bien avec lequel tous les autres disparaissent. **Tuer n'est pas seulement la suprême** *inhumanité*, mais la suprême *injustice;* c'est en effet ôter à autrui avec l'existence ce qui est son bien par excellence. Le meurtrier se rend maître de ce qui n'est pas à lui en supprimant une vie précieuse pour celui qui la possède, sans parler de sa famille et de la société à qui elle appartient.

La **vie**, mes chers amis, est sacrée en elle-même, inviolable. Elle l'est chez l'enfant comme chez l'homme mûr. Elle l'est même chez l'enfant à peine formé.

Tu ne tueras point, dit le Décalogue. **Le commandement** qui défend **l'homicide** est sans exception.

La guerre, il est vrai, semble en faire une.

Mais réfléchissez un instant, mes amis : dans la *guerre*, on défend sa *patrie* et on s'expose aux mêmes *chances* de mort que ceux qu'on est obligé de combattre.

Vous direz peut-être que, dans le *duel*, on n'est pas exposé seul, ce qui aurait l'air de le justifier. Oui, on expose aussi sa vie dans le *duel*, ce qui fait qu'on ne le punit pas comme l'assassinat. Mais cette circonstance ne suffit pas pour le rendre légitime. On n'y soutient qu'une cause individuelle, la sienne, et non pas la cause du pays. On substitue en outre sa *vengeance privée à l'action des lois*.

Il est de principe qu'on ne peut se faire justice soi-même.

Rien n'autorise à *donner la mort à un autre homme*, à moins qu'on ne soit **attaqué,** ce qui constitue le *cas de légitime défense*.

On dit aussi que la société *condamne à mort* les assassins : sans doute, la société, en se fondant sur l'utilité générale et sur ce même droit de *légitime défense*, a pu faire une peine de la mort, **peine** que la loi ne réserve plus qu'à un nombre de cas beaucoup plus rares qu'autrefois. Dans la pensée de la *loi*, cette *peine suprême* frappe un homme pour préserver la vie des autres par la crainte imprimée aux criminels.

Alors même ne croyez pas que la société **se venge**, selon l'acception ordinaire du mot, en punissant le coupable. Un châtiment, jugé nécessaire pour la sécurité publique, n'a rien de commun avec ce sentiment cruel de la vengeance.

Quelquefois l'indignation contre un grand coupable pousse la foule à vouloir l'égorger, en faire justice ; **elle n'en n'a pas le droit.**

Il faut un jugement en règle rendu par des juges au nom de la loi.

Jadis les hommes plus barbares avaient mis dans leurs lois ce qu'on appelait la peine du **talion**, qu'on exprimait ainsi : « *Œil pour œil, dent pour dent* ». La peine du talion signifiait qu'on se croyait permis de faire endurer aux criminels le même traitement qu'ils avaient fait subir à d'autres. C'était une manière féroce de comprendre la **justice**. La *société* ne doit pas imiter les criminels dans leurs actes d'odieuse inhumanité.

Jugez-en vous-mêmes, mes chers amis. Si un brigand avait fait subir d'abominables souffrances à un malheureux pour lui faire dire où était son argent, ne serait-il pas absurde et odieux de reproduire ces actes barbares par un esprit de colère et de vengeance interdit à la raison et à l'humanité ? On allait autrefois jusqu'à condamner pour un meurtre à d'horribles tortures qui n'étaient pas imputables au meurtrier. Sans doute il avait commis un crime. Mais pourquoi ne pas se borner à le *punir*, sans ces atroces raffinements ? On arrachait ainsi des aveux, souvent faux contre lui-même, à l'**innocent** frappé de terreur.

II. — *Le respect de la personne.*

Après l'*attentat contre la vie* qui atteint la personne, il en est d'autres qui l'atteignent aussi sous diverses formes et à différents degrés.

La **personne humaine** (1) (vous savez, mes enfants, ce que cette expression signifie) doit être respectée. Toute **violence commise sur elle**, tout **déshonneur** qu'on lui inflige est un crime. Il en est ainsi des **coups** et de tous les abus de la *force,* même des *menaces* et des *injures.*

La liberté d'autrui est inviolable comme sa vie. L'en priver est un acte *injuste et coupable.* La **loi** seule peut ce que l'individu n'a pas le droit de faire en empêchant un fou de nuire ou en arrêtant un coupable. La *loi* même *n'a pas le droit de supprimer,* en dehors de ces cas, la *liberté de la personne humaine,* comme le faisait l'esclavage. Il était une suprême injustice, la négation même du *droit* qu'a chacun de vivre pour lui-même, et non *d'être une chose,* un *instrument* passif qui ne s'appartient pas.

La *loi punit* les *coups et sévices* comme les attentats de tout genre qui portent atteinte à la *sécurité,* à la *dignité* et à l'*honneur* de la *personne.* Les peines peuvent aller jusqu'à punir l'individu, coupable de ces attentats portés au dernier degré de gravité, aux **travaux forcés à perpétuité.** Le *Code pénal* renferme cet article : « *Seront punis de la peine des travaux forcés à temps* ceux qui, *sans ordre des autorités constituées ,* et *hors le cas où la loi ordonne* de saisir des prévenus, auraient *arrêté, detenu* ou *séquestré* des personnes quelconques. »

(1) Voy. notamment les chapitres : *Ame et corps, liberté et responsabilité.*

III. — *Le respect des biens.* — *Probité.*

La **justice** comprend le **respect des biens**. Ce respect s'appelle la **probité**, mot qui s'étend d'ailleurs aussi au *respect de la parole*.

Quoi de plus injuste que de s'emparer des biens des autres ? Le **vol** est flétri par tous les peuples et puni par toutes les lois.

Après nous-mêmes, ce que nous avons de plus cher, c'est *ce qui nous appartient*. Nous l'ôter, c'est nous atteindre nous-mêmes et nous porter un grave préjudice.

Étendez, mes chers enfants, l'horreur que vous ressentez pour le **vol** aux plus petits larcins. Qui sait où s'arrêtera celui qui commence par *dérober* de menus objets sans beaucoup de valeur, des plumes, du papier, des crayons ? La *loi divine*, qui condamne le **vol** comme elle condamne le mensonge, n'excepte pas les petits larcins : « *Tu ne déroberas pas* » est une prescription absolue.

IV. — *Le respect des engagements donnés. Honneur, délicatesse.*

Il ne suffit pas de ne pas mettre la main sur le bien d'autrui en dérobant des objets ou en s'emparant d'un dépôt, pour satisfaire aux règles de la **probité**. Il ne suffit pas non plus de ne pas tromper sur le poids ou la qualité d'une marchandise, autre manière de pratiquer le **vol** ou la **fraude**, qui n'est qu'une variété du vol. L'homme *probe* a un respect scrupuleux pour les engagements pris et pour la **parole donnée**. Y manquer, quand bien même il n'y aurait nul témoin, nulle punition à craindre, c'est manquer à l'**honneur** : un mot, mes enfants, dont vous devez apprendre à sentir toute la portée. Être un homme d'honneur : nul plus beau titre que celui-là ! Nul aussi dont la perte soit plus humiliante. Il faut, pour le mériter pleinement, être non seulement probe, mais *délicat*. En effet, la **délicatesse** va plus loin que la *probité*. Les manquements à celle-ci sont presque toujours punissables par les lois, tandis que certaines indélicatesses peuvent ne pas l'être. La conscience, le **sentiment de l'honneur**, nous oblige parfois à prononcer contre nous dans certains conflits d'intérêts. Le soin et le ménagement de l'avantage d'autrui entrent dans la **délicatesse**. Ainsi, dans une succession, on peut se montrer *délicat* envers ses frères et ses sœurs, ou ses proches, en n'usant pas de tous les avantages qu'on pourrait s'attribuer à la rigueur. Un homme qui s'est chargé des affaires des autres se montre *délicat* en prenant leurs intérêts comme les siens propres, et en les faisant profiter d'avantages dont il aurait pu s'assurer le bénéfice exclusif.

V. — *Équité.*

L'**équité** se rapproche de la *justice*, sans se confondre absolument avec elle. Elle indique une idée de proportion. Ainsi elle consiste à *attribuer à chacun la part qui lui est due*. Deux ouvriers faisant une même chose dans un même temps sont payés d'un *salaire égal*. Voilà l'**équité**. Elle est plus complète encore si on peut tenir un compte exact de la qualité du travail. **Le travail aux pièces est équitable** parce que chacun est rémunéré non sur le nombre d'heures, mais relativement à la *quantité du travail* qu'il a livré.

Une peine qui atteint le coupable est **juste**, mais elle n'est pas **équitable**, si elle est *disproportionnée à la faute*.

Si on condamnait au même temps de prison celui qui a dévalisé une maison pendant la nuit, et celui qui a pris une pomme sur le bord d'un chemin ou cueilli une grappe de raisins dans un champ, cela ne serait pas **équitable**.

Soyez non seulement *justes* lorsque vous appréciez les actions des autres, mais **équitables** en faisant la part des circonstances qui peuvent rendre un tort moins grave : cela vous donnera aussi plus d'*indulgence*.

VI. — *Respect de la réputation.*

La réputation est aussi un *bien*. Nous l'ôter, c'est nous porter un *préjudice moral* qui peut avoir pour effet des dommages matériels. On n'a pas confiance dans l'homme mal famé. On ne remet entre ses mains aucune affaire. On le tient à l'écart. En ruinant sa **réputation** souvent sans raison suffisante et légèrement, on a contribué à le **ruiner lui-même**.

VII. — *Amour de la justice.*

On doit non seulement pratiquer le *respect*, mais l'**amour de la justice**. Aimez donc à *rendre justice* aux autres et à leur *faire rendre justice*. Défendez leur **réputation** si vous la jugez calomniée. Laisser commettre l'*injustice* en effet, si on peut faire autrement, c'est la *commettre soi-même*. La défense de *l'innocent* est tout à la fois justice et générosité.

Rien de plus odieux que de *laisser punir un camarade innocent* pour une faute qu'on aurait *soi-même* commise. Ne pas se dénoncer est alors le fait d'un lâche, un acte *vil et méchant*.

On a dit, mes enfants, que la *justice* est le fondement de la *société*. En effet, qu'y aurait-il sans elle? La *force*, la *ruse*, la *lutte* des *égoïsmes déchaînés*, une guerre sauvage d'intérêts ! Une telle *société* ne serait plus habitable ; disons plus, elle se dissoudrait nécessairement.

EXEMPLES.

On n'aurait que le choix des exemples qui mettent en lumière la probité dans notre France. Nous en signalons un qui fait tout particulièrement honneur à l'armée française. C'était en 1812. Napoléon avait envahi la Russie à la tête de 500,000 hommes. Six mois après, quelques milliers d'hommes, débris de cette grande armée, détruite encore plus par le froid et les éléments que par l'ennemi, repassaient le Niémen. Le colonel Pelleport commandait, à l'arrière-garde, le 18me de ligne qui se trouvait réduit de 3,000 hommes à 500 L'autorité morale du commandant maintint leur énergi ainsi que la discipline presque partout compromise. Les chevaux périrent aussi, et voitures et fourgons durent être abandonnés. Il ne restait pas même un cheval pour transporter la caisse militaire. Le colonel la fit ouvrir, elle contenait 120,000 francs en numéraire. Il en fit plusieurs parts ; chacun des officiers, sous-officiers et soldats, reçut en dépôt une petite somme ; chacun, en la recevant, promit de la restituer, et, s'il venait à mourir, de la remettre à un camarade, de manière à ce que rien ne manquât à la somme totale. Presque tous succombèrent ; 50 hommes seulement arrivèrent à la frontière. On fit l'appel des fonds. Pas un centime ne manquait! Pas un soldat n'avait détourné un sou à son usage! Pas un n'avait failli à sa parole en mourant! Les 120,000 francs étaient intacts ; la probité française l'était aussi.

— Le sentiment de l'honneur éclate dans la conduite et dans la réponse du général Daumesnil (né en 1777, mort en 1832). Il s'était distingué sous la première république, dans la guerre d'Italie, où il avait conquis ses grades. La perte d'une jambe à la bataille de Wagram (1809) l'avait fait nommer général de brigade, commandeur de la Légion d'honneur et gouverneur du fort de Vincennes, aux portes de Paris. En 1814, les armées coalisées étaient arrivées à Paris. Daumesnil fut sommé de rendre le fort, il répondit : « *Je rendrai Vincennes quand on me rendra ma jambe* ». Il défendit encore Vincennes, lors de la seconde invasion, en 1815. Le général prussien, Blücher, lui offrit par lettre trois millions s'il voulait rendre la place. « *Je ne vous rendrai pas la place*, répondit Daumesnil, *mais je ne vous rendrai pas non plus votre lettre ; à défaut d'autres richesses, elle servira de dot à mes enfants* ». Il mourut en 1832, gouverneur du fort de Vincennes, et sa statue y rappelle la glorieuse histoire de Daumesnil, que le peuple avait surnommé la *Jambe de bois*.

— L'histoire de l'Antiquité présente des traits de justice qui méritent d'être rappelés de générations en générations. Un Athénien illustre, Aristide, était renommé non seulement comme guerrier, mais par sa justice ; on l'avait même surnommé le *Juste*. On raconte qu'il avait un jour à juger un différend entre deux particuliers. L'un d'eux rapportait les injures que son adversaire avait proférées contre Aristide, afin d'irriter le juge, mais l'intègre Athénien l'interrompt : « Laisse là, je te prie, les outrages que ton ennemi a pu m'adresser ; parlons de ceux que tu en as reçus ; je suis ici pour juger ta cause et non la mienne ». On raconte du même Aristide le Juste le trait suivant. Un jour qu'il avait accusé un homme, les juges voulurent condamner cet homme sans l'entendre, sur la simple déposition d'un personnage aussi vertueux ; mais Aristide n'y voulut jamais consentir et exigea des juges que l'accusé produisît tous ses moyens de défendre.

— C'est aussi dans l'histoire de la Grèce que nous puisons le trait suivant. On rapporte que Philippe, roi de Macédoine, fut un jour supplié par une vieille femme, injustement condamnée, de prendre connaissance de sa cause. « Je n'ai pas le temps, lui dit ce prince ». — « Pourquoi donc êtes-vous roi, repartit la suppliante, si vous n'avez pas le temps de rendre la justice à vos sujets ? » Philippe, touché par la généreuse liberté de ce langage, écouta la vieille femme.

— Voyez maintenant comment se répare une injustice commise par erreur.

Au siècle dernier, un premier président du parlement de Bretagne, nommé de Paluère, n'étant encore que conseiller, avait été désigné comme rapporteur d'une affaire. Il en laissa l'examen à des personnes qui lui inspiraient une grande confiance, et c'est sur leurs appréciations qu'il fit son rapport ; il en résulta qu'une

Trait de justice de Philippe, roi de Macédoine.

famille que cette affaire concernait perdit une somme qui constituait presque tout son avoir. L'arrêt fut reconnu par lui entaché d'erreur, quelques mois après. Nul moyen de faire revenir sur le jugement rendu. Le magistrat rechercha ce qu'était devenue cette famille pauvre, lésée par un acte de précipitation, et l'obligea de recevoir de ses propres deniers la somme qu'il lui avait fait perdre involontairement.

EXERCICE.

Devoirs envers les autres : distinction des devoirs de *justice* et de *charité*. — Maximes qui les résument. — En quoi consiste la justice. — Comment elle est un devoir strict et absolu. — Respect de la vie ; — de la personne ; — de la propriété. — Probité, délicatesse ; leur différence. — En quoi consiste l'équité, — Comment ne pas respecter la réputation d'autrui est faire une injustice. — Il faut avoir non seulement le respect, mais l'amour de la justice. — Comment cet amour se témoigne. — Devoirs de l'écolier envers la justice.— Rappeler les exemples cités : dire ce qu'ils ont de remarquable et de caractéristique, en ce qui touche les diverses vertus signalées dans le chapitre sur la justice.

CHAPITRE II.
CHARITÉ.

Rendre à chacun son dû, c'est la *justice*. La **charité** donne à chacun plus que son dû. Expliquons ces différences.

Le *devoir commande absolument la justice ;* et celui qui ne s'y conforme pas est, nous l'avons dit, coupable au sens le plus strict, tellement même que beaucoup d'injustices encourent le *châtiment des lois*, bien qu'il y en ait qui ne risquent d'autres condamnations que celle de la *conscience* et de l'*opinion publique*. La **charité** n'est pas *imposée par la contrainte*. On ne met pas un homme en prison pour n'être pas **charitable**. L'*opinion* ne le flétrit pas toujours pour manquer de cette vertu, sauf dans certains cas qui soulèvent l'indignation, comme si on laissait mourir quelqu'un sans lui porter secours. La beauté de la **charité**, c'est d'être libre. C'est parce qu'elle reste **volontaire** qu'elle est une vertu si noble et quelquefois si sublime.

Mais si elle est **volontaire**, plus facultative que la *justice* au sens que nous venons de dire, elle n'en est pas moins **moralement obligatoire**.

Vous avez vu, mes enfants, qu'**obligation** ne signifie pas toujours *contrainte*. Il y a une **obligation** *toute morale*. La **conscience** nous oblige ; elle ne nous contraint pas. La *loi* seule peut nous contraindre. Elle ne nous *force* pas à donner ; mais la conscience nous y oblige, c'est-à-dire qu'elle nous en *fait un devoir*. La **charité** est une des conditions de notre vie morale comme elle est un des préceptes de la religion et une des bases de la société.

Je dis, mes enfants, qu'elle est une condition de notre vie morale. En effet, la **charité**, c'est l'amour dans ce qu'il a de plus pur et de plus beau. C'est cet amour qui nous fait vivre en quelque sorte en autrui et pour autrui. **Aimer jusqu'au sacrifice de soi**, c'est le contraire de l'égoïsme qui semble si naturel et qui peut devenir un vice si affreux. Nous nous sentons, par la **charité**, comme transportés au-dessus des misères de cet instinct tout personnel qui nous porte à mettre avant tout le bien-être et la conservation de notre existence.

Aimez-vous les uns les autres : quel précepte que celui-là, mes amis ! L'Évangile ne donne pas seulement le précepte. La vie et la mort du Christ en sont la glorification et la mise en œuvre perpétuelle.

Essayez un seul instant de supposer une société sans **charité**. Quelle sécheresse, quelle dureté de cœur ! — Tu souffres, je n'en suis pas cause : tant pis pour toi, reste donc avec ta souffrance. Une main tendue à propos te sauverait de la misère, t'épargnerait peut-être la tentation du crime. Qu'importe ? Est-ce que la *justice* m'oblige à me mêler de tes affaires ? Tire-toi donc de tes embarras comme tu pourras. — Voilà ce que serait une société sans **amour**, sans **charité**. Les malheureux seraient bien à plaindre ; ils n'auraient qu'à souffrir et à mourir abandonnés. Mais aussi de quelle pure jouissance seraient privés eux-mêmes ces cœurs desséchés, qui ne s'ouvriraient à aucune **pitié**, à aucun élan généreux ! Ces malheureux qu'on croirait en possession de toutes les joies parce qu'ils auraient la fortune, ne connaîtraient pour ainsi dire qu'eux-mêmes, et toujours eux, leurs jouissances matérielles, leurs petits calculs, dont ils se feraient le centre unique. *Mieux vaudrait n'être pas né, que d'être ainsi, mes enfants !*

La **charité** peut s'adresser au *corps* et à l'*âme* de nos semblables.

Elle a le *corps* pour objet dans les *secours donnés à la misère* et dans les soulagements qu'on s'efforce de porter aux *malades.* Cette double manière d'entendre la **charité** produit tous les jours les actes les plus touchants et ne trouve que trop d'occasions de s'exercer. Les personnes riches se font honneur de la **charité qui donne**; les pauvres même, quand ils ne le sont pas extrêmement, ne leur ont pas laissé pratiquer seuls cette *vertu :* ils *donnent,* eux aussi, à de plus misérables, partagent avec eux leur nourriture et le peu d'argent qu'ils possèdent. La *compassion* nous y dispose, elle ne suffit pas : il faut s'en faire un *devoir.* **Ayez pitié des pauvres**, des familles mises hors d'état de gagner leur vie, atteintes par la maladie ou par le chômage, qui leur ôte la ressource du travail.

Dès que votre âge le permettra, venez-leur en aide.

Ne craignez pas la vue de leur misère. Habituez-y vos yeux de bonne heure, non pour vous endurcir, mais pour vous attendrir le cœur.

Visitez le pauvre chez lui, dès que vous savez qu'il est en votre pouvoir de lui *faire du bien.* On croit trop que pour aller au-devant des misères à secourir, il faut soi-même avoir de la fortune. On donne peu, mais c'est toujours un *secours.* On peut aussi, sans donner, *rendre service* par des démarches utiles autant et plus peut-être que ne le seraient des secours en argent.

Le *soulagement des malades* n'est pas également à la portée de tous. Il y a pourtant des circonstances où la charité y voit une *obligation* et y trouve une occasion de s'exercer, qui s'impose à ses efforts. Il en est ainsi dans les temps d'épidémie et aussi dans les temps de guerre, lorsque nous sommes en mesure de porter nos secours aux blessés. C'est alors qu'on peut distinguer les gens qui ont du cœur et ceux qui n'en ont pas, ceux qui savent ce qu'est la **charité**, la *fraternité humaine,* et ceux qui l'ignorent. On appelle dans le langage ordinaire la **bienfaisance,** cette **charité** qui *fait l'aumône,* distribue des secours, fonde des hôpitaux et des hospices. La bienfaisance, c'est la **charité qui donne.** Mais la **charité** qui paie de la personne, qui s'expose à la fatigue, au péril, cette **charité** par laquelle on se donne soi-même, garde son divin nom.

La **charité** qui a *l'âme* pour objet n'est pas moins touchante assurément que celle qui se manifeste par des secours matériels. **L'homme ne vit pas seulement de pain :** son *âme* est avide d'aliments, telle que la vérité, la sagesse, la consolation dans le malheur. La **charité** s'exerce sous toutes ces formes, quoiqu'elle doive le faire avec discrétion et en respectant la liberté d'autrui.

C'est faire preuve de **charité** que de dire des vérités utiles qui épargnent à celui qui les entend des fautes et des malheurs. La **charité** sait faire délicatement *l'aumône des bons conseils.* Elle console les cœurs endoloris, les calme, les encourage, les fortifie. Croyez-vous qu'il ne soit pas encore plus beau de sauver un homme du désespoir par l'intérêt affectueux qu'on lui montre que de lui donner un morceau de pain ?

La *chaleur de l'âme* se communique à ceux que le froid du découragement allait pénétrer jusqu'à la mort. *Se sentir aimé,* c'est *revivre,* mes enfants. Le sentiment de l'abandon moral est le pire des malheurs ; n'est-ce pas comme une mort déjà ?

Lorsque vous serez plus grands, ayez donc aussi pitié des âmes malades. Ne voyez-vous pas, dans les récits de l'Évangile, le Christ étendre sa **charité** infinie jusque sur les pécheurs ?

Est-ce à nous de les accabler de mépris, au lieu de les plaindre ?

Les gens corrompus, les malhonnêtes gens doivent être évités sans doute, soit qu'on craigne la contagion de leurs vices, soit qu'on redoute leurs entreprises criminelles. Mais on peut toujours essayer de *faire entendre de bonnes paroles* à ceux qui sont réduits à l'impuissance du mal et subissent une peine, comme à ceux qui ne sont pas ancrés dans le vice ou le crime au point qu'il n'y ait plus de chance de les amender.

C'est un *devoir* d'avertir doucement des camarades qui ont commis quelque faute. Un mépris trop marqué ne ferait que les *rendre plus mauvais*. Tâchez plutôt de les ramener ; s'il peut être quelquefois périlleux de le tenter avec ceux qui sont tout à fait *endurcis*, on ne doit pas trop tôt *désespérer* de ceux qui ne sont qu'égarés.

Je vous ai parlé de la *calomnie*, qui, en tuant la réputation sans raison ou sans motif suffisant, commet une injustice ; la **charité** doit épargner aussi cette *réputation du prochain*. L'enseignement religieux apprend à distinguer la *calomnie* et la *médisance*. La première n'est que mensonge ; la seconde peut dire vrai, quoiqu'elle exagère souvent les défauts des autres.

Ne vous accordez pas ce malin plaisir qui suppose la malveillance et une sévérité excessive. Cette censure perpétuelle *rapetisse l'esprit et le cœur, abaisse le caractère*. Les meilleurs ne sont pas ordinairement ceux qui trouvent toujours à *redire aux autres* ; ceux qui aiment tant à critiquer sont fréquemment les plus critiquables eux-mêmes.

EXEMPLES.

Je vous ai dit, mes enfants, que les écoliers pouvaient avoir des occasions d'exercer eux-mêmes la charité, malgré leur jeune âge et leur peu de ressources.—Pestalozzi, qui s'est rendu célèbre par ses écrits sur l'éducation, avait accepté à Stanz, en Suisse, la direction d'une école composée d'enfants pauvres que la guerre avait privés de leurs parents. Occupés au jardinage pendant l'été, au tissage ou à la filature pendant les mois d'hiver, ils gagnaient ainsi le strict nécessaire. Tout à coup on apprend que la petite ville d'Altorg est réduite en cendres. Pestalozzi annonce à ses écoliers que cent enfants sont sans ressources et leur demande s'ils en recevraient volontiers vingt avec lesquels ils seraient obligés de partager et par conséquent de réduire le gain assez modique de leurs petits travaux et une partie de leur nourriture et de leurs habits. Les enfants acceptèrent cette proposition avec une chaleur qui faisait honneur à leur charité. Ne voulant pas les surprendre et abuser d'un premier mouvement, l'excellent instituteur ne manqua pas de leur représenter la réalité des sacrifices qu'ils auraient à s'imposer et leur demanda de réfléchir. Ils persistèrent de grand cœur dans leur résolution et partagèrent en effet leurs ressources avec les nouveaux venus.

— Que dire surtout de l'œuvre charitable des salles d'asile et de leur admirable promotrice ? Les bienfaits de Louise Scheppler ne se sont pas arrêtés, comme dans l'exemple qui précède, à une seule maison ; ils se sont étendus à une contrée tout entière, à un vallon perdu dans la plus âpre partie des Vosges, où vivait une soixantaine de familles à demi sauvages, qu'un pieux pasteur, Jean-Frédéric Oberlin, avait entrepris de civiliser. Louise Scheppler était entrée comme domestique à son service. A peine âgée de quinze ans, cette petite paysanne du Ban de la Roche comprit ce que voulait son maître, ce que ses pensées avaient d'élevé. Elle résolut de l'aider, et souvent elle l'étonna par d'heureuses inspirations. C'est elle qui la première, remarquant la difficulté qu'éprouvaient les pauvres laboureurs, ses amis, à se livrer à la fois aux travaux des champs et à donner à leurs enfants les soins qui leur étaient nécessaires, imagina de rassembler ces enfants dans des salles spacieuses où on les gardait, les amusait, les instruisait des premiers éléments. Tel fut le modeste berceau de cette institution des *salles d'asile* qui a sauvé du vice et de mille accidents tant d'enfants d'ouvriers! Louise Scheppler consacra à son œuvre son faible patrimoine, sa jeunesse, sa santé. Plus tard, elle créa un *mont-de-piété* qui, n'usurpant point son nom, prêtait sans intérêt et sans gage. Elle réunit gratuitement autour d'elle une centaine d'abandonnés de trois à sept ans qu'elle se chargeait d'élever, en même temps qu'elle pourvoyait à la faim et aux maladies des infirmes et des vieillards. Quand le pasteur Oberlin mourut, il légua, par testament, Louise Scheppler à ses enfants, en leur disant qu'ils avaient contracté une grande dette envers elle. Pour accomplir pleinement le legs fait par leur père, les enfants de M. Oberlin voulurent réserver à Louise Scheppler une part de sa succession ; mais elle n'accepta que de joindre à son nom le nom du maître auquel elle avait donné sa vie et à la mémoire duquel elle continua de se dévouer.

— L'abbé Petitjean, curé du village d'Hermeville, dans le département de la Meuse, nous dit un des plus récents rapports sur les prix décernés par l'Académie française (1882), s'est consacré au soulagement des malheureux et des malades avec une ardente et inépuisable charité. Pour leur donner des soins plus efficaces, il a étudié la médecine. Une épidémie de fièvre typhoïde se déclare; il la traite lui-même. Il va jusqu'en Allemagne, à Berlin et à Dantzig, étudier le traitement des cholériques. Deux fois dans deux paroisses où il exerçait son ministère, le choléra s'est déclaré ; dans une seule de ces deux paroisses, le dévouement de ce bon prêtre a sauvé plus de 300 personnes. « C'est sous cet aspect bienfaisant, nous dit le rapporteur, qu'on aime à se représenter le curé de campagne, semant les bonnes œuvres, en même temps que la bonne parole. Que de fois le malheureux va frapper à la porte du presbytère et en revient avec un conseil utile, avec la dernière pièce de monnaie du pauvre prêtre, souvent plus pauvre que celui auquel il fait l'aumône! »

EXERCICE.

Quelles sont les différences entre la justice et la charité? — Comment celle-ci est à la fois libre et obligatoire. — Ce qu'est la charité : l'amour transporté de nous aux autres jusqu'au sacrifice. — Image d'une société d'où la charité serait bannie. — Deux objets de la charité : le corps et l'âme. — L'aumône, le secours à la misère. — Les soins et soulagements donnés aux malades. — Comment la charité peut avoir les âmes pour objet. — Comment elle peut s'étendre même sur ceux qui ont commis des fautes. — Du manque de charité qu'on appelle la médisance. — Exemples de charité donnés par des enfants. — Faire ressortir ce qui caractérise les autres exemples de charité.

CHAPITRE III.

DEVOIRS QUI DÉRIVENT DE LA CHARITÉ OU QUI S'Y RAPPORTENT.

I. — *Bonté, bienveillance, fraternité, reconnaissance, tolérance et respect de la croyance d'autrui.*

Être bon, que d'idées et de sentiments ce simple mot renferme, mes enfants : la douceur du caractère, la volonté de ne pas faire de peine aux autres, la chaleur des affections, le pardon des injures.

Un grand orateur chrétien, Bossuet, a pu dire que Dieu en faisant le cœur de l'homme y plaça premièrement la **bonté.**

Aucune louange ne dépasse celle-là. Lorsqu'on vous parle des chefs de nations, princes et gouverneurs d'États, guerriers fameux, aucune oraison funèbre ne vaut et ne remplace celle-ci : **Il était bon.** Si elle manque, il semble que tout le reste s'efface. Qu'est-ce que le *génie* lui-même sans la **bonté** ? Presque toujours un fléau. Ceux qui en ont manqué ont rarement su être justes. Leur justice inhumaine a dépassé le but.

La **bonté**, c'est la *paix* dans l'âme, dans la famille, dans la société. Mais il ne suffit pas qu'elle soit dans le *cœur*, quoique ce soit le principal ; il faut aussi qu'elle soit dans le *caractère*.

Un caractère *défiant, inquiet, difficile,* rend presque inutile un fonds de **bonté** même sérieux qui ne reparaît que dans les grandes occasions. Un *mauvais caractère* rend les autres malheureux, et celui qui se laisse aller aux suggestions d'un tel *caractère* n'est pas toujours celui qui souffre le moins de son *humeur* et de tous les inconvénients qu'elle entraîne.

On peut dire aussi que la **bonté** doit être dans la disposition avec laquelle nous jugeons les autres. L'esprit peut se complaire plus ou moins, en effet, à y chercher soit le bien, soit le mal. L'inclination qui nous dispose favorablement à l'égard des autres s'appelle la **bienveillance**.

Elle ne doit pas être aveugle. Mais il ne faut pas non plus que la crainte perpétuelle d'être dupe ou qu'une *malignité* naturelle nous fasse toujours *supposer le mal*. On se trompe encore plus souvent de cette façon que de l'autre, quoiqu'en aient pu dire des esprits chagrins, et on excite les sentiments malveillants chez ceux qu'on commence par soupçonner d'en avoir. Voulez-vous trouver les autres **bienveillants** pour vous ? Soyez-le d'abord vous-mêmes pour eux. C'est le meilleur secret pour se concilier le *bon vouloir* et l'*affection* de votre prochain.

Sans la **bonté** et sans la *bienveillance*, la société serait contrainte, froide ; elle ne montrerait qu'hostilités sourdes, rivalités haineuses, et c'est ce qui n'arrive en effet que trop souvent ; mais il y a aussi d'autres sentiments meilleurs, grâce au ciel, répandus dans le monde.

Fuyez donc la *haine* et l'*envie*, ces sentiments qui sont le poison de ceux qui les éprouvent avant de porter préjudice aux autres ; fuyez la **haine** qui s'attache aux personnes par antipathie ou ressentiment ; fuyez l'**envie** qui leur en veut pour certains avantages et qui ne pardonne à aucune supériorité. Eloignez aussi la **jalousie**, qui nous rend ennemis de ceux qui, en rivalité avec nous, nous portent ombrage par leurs avantages ou leurs succès. Ne permettez pas à cette vilaine passion, si vous en ressentiez quelques mouvements à l'égard de vos camarades, de s'introduire dans votre cœur.

Mais en repoussant ce sentiment bas qui est aussi un tourment pénible, laissez se développer en vous cette généreuse **émulation** qui cherche à égaler les succès d'autrui, sans méconnaître les supériorités inévitables.

Malheur à ceux qui ne savent supporter ni l'éclat, ni la puissance, ni la fortune, en dehors d'eux-mêmes, et qui n'admettent aucune *supériorité* sans haine et sans colère !

Fraternité.

La **fraternité** est une des faces de la *charité* universelle, de l'amour pour nos semblables. Elle nous fait voir dans tous les hommes les membres *d'une même famille*. N'avons-nous pas tous une même origine ? L'organisation n'est-elle pas la même chez toutes les créatures humaines, à quelques différences près ? N'avons-nous pas une même âme, les mêmes *droits*, les mêmes *devoirs*, au moins d'une manière générale ?

Est-ce à dire que nous puissions aimer également tout le monde ? Tous les hommes sont *frères* sans doute ; mais nos *compatriotes* le sont, on vous l'a fait entendre précédemment, à un degré plus rapproché. La guerre est un grand malheur entre les enfants de la *famille humaine*. Evitons-la le plus que nous pourrons. Mais on n'a pu la détruire. Pourtant, dans la *guerre* même, nous faisons place au *sentiment de la fraternité humaine* en traitant bien les prisonniers, en soignant les blessés que nous avons recueillis. Il s'est même fait, en ce sens, de généreuses et utiles conventions entre plusieurs nations civilisées.

Reconnaissance.

Dans une même société, il en est aussi qui ont droit à nos préférences. Comment ne pas *aimer particulièrement* ceux qui nous ont *fait du bien ?* La *reconnaissance* nous attache à eux, nous commande de leur *rendre le bien pour le bien*, de ne jamais oublier ce qu'ils ont fait pour nous venir en aide. Le vice le plus noir est **l'ingratitude** qui va jusqu'à *rendre le mal pour le bien*.

Tolérance.

Comment seriez-vous *bons, bienveillants,* fraternels, mes chers amis, si vous n'aviez de **l'indulgence** pour les défauts des autres ? Comment le seriez-vous sans la **tolérance** en matière d'opinions et de croyances ? Haïr les gens parce qu'ils ne pensent ou ne croient pas comme nous, est insensé et coupable. Pourquoi se mettre dans l'esprit qu'il n'y a d'honnêtes gens que dans le parti auquel on appartient ? On peut supposer que les autres se trompent ; ce n'est pas une raison de les regarder comme des gens qui ne valent rien.

En matière de religion, l'erreur où l'on croit qu'est le prochain en ayant une autre foi ou n'en ayant aucune bien arrêtée, ne doit pas rendre *intolérant* pour les personnes. Une religion bien entendue proclame elle-même que de tels sentiments sont contraires à la **charité.**

La liberté de conscience constitue le droit à être respecté dans la profession de sa religion et dans le choix qu'on a fait de telle opinion. Cela ne veut pas dire que toutes les idées et toutes les religions se valent : ce n'est pas l'indifférence sur ce qui en fait le fond. On entend par là que nul ne doit être haï, inquiété, persécuté pour ce qu'il croit ou pense. Il n'est pas interdit pour cela d'exprimer ce que l'on croit et de tâcher de le persuader aux autres sans zèle indiscret. *On ne doit pas l'imposer par la force* La contrainte et la persécution ont toujours fait peu de disciples, et c'est en subissant le martyre, non en faisant subir aux autres des supplices, que les *chrétiens* ont fait prévaloir leur foi dans une grande partie de la terre.

EXERCICE.

Qualités renfermées dans la bonté. — Ses effets. — Elle doit être aussi dans le caractère. — Qu'arrive-t-il quand il en est autrement? — Qu'entend-on par la bienveillance? — Effets que produit la bienveillance. — Fuir la haine et l'envie. — En quoi elles consistent. — Eviter la jalousie. — Qu'entend-on par fraternité humaine? — Ses limites. — Devoirs de reconnaissance. — La tolérance est un devoir pour autrui dans les dissentiments amenés par les opinions et les croyances. — Qu'est-ce que la liberté de conscience? — Est-elle l'indifférence en matière de vrai et de faux? — Elle est le droit de ne pas être inquiété et contraint pour ses croyances et ses opinions.

SUITE DU CHAPITRE III.

II.— *Générosité, Clémence.*

On se montre **généreux** en rendant le bien pour le mal, ou encore quand on sacrifie quelque chose de ses droits et de ses prétentions pour un autre.

La **générosité** se dit aussi des sentiments nobles, élevés, désintéressés. Un cœur **généreux** bat pour la *vérité*, pour la *justice*, pour la *patrie*.

La nation française a toujours passé pour **généreuse** entre toutes.

Généreux signifie aussi *libéral*.

On le dit d'un homme qui *donne abondamment;* mais ce sens particulier se rattache à la charité, à la bienfaisance, à la munificence. On peut se montrer **généreux** même à l'école, mes chers enfants, en pardonnant une injustice, de malveillantes paroles, un mauvais procédé de la part d'un camarade, en s'employant à servir ceux qui par légèreté ou méchanceté ont voulu vous nuire. *Un procédé génereux ramène souvent un ennemi.*

La **clémence** signifie plus spécialement le *pardon* accordé par un grand personnage, un chef d'Etat à celui qui s'est rendu coupable de quelque offense ou de quelque attentat. La *grâce* accordée à un criminel est un *acte de clémence*. Les *amnisties*, qui rappellent de l'exil ou font sortir de prison des hommes condamnés pour avoir pris part à une sédition, sont aussi des *actes de clémence*, parfois conseillés par la politique. Nous ne parlerons ici que de la *clémence* comme *vertu morale*.

On ne dira pas d'un écolier qui pardonne qu'il est *clément*. On dira d'un *instituteur* qui remet une punition ou qui les lève toutes, qu'il fait un *acte de clémence*.

EXEMPLES.

La générosité française s'est montrée en maintes circonstances à l'égard d'ennemis désarmés. Elle éclate dans le fait suivant d'une manière admirable. C'était pendant la guerre d'Espagne, au soir d'une bataille. Les Espagnols étaient en déroute; le général Hugo, le père de l'illustre poète contemporain, parcourait à cheval le champ de bataille accompagné d'un seul hussard. Il lui sembla entendre un faible bruit : c'était un Espagnol qui se traînait, sanglant, livide, la mort sur le front, et disait en râlant : « A boire, à boire, par pitié ! » Le général, ému, tendit à son hussard une gourde de rhum qui pendait à sa selle, et lui dit : « Tiens, donne à boire à ce malheureux. » Tout à coup, au moment où le hussard se penchait vers l'homme et approchait la gourde de ses lèvres, l'autre, se redressant, saisit un pistolet qu'il serrait dans sa main et visa au front le général. La balle effleura la tête, et le chapeau tomba. Le général dit doucement au hussard : « Donne-lui tout de même à boire ! »

— L'histoire, ancienne et moderne, rapporte de beaux traits de générosité et de clémence. On citera toujours

Générosité du général Hugo.

la clémence d'Auguste, empereur romain, pardonnant à Cinna, son ennemi politique, qui avait voulu l'assassiner. Elle a été le sujet d'une des plus belles pièces de notre grand poète Corneille. En France, rien de plus connu que le mot du duc d'Orléans, devenu roi sous le nom de Louis XII, et qu'on excitait à se venger de ses anciens ennemis. « Le roi de France, dit-il, ne doit pas venger les injures du duc d'Orléans ! »

EXERCICE.

Qu'est-ce que la générosité ? — Ce qui en fait la beauté. — Qu'entend-on plus spécialement par la clémence? —Raconter et commenter des traits de générosité et de clémence.

SUITE DU CHAPITRE III.

III. — *Dévouement.* — *Héroïsme.*

Le **dévouement** est le *sacrifice qu'on fait de soi-même à un devoir, à une croyance, ou aux autres hommes.*

Quoi de plus noble et de plus beau, mes enfants, que de nous élever ainsi *au-dessus de nous-mêmes?* L'homme seul vit et meurt pour une cause sacrée. Le **dévouement** fait les apôtres et les martyrs. Il fait aussi les vertus modestes et cachées.

Il se mêle intimement à l'accomplissement d'un grand nombre de nos *devoirs*, on le trouve au fond de ce qui vous a été dit précédemment. Il existe, toutes les fois que s'impose une *privation* pour quelqu'un, un acte pénible *en vue d'un devoir.*

Le **dévouement** sous ses formes les plus brillantes, les plus hardies, lorsqu'il y va, par exemple, de la vie, s'appelle l'**héroïsme**. La vie civile a ses *héroïsmes*, ses *dévouements* intrépides, ses glorieux oublis de soi-même, comme la vie militaire. L'existence la plus modeste en voit chaque jour se produire des traits admirables par le secours porté à nos semblables en danger.

EXEMPLES.

Exemples d'héroïsme et d'oubli de soi-même à la guerre. — En octobre 1760, une armée française, sous les ordres du marquis de Castries, campait dans la province de Westphalie, près de Clostercamp, non loin du Rhin. Les

Allemands, commandés par le duc de Brunswick, qui se rendit plus tard célèbre dans l'histoire de la Révolution en envahissant la France à la tête d'une armée prussienne, et qui fut repoussé par Dumouriez à Valmy, résolurent de tenter, à la faveur de la nuit, une surprise sur notre camp. Cette nuit-là, le chevalier d'Assas avait été envoyé en découverte dans un bois qui couvrait la position des Français. Le régiment d'Auvergne, où il était capitaine, suivait en silence. Tout à coup, il aperçoit, à vingt pas de lui, des grenadiers ennemis couchés et se dissimulant. Ils se lèvent, marchent vers lui, et l'enferment dans un cercle de baïonnettes, en lui disant : « Si vous criez, vous êtes mort. » D'Assas n'hésite pas et crie : « A moi Auvergne ! ce sont les ennemis ! » Aussitôt il tombe percé de coups. Mais le régiment est sauvé. Il accourt, arrête les Allemands, et le lendemain venge par une éclatante victoire la mort héroïque du chevalier. Son dévouement ne pouvait pas avoir une plus belle récompense.

— Voici un magnifique exemple d'oubli de soi-même offert par un général, au moment où il était près d'expirer sur le champ de bataille. On faisait les dispositions de la bataille que devait livrer à Saltzbach le grand général Turenne contre les Impériaux (le 27 juillet 1675). On jugea sur un point la présence de Turenne nécessaire, à cause d'une colonne ennemie qui s'avançait. Deux petites pièces de canon de l'ennemi tiraient sans cesse. M. de Turenne, au petit galop, gagnait le long d'un fond afin d'être à couvert de ces deux petites pièces. En chemin, il aperçut Saint-Hilaire, le général d'artillerie, sur la hauteur, et alla à lui. Il lui demanda ce que c'était que cette colonne pour laquelle on le faisait venir. Saint-Hilaire la lui montrait du geste lorsqu'un boulet lui emporta le bras gauche, enleva le haut du col du cheval d'un de ses fils, et du même coup alla frapper Turenne au côté gauche. Le général fit encore une vingtaine de pas sur son cheval et tomba mort. L'aîné des jeunes Saint-

Hilaire était dans le groupe, et voici le récit qu'il nous a fait dans ses *Mémoires* : « Un spectacle aussi tragique me pénétra d'une douleur si vive, que j'éprouve encore aujourd'hui qu'il est plus facile de le ressentir que de le bien exprimer. Je ne savais auquel courir, du général ou de mon père. La nature en décida : je me jetai dans les

Mort de Turenne.

bras de mon père, et je lui cherchais un reste de vie, que je craignais ne plus lui trouver, lorsqu'il m'adressa ces paroles, que toute la France trouva si belles, qu'elle compara le cœur qui les avait dictées à ceux des anciens et véritables Romains, et je crois que la mémoire s'en conservera longtemps : « Ah! mon fils, s'écria-t-il, ce n'est pas moi qu'il faut pleurer, c'est la mort de ce grand homme ; vous allez, selon toute apparence, perdre un père ; mais ni votre patrie, ni vous ne retrouverez jamais un pareil général. En achevant ces mots, les larmes lui tombaient des yeux. « Que vas-tu devenir, pauvre armée ? » ajouta-t-il. Puis se remettant tout à coup : « Allez, mon fils, laissez-moi, je deviendrai ce qui plaira à Dieu, remontez à cheval ; je vous le commande, le temps presse ; allez faire votre devoir, et je ne désire plus de vie qu'autant qu'il m'en faudra pour apprendre que vous vous en serez bien acquitté. » — Quelque instance que je fisse pour demeurer auprès de lui jusqu'à ce qu'il fût venu un chirurgien, et qu'on l'eût emporté, il ne le voulut jamais permettre ; il fallut obéir et le laisser entre les bras de mon jeune frère. Je courus aux batteries faire tirer, afin de venger la perte de l'Etat et la mienne. »

Quel plus sublime spectacle que ce père près d'expirer, s'oubliant pour le général qui vient d'être frappé, pour l'armée qui reste sans chef et qui doit combattre, refusant les soins de son fils, et l'envoyant au combat, où ce fils va le cœur déchiré du regret de laisser son père, et auquel il cède pourtant ?

— Un capitaine hollandais, nommé Jean Schaffelaar, occupait la tour de Barnevelt, en 1482. On vint l'y assiéger, et d'abord on le somma de se rendre. Il ne voulut capituler que lorsqu'on l'attaquerait avec du canon. On fit la brèche : il consentit à se rendre. Pour préliminaire, les assiégeants demandèrent qu'on leur jetât le capitaine du haut du donjon. Les assiégés jurèrent de se faire tous tuer plutôt que d'écouter une telle proposition. Mais le généreux Schaffelaar, embrassant un des créneaux : « Mes amis, leur dit-il, comme il faut que je meure un jour, jamais il ne se présentera un plus beau moment, puisque je vous sauve par ma mort. » Et il se précipita du haut de la tour.

— Le trompette Escoffier, du 2⁰ régiment de chasseurs d'Afrique, faisait partie d'un détachement commandé par le capitaine de Cotte, et envoyé pour châtier une tribu rebelle. Attaqués par un gros d'ennemis, les chasseurs furent enfoncés après une vigoureuse résistance. Le cheval du capitaine, frappé d'une balle, s'était abattu. C'en était fait de M. de Cotte. Les Arabes se précipitaient, le doigt sur la détente de leurs longs fusils. Escoffier n'hésite pas ; il saute à terre, et montrant sa jument à l'officier : « Montez, dit-il, ce n'est pas moi qui rallierai les hommes. » Le capitaine ne pouvait pas choisir : il lui fallait assurer le salut de ses soldats. Il regarda tristement le brave trompette qui s'offrait ainsi à la mort, et se jeta en selle. Pourtant Escoffier put se dérober à travers les buissons. Il aperçut un cavalier français qui passait au galop ; il saisit la queue de son cheval et se laissa emporter. Mais bientôt, atteint d'un harpon de fer à une jambe, saisi à l'autre par un Arabe, il fut forcé de lâcher prise et tomba avec plusieurs chasseurs aux mains des ennemis. L'émir Abd-el-Kader, devant lequel les prisonniers furent plusieurs fois amenés, touché de leur air martial, ordonna qu'on les épargnât, et finit par les échanger contre des prisonniers arabes. Escoffier fut décoré et son nom est resté populaire.

— En l'année 1829, les mers du Levant étaient infestées de pirates, et le gouvernement français dut aviser à protéger les bâtiments de commerce qui naviguaient dans ces parages. Vers la fin du mois d'octobre, la gabare royale la *Lamproie* arrêta sur les côtes de Syrie un pirate grec, nommé la *Panayoti,* et monté par 70 hommes d'équipage. La frégate la *Magicienne* prit à bord l'équipage du corsaire, moins dix hommes qu'on y laissa, et y mit un officier avec quinze hommes. L'officier était l'enseigne Bisson ; l'un des quinze hommes était le pilote Trémentin. Dans la nuit, le mauvais temps sépara la *Panayoti* de la frégate, et le força à relâcher à l'île de Stanpalie. Deux des Grecs restés à bord réussirent à se sauver à terre. L'enseigne Bisson vit qu'il serait bientôt attaqué. Il prépara tout pour la plus énergique défense, et fit jurer au pilote Trémentin, plutôt que de rendre le bâtiment, de le faire sauter. A dix heures, deux grands navires les abordèrent. Les quinze Français luttèrent longtemps contre cent trente pirates. Enfin, vaincus par le nombre, neuf des leurs tués, le pont envahi, ils allaient être contraints de céder. « Amis, sauvez-vous, cria Bisson; allez, jetez-vous à la mer! » Et blessé, couvert de sang, il se tourna vers Trémentin et lui dit: « Adieu, pilote; il est temps d'en finir. » Puis il se précipita dans la chambre où les poudres étaient prêtes; il prit la mèche et mit le feu. — Un instant après, la *Panayoti* sautait, et les flots engloutissaient, avec les débris du navire, le corps de l'enseigne Bisson, enveloppé dans le drapeau français.

Exemples de dévouement privé.

Chaque semaine, les journaux nous apportent des actes de dévouement de nos braves marins. Le 26 mars 1882, une violente tempête emportait vers Honfleur un sloop de pêche désemparé, qui faisait des signaux de détresse à plus d'un mille du port. On demanda au patron Lecroisey s'il était prêt. Lecroisey prit avec lui dix hommes et mit son canot à la mer. Un moment, ils faillirent rejoindre le sloop; mais de furieuses vagues les en séparèrent. Acharnés à leur œuvre de salut, ils hissèrent leur voile et cinglèrent en travers de la lame sur le bateau perdu qui s'éloignait toujours. L'eau, projetée par gros paquets, fit chavirer la barque. Des onze marins du Havre, il ne reparut pas un seul.

Derrière eux, au moment même où le flot les engloutissait, une seconde embarcation partait; d'autres braves gens venaient risquer leur vie, et derrière ceux-là il y en eut d'autres encore.

Au mois d'août 1884, une barque de pêche de Trouville sombrait par une mer furieuse à quelque distance du port. Les hommes qui la montaient, avaient longtemps lutté contre les flots ; mais le bateau, couché sur les flancs, s'emplissait d'eau de minute en minute et s'enfonçait lentement. Pourtant le vieux matelot auquel appartenait la barque ne voulait pas quitter son gagne-pain, et la foule amassée sur la grève, le voyant perdu, jetait des cris d'angoisse. Un homme accourut, Potel, le baigneur des Roches-Noires, qui huit jours auparavant

Dévouement de Potel, le baigneur des Roches-Noires, à Trouville.

avait déjà accompli un sauvetage, et qui, jeune encore, a vingt fois risqué sa vie avec un admirable dévouement. Il prit deux marins avec lui, et tous trois forcèrent de rames vers la barque qui allait s'engloutir. Ils furent assez heureux pour l'atteindre et pour arracher à la mort le pauvre patron Halley et les gens qui l'accompagnaient. Et comme, à son retour à la jetée, on serrait les mains de Potel, on le félicitait, on le remerciait : « J'y laisserai ma tête une fois, dit-il d'un ton en même temps simple et héroïque ; *mais ça sera toujours comme ça !* »

CHAPITRE IV.

DEVOIRS ENVERS DIEU.

Portez vos regards sur *l'immensité des cieux*, par une belle nuit étoilée, vous aurez une première idée d'une *puissance* mystérieuse qui se distingue de l'univers et s'y manifeste. Si, en outre, on vous dit que ces étoiles qui brillent au-dessus de vos têtes, sont des *mondes*, extraordinairement *plus grands que notre terre* qui n'est qu'une petite planète, et tellement éloignés que leur lumière met des années à nous parvenir; si on vous explique que ces *mondes* ont des mouvements réglés avec une précision infaillible, que nous savons en combien de jours ceux qu'il nous a été possible de mieux connaître, exécutent leurs *révolutions annuelles* autour d'eux-mêmes ou des *astres* qui leur servent de centre; si on vous démontre que des événements célestes, comme les *éclipses*, peuvent être prévus des siècles à l'avance et se réalisent à la minute même où ils ont été annoncés ; alors la pensée d'un **Créateur**, d'un *ordonnateur suprême* s'imposera à votre esprit avec une telle force que votre pensée semblera près d'en être accablée. Vous ne comprendriez pas une montre, une machine quelconque *se créant elle-même*, et réglant ses propres mouvements, à plus forte raison vous direz-vous que l'univers doit avoir un *auteur*, un *régulateur* ; un nom auguste se présentera sur vos lèvres, et vous direz : « Le créateur et l'ordonnateur de toutes choses, c'est **Dieu!** »

Abaissez maintenant vos regards sur cette terre : la pensée de ce **créateur tout-puissant** semblera se rapprocher de vous. Combien de preuves d'une perpétuelle et *paternelle* prévoyance pour les êtres qui habitent ce globe terrestre se rencontrent pour ainsi dire à chaque pas !

Les saisons se succèdent avec ordre. Les fleurs éclosent et les fruits mûrissent à l'heure fixée. Lorsque l'enfant va naître, le lait gonfle les mamelles qui doivent le nourrir. La *terre* est elle-même un banquet qui s'offre à l'*homme*, à la condition qu'il consente à accomplir la grande *loi du travail*.

Quel fonds merveilleux il trouve en lui-même! Quel besoin de vérité le pousse de découverte en découverte! Quelle puissance cette *science*, sans cesse accrue, et appliquée à mille inventions, lui assure sur la nature de plus en plus obéissante à ses volontés! Qui donc a ainsi déterminé l'*ordre de la nature* et donné à l'homme cette *intelligence* de laquelle *il tire toutes ses richesses et toute sa force ?* C'est **Dieu** encore. Mais ce **Dieu**, par le soin qu'il prend des créatures, reçoit un nom qui parle non plus seulement à la pensée, mais à l'amour : il s'appelle **Providence**.

Qu'enfin le regard intérieur pénètre dans notre *conscience*: il y découvrira un *monde* encore plus grand, le *monde de la justice et de la charité ;* une *loi* plus belle encore que celle qui régit les astres, la **loi morale**.

S'il fallait un *être intelligent* pour créer et organiser un monde qui révèle une pensée ordonnatrice, il fallait aussi un être souverainement *juste* et souverainement *bon* pour nous prêter quelques rayons de cette *bonté* et de cette *justice* qui ne saurait venir de l'univers matériel, composé de forces étrangères à toute idée de moralité, ni de nos instincts égoïstes qui nous renferment en nous-mêmes et nous poussent à tout sacrifier à nous seuls.

L'*adoration* s'élève alors du fond de l'âme vers cet *auteur infini* du monde qui, étant *infiniment intelligent et puissant*, a en outre *aimé le monde* et qui le soutient et l'enveloppe de son *amour*.

C'est là le fondement du *culte*; il est d'abord intérieur et a son siège dans le cœur avant de devenir public, et de se manifester par des cérémonies. La *prière* s'adresse à la puissance et à la bonté de celui qui écoute les vœux des plus humbles, pourvu que ces vœux n'aient rien d'indigne de lui. Ce sentiment de vénération et d'amour constitue le fond même de la *piété*.

On s'est demandé comment concilier la présence du mal sur la terre avec cette infinie puissance et bonté. La religion intervient pour répondre à cette question. La raison a aussi ses explications. La plus décisive est de croire que tout ne finit pas pour l'homme sur la terre, et qu'une *vie future* compensera et réparera ce qu'il y a de mal et d'injustice ici-bas.

L'âme n'étant pas matérielle, c'est-à-dire composée de parties, n'est pas condamnée à périr. La *vérité* et la *justice* exigent qu'elle ne périsse pas : la *vérité*, parce que nous en avons en nous un besoin qui n'est pas entièrement apaisé par la terre; la *justice*, parce qu'elle n'y reçoit pas toujours satisfaction.

Sans doute, la vertu y porte souvent des fruits heureux pour celui qui y conforme sa conduite, et le mal y est fréquemment puni; mais il n'en est pas toujours de la sorte; et c'est pourquoi la confiance que nous avons dans un *Dieu juste et bon* nous fait tourner les yeux vers une autre existence. Tous les peuples ont cru et croient à l'immortalité de l'âme.

EXERCICE.

Les cieux nous révèlent un Dieu tout-puissant et infini, auteur et ordonnateur du monde. — Comment la vue de l'ordre et de la régularité des lois sur ce qui touche la terre et les bienfaits dont l'homme est l'objet, y ajoutent l'idée d'une Providence digne d'amour.

La loi morale révèle Dieu et suppose un être parfait.

Comment la croyance dans une vie future se rattache à ces idées de bonté et de justice.

FIN DE L'ÉDUCATION MORALE.

NOTIONS D'INSTRUCTION CIVIQUE

LIVRE PREMIER

DEVOIRS ET DROITS

CHAPITRE I.

OBÉISSANCE AUX LOIS. LES DROITS ET LES DEVOIRS.

C'est maintenant de vos **devoirs de citoyen** que nous allons vous entretenir.

Le premier de tous est l'obéissance aux lois.

Il n'y a pas de société sans lois qui prescrivent certaines choses, et qui en interdisent d'autres, sous peine de *châtiments*.

La *loi* sanctionne toutes les *conventions* et les prend sous sa sauvegarde.

Ainsi elle intervient dans le *mariage*, elle consacre les obligations qu'il impose aux deux époux et les engagements qu'ils prennent devant la *société*. Elle règle les *successions* et le *régime de la propriété*. En un mot, tous les contrats sont sous sa dépendance.

Les *lois* sont faites, en France et dans tous les pays qui jouissent de gouvernements libres, par les *représentants élus du pays:* c'est une raison puissante de leur porter *obéissance*, puisque tous se trouvent y concourir. Si une *loi* est mauvaise, on peut en demander le changement ; mais le *respect de la loi* est, en tout cas, *obligatoire*, tant qu'elle existe.

Sans le *respect des lois*, la *société* tombe dans le désordre ; la *propriété est violée ; le vol et le pillage sont impunis ; le meurtre est commis librement ; aucune transaction n'est assurée*. C'est cet état qu'on appelle l'**anarchie**. Les lois cessent alors de gouverner.

On appelle **sédition** la révolte de plusieurs contre les lois. L'individu qui enfreint une loi entre aussi *en révolte* contre l'*ordre établi par la société*.

Les Anciens disaient d'une loi rigoureuse : « Elle est dure, *mais elle est la loi.* » Ils en concluaient que l'*obéissance* lui est due.

Les premiers chrétiens respectaient la *loi*, même quand elle servait d'arme à la persécution contre eux. Jésus a exprimé cette prescription dans ces mots : « Rendez à César ce qui est à César, et à Dieu ce qui est à Dieu ! »

Les citoyens ont des **droits** à exercer, et des **devoirs** à remplir.

Sans droits, que serions-nous ? De simples choses, des instruments aux mains d'un pouvoir despotique. Mais que serions-nous sans devoirs ? Des êtres sans moralité et des citoyens dangereux. *Droits et devoirs ne se séparent pas.*

Nous devons bien user de nos **droits** ; nous devons respecter les *droits d'autrui*. Connaissez donc les *droits* que la *loi* reconnaît ou confère, et exercez-les. Connaissez aussi vos *devoirs*, encore plus nécessaires à pratiquer, s'il y avait lieu de distinguer. — La vie du **citoyen**, comme celle de l'**homme**, se compose de devoirs à remplir.

EXEMPLE DE L'OBÉISSANCE AUX LOIS.

Socrate, le plus sage des Athéniens, avait été condamné

injustement à mourir en buvant la ciguë (1), parce que ses ennemis, ligués contre lui, l'avaient accusé d'attaquer les divinités païennes et de jeter ainsi le trouble dans l'État. Il refusa de s'enfuir de sa prison, plutôt que de désobéir aux lois de son pays, même appliquées d'une façon inique. La veille du jour marqué pour sa mort, un des plus chers disciples de ce sage philosophe, Criton, lui avait donné le conseil de s'évader, et lui avait appris que tout était préparé de manière à rendre cette fuite certaine. Socrate repoussa cette proposition, en motivant son refus par des paroles admirables. Nous en rappellerons quelques-unes, qui contiennent la plus sublime leçon de l'obéissance aux lois : « Ami, dit Socrate à Criton, je loue ton zèle, et je t'en remercie. Mais rappelons-nous nos principes, et tâchons d'en faire usage. Nous avons toujours pensé qu'il n'est jamais permis, sous quelque prétexte que ce puisse être, de commettre aucune injustice, pas même à l'égard de ceux qui nous en font, ni de rendre le mal pour le mal, et que, quand on a une fois engagé sa parole, on est tenu de la garder inviolablement, sans qu'aucun intérêt puisse nous en dispenser. Or si, au moment de m'enfuir, la république et les lois se présentaient en personne devant moi, que répondrais-je aux questions suivantes qu'elles pourraient me faire ? A quoi songes-tu, Socrate ? Te dérober à la justice, n'est-ce pas ruiner entièrement les lois et la république ? Crois-tu qu'une ville subsiste, après que la justice non seulement n'y a plus de force, mais qu'elle a été même corrompue, renversée, foulée aux pieds ? — Mais la république, dira-t-on, a prononcé un jugement inique. — N'étais-tu pas convenu avec nous de te soumettre aux décisions de la république ? Si notre police, si nos lois ne te plaisaient pas, tu pouvais te retirer ailleurs. La preuve qu'elles ne t'ont point déplu,

---

(1) Herbe de laquelle on extrait un poison mortel.

c'est que tu as vécu soixante-dix ans parmi nous ; tu les as acceptées avec connaissance de cause, avec liberté. Tu leur dois tout ce que tu es, tout ce que tu as, naissance, nourriture, éducation, situation, car tout cela est sous la protection de la république. Te crois-tu libre de rompre un engagement pris avec elle et plus d'une fois scellé par un serment ? Quand elle te condamnerait, peux-tu lui rendre mal pour mal et injure pour injure ? Es-tu en droit d'en user ainsi envers ton père ou ta mère ? Et ne sais-tu pas que la patrie est plus digne de vénération devant Dieu et devant les hommes que ni père ni mère ni tous les parents ensemble ; qu'il faut honorer sa patrie, lui céder dans ses emportements, la ménager dans les temps de sa plus grande colère ; en un mot, qu'il faut ou la ramener par de sages conseils et de respectueuses remontrances, ou se soumettre à ses ordres, et souffrir, sans murmurer, tout ce qu'elle vous commandera ? »

EXERCICE.

Qu'il est nécessaire d'obéir aux lois. — Que cela est nécessaire et obligatoire. — Conséquence du mépris des lois. — Conduite qu'on doit tenir à l'égard des lois qu'on juge imparfaites ou mauvaises. — Le respect des lois est absolu. — Commenter l'exemple cité de Socrate, obéissant à un jugement même inique, mais conforme à la loi de son pays, sans vouloir profiter de l'offre qui lui est faite de s'enfuir pour échapper à la mort.

CHAPITRE II.

OBLIGATION SCOLAIRE.

Comment seriez-vous de *bons citoyens*, vous-mêmes, et comment vos parents le seraient-ils, sans le respect de la loi qui a fait de l'instruction une *obligation*? mais n'était-ce pas même auparavant une *obligation morale*? On doit acquérir les connaissances nécessaires, et pourquoi ? On vous en a donné les raisons. L'enfant instruit devient un *citoyen utile* par l'exercice plus habile d'une profession ; il est, moins facilement que l'ignorant, dupe de ceux qui voudraient le tromper ; il a appris à réfléchir et ne se laisse point entraîner par ceux qui abusent eux-mêmes, pour séduire l'ignorant, d'une instruction réelle ou prétendue, grâce à laquelle ils lui font illusion. Il risque moins de tomber à la charge de la *société*, parce qu'il trouve dans ses connaissances un gagne-pain. Enfin comment exercer des *droits politiques*, qui demandent du discernement, si on est un pur ignorant ?

Ne pas aller à l'école, c'est manquer à vous-même ; c'est contrevenir aussi à l'*intérêt social*. La France a besoin que ses enfants aient tous reçu d'abord au moins les éléments de l'*instruction primaire*. Nous acquitter de cette obligation en conscience par notre assiduité, c'est donc déjà remplir un *devoir civique*. Les autres peuples s'instruisent aujourd'hui : les Allemands savent tous lire, écrire, compter, les éléments de la géographie, de l'histoire, surtout celle de leur pays. *Ne restez pas au-dessous des autres peuples.*

EXERCICE.

La loi fait une obligation de l'instruction primaire. — C'était même auparavant une obligation morale. — Pourquoi il importe qu'un bon citoyen soit muni des éléments de l'instruction. — Applications spéciales à l'instruction civique.

CHAPITRE III.

LE SERVICE MILITAIRE.

Le **service militaire** est une de ces obligations de citoyen auxquelles nul ne peut se soustraire sans les raisons d'exemption les plus graves.

Il ne suffit pas d'aimer son pays, il faut pouvoir le

défendre quand il est attaqué, et être en état de faire la guerre, si elle est portée sur un autre théâtre.

On ne nous dit pas, mes enfants, d'aimer la guerre par elle-même. Elle ne doit jamais être engagée à la légère et pour des motifs d'ambition. Nous devons considérer comme *un mal* les luttes meurtrières de peuple à peuple. Les nations ne sont pas faites pour se haïr, mais pour *s'aimer et s'entr'aider les unes les autres;* de plus, les succès même entraînent des pertes considérables vraiment payées par les avantages qu'ils procurent.

Il n'y a pas que les défaites qui fassent des veuves, des orphelins, des familles privées de soutien, et qui enlèvent à la *société* des bras et des intelligences dont l'emploi aurait été fructueux. Les victoires mêmes sont meurtrières. Mais il y a des guerres inévitables, les hommes n'ayant pas encore réussi à s'entendre sur ce qui les divise, autrement que par le *recours aux armes.* On doit donc accepter virilement cette nécessité qui vous commande d'être de **bons patriotes** et de **braves soldats.**

En sachant ce qu'est l'armée, vous comprendrez l'**obligation du service militaire.** L'armée n'offre pas seulement ce spectacle que vous aimez à regarder, une réunion d'hommes en uniforme, marchant au pas, au son des tambours et de la fanfare, enseignes déployées. Elle a un *but sérieux.* Elle protège vos maisons, vos champs, vos propriétés, vos personnes, vos familles, contre les invasions ennemies. *C'est le pays qui se défend sous la forme d'une force organisée.* Tout le monde ne peut pas être à la fois sous les armes: les femmes, les vieillards, les enfants ne sauraient faire cet office. Les hommes valides ont à remplir une foule de tâches utiles. Il faut donc que chacun soit **soldat** pendant quelque temps, outre ceux qui en font leur *profession* et qui y *consacrent toute leur vie.*

Mais on n'a pas toujours à défendre son pays. Non sans doute, mes enfants: on peut *faire la guerre sur un théâtre étranger.* Même en ce cas, il se peut qu'on y soit contraint pour ne pas laisser l'ennemi s'approcher. Puis c'est toujours la France : ses *intérêts*, son *honneur*, que représente l'armée en terre étrangère. Chacun de nous fait partie de la **France**, chacun donc doit la **servir**, au risque de sa vie, par la *force*, comme il la sert, en temps de paix, par d'autres moyens utiles au pays.

Se soustraire à ce *devoir* par la *désertion* est une lâcheté que *l'opinion* ne flétrit pas seule, et que la *loi* punit avec une terrible sévérité.

Apprenez à vous *aguerrir* par vos jeux, vos marches, vos exercices gymnastiques, votre régime de vie, comme par le maniement des armes, afin que le jour où la **patrie** fera de vous des **soldats**, elle vous trouve déjà un peu préparés, et que vous ne soyez pas des *conscrits* trop novices. Songez qu'il faut pouvoir être en peu de temps des *soldats actifs et utiles*, si la guerre venait à éclater soudainement. On se bat plus bravement quand on se sent *habile à manier le fusil, à faire la manœuvre*, et que par la petite guerre on s'est préparé à la grande. Si on a vu parfois de jeunes soldats fuir honteusement, c'est qu'ils n'avaient pas commencé par cet *apprentissage*. Jamais *Français* ayant reçu les *éléments de l'instruction militaire* n'a été vu fuyant ainsi au premier engagement.

La discipline.

Avec le *courage*, le premier devoir du soldat est la *discipline*, parce qu'elle est aussi le premier besoin d'une *armée*. Il faut obéir à ses chefs ; cette obéissance doit être *absolue*. Si elle ne l'était pas, ce serait un affreux désordre. Chacun se faisant juge, les ordres ne seraient pas exécutés, les officiers seraient dominés et méprisés par les soldats, et eux-mêmes pourraient **désobéir** à leur général. *Sans un commandement, pas d'armée*. Ce n'est plus qu'un troupeau, un ramassis d'hommes sans dignité et sans tenue, sans nul respect d'eux-mêmes et des autres, exposés à une défaite certaine, infaillible. Une **armée**

disciplinée peut être quelquefois vaincue pour différentes causes ; jamais on n'a vu des armées indisciplinées être victorieuses.

Aussi ne vous étonnez pas si tout acte d'*indiscipline* est puni sévèrement, et, en plus d'un cas, même de la **mort**.

Une *armée disciplinee*, et où règne le respect de soi et celui des chefs, donne une haute idée de la *France* ; une *armée* qui présente le spectacle de la désorganisation morale et militaire, sachez-le, est pour la **patrie** une honte et un scandale devant le pays qui en rougit et devant l'étranger qui la méprise.

La fidélité au drapeau.

Mais si l'**obéissance** est indispensable, le **dévouement** est aussi nécessaire à l'*armée*. Il peut être, même plus que dans la vie civile, un strict *devoir* ; car dans la vie militaire, mes enfants, il arrive plus souvent qu'on soit placé entre une véritable lâcheté et le *sacrifice de soi jusqu'à la mort*. Le *soldat* peut se trouver dans tel cas qui l'**oblige** à courir au-devant de la baïonnette ou des balles.

Un de ces *devoirs* impérieux est de ne pas déserter le **drapeau**, à se serrer autour de lui, car qu'est-ce que le **drapeau** ? Matériellement une étoffe qui se déploie au bout d'une hampe ; moralement, c'est l'*emblème de la patrie*, l'image de l'**honneur militaire**, souvent le signe du ralliement. Celui qui le tient ou le défend ne doit pas plus l'abandonner que l'**honneur** qu'il représente, et tous doivent faire un *rempart de leur corps* pour empêcher l'ennemi de l'enlever.

La *fidélité au drapeau* exprime tous ces nobles sentiments. Aussi le soldat aime-t-il son *drapeau*, il en est fier, soit que ce patriotique emblème revienne intact et glorieux après la victoire, soit qu'il rentre souillé de poussière et de sang, criblé de balles ennemies. C'est sous la forme d'un **trophée de drapeaux**, qui tapissent les murs de ses monuments, qu'un peuple aime à garder la mémoire de ses anciens triomphes.

EXEMPLES.

Blessé mortellement au pont d'Ouarre en Belgique (juin 1815), le porte-drapeau d'un de nos régiments avait jeté le drapeau dans la rivière pour éviter qu'il ne fût pris par l'ennemi. Un de ses compagnons d'armes, le soldat Laury, saute à l'eau aussitôt sous le feu de l'ennemi : il ne lui suffit pas que le drapeau de son régiment ne soit pas pris, il veut le remettre entre des mains françaises ; il le ressaisit et le rapporte sur l'autre rive au colonel Morisse.

— Les Français venaient de poser l'échelle d'escalade aux pieds des remparts de Prague. Il s'agissait de livrer l'assaut. Le colonel Chevert s'adresse aux grenadiers, demandant quel était le *brave à trois poils* qui voulait monter le premier. Pascal, sergent du régiment d'Alsace, se présente. « Tu veux monter le premier, camarade ? — Oui, mon colonel. — Quand tu seras sur le mur, la sentinelle va te crier : Wer da ? (Qui va là ?) — Oui, mon colonel. — Elle tirera sur toi — Oui, mon colonel — Elle te manquera. — Oui, mon colonel. — Tu la tueras. — Oui, mon colonel. »

Pascal monta à l'assaut ; la sentinelle tira sur lui et le manqua, il tira sur la sentinelle et la tua ; les soldats s'élancèrent à la suite de Pascal, et Prague fut prise.

EXERCICE.

Comment le service militaire s'impose comme un devoir. — La guerre est un mal nécessaire. — Rôle utile de l'armée. — Elle est le pays lui-même. — Comment elle défend les propriétés et les personnes, les intérêts et l'honneur de la patrie. — Nécessité de se préparer et de s'aguerrir dans la jeunesse. — Discipline. — Raisons pour que la discipline soit sévère. — Honte et défaite certaine d'une armée indisciplinée.

CHAPITRE IV.

L'IMPOT.

On se plaint de l'**impôt**, mes chers enfants, quand on voit arriver le petit papier vert qui indique la cote à payer. On se plaint de l'**impôt** quand il est mis sur les denrées qu'il enchérit. C'est peut-être là un mouvement naturel : payer n'est jamais agréable. Il se peut même que telle **taxe** soit d'un mérite discutable. On a vu plus d'un mauvais impôt; mais cela ne prouve rien ; les choses les plus utiles peuvent être mal appliquées, et vous allez voir en quoi l'**impôt** est utile. La manière inégale et défectueuse dont il était établi et réparti a été une des causes des réformes en 1789, et on met depuis lors beaucoup plus de soin à y observer la justice. Outre que l'**impôt** est plus *équitable*, il faut le considérer en lui-même comme nécessaire et légitime. Une **société** ne peut vivre en effet, sans l'existence d'*impôts* qui payent l'entretien de ses *charges publiques*.

« *L'impôt est la dette commune des citoyens et le prix des avantages que la société leur procure.* » C'est ainsi que la première grande assemblée de 1789, la *Constituante*, a défini l'**impôt**, et cette définition est irréprochable.

Ainsi l'**impôt** est une dette *payée à l'Etat par les citoyens* comme *prix* de certains avantages. Je dis l'Etat, je pourrais dire aussi la *commune*. Voyez d'abord ce qui a lieu dans votre ville ou village. Il y existe des familles qui dépensent pour leurs besoins de nourritures, de vêtements, de logement, de chauffage et pour d'autres nécessités de l'existence privée. Mais il y a d'autres *dépenses* qui ont un **caractère public** : ainsi l'éclairage, le pavage, les routes et leur entretien. Cela ne regarde pas une seule famille, mais les concerne *toutes*. Il faut donc un *fonds commun* pour y subvenir : c'est l'*impôt* qui le fournit. Chacun profite de ces avantages : en conséquence, *cha-*

cun paie pour les avoir : quoi de plus juste, de plus simple tout à la fois ?

Mais, outre les *dépenses de la commune*, il y a celles du *département*, il y a surtout celles de l'**Etat**. Vous avez déjà entrevu et vous verrez mieux tout à l'heure, mes enfants, ce qu'est l'**Etat**. Il faut à la tête d'un pays un *gouvernement* et divers *services publics*. La **France** forme, nous l'avons montré, une sorte d'*unité morale et politique*. Elle a des *besoins généraux* qui regardent tous les **Français**. Telle est l'*armée* et la *marine militaire*, telle est la *justice*, telle est l'*instruction publique*, telle est aussi la création et l'entretien de certaines grandes *routes*, de *travaux publics*.

Emploi de l'impôt.

Ces services constituent un immense mécanisme, emploient un *matériel* considérable, exigent un *personnel* fort nombreux. Ces **dépenses** sont *utiles*. Comment défendre la *patrie* au dehors ou sur la frontière sans l'**armée**, protéger les *personnes et les propriétés* sans la **magistrature**, et sans la *force publique* qui fait exécuter la *loi*? Mais la *vie matérielle* ne suffit pas : on veut des *écoles*, des *établissements d'instruction* de différents degrés ; il faut des maîtres et toute une **administration**. Il en faut une pour chacun des grands **services**. Qui fera vivre ce monde d'*agents* employés à la *chose publique*, sinon le *public* lui-même ? Par qui seront couverts les *frais de ces travaux*, qui profitent à **tout le monde**, sinon par **tous** ?

C'est une illusion grossière et pourtant trop répandue, que l'**État** est *riche par lui-même*. Quelques-uns lui demandent de tout faire, ce qui est absurde, et même de tout faire *gratuitement,* ce qui l'est encore plus, comme s'il avait de grandes poches pleines de pièces d'or où il n'aurait qu'à puiser. Eh ! non, mes enfants ; l'**État** n'est *riche* que de *notre argent* ; sans lui il serait pauvre comme Job. Sans doute il possède bien quelques forêts, quelques exploitations particulières ; mais qu'est-ce que ces faibles ressources pour subvenir à d'immenses **dépenses** qui s'élèvent à plus de *deux milliards ?*

On doit donc *payer* bravement et sans vaines récriminations cette *dette*, puisque c'en est une, et de plus ne pas chercher à l'éluder en fraudant le fisc.

Payer l'impôt loyalement.

Il y a des gens qui font la **contrebande**, c'est-à-dire qui dérobent à la vue de la *douane*, aux frontières, les produits qui auraient dû *acquitter des droits* à l'**État**.

L'opinion flétrit la *contrebande* de profession, que la *loi*, de son côté, frappe de peines assez sévères. Mais il y a d'autres manières de *frauder l'impôt* que l'*opinion* ne juge pas toujours avec la même sévérité. Il en est qui ne se font pas scrupule de déclarer à un taux moindre, des *valeurs soumises à des taxes*, afin qu'elles payent moins au *fisc*. Il en est qui cherchent à dérober à la vue de l'*octroi* des *denrées* pour les faire entrer sans acquitter les droits. Ils ne songent pas qu'ils privent la *commune* d'une ressource *prévue et nécessaire* pour un de ces *services* qu'il faut qu'elle **paye** à ceux qui les rendent. On reporte, par ces *fraudes*, sa propre *charge* sur ses concitoyens.

Abstenez-vous donc de tels subterfuges, et n'attendez pas les *amendes* qui les punissent, lorsqu'ils sont découverts, pour être convaincus qu'il est *obligatoire*, non pas seulement de *payer la dette de l'impôt*, mais de l'*acquitter tout entière*.

EXERCICE.

Plaintes injustes sur l'impôt. — Définition qui en a été donnée par la Constituante. — Sa nécessité et sa justice. — Services auxquels il est chargé de pourvoir. — Il est injuste et criminel de frauder l'Etat en se dérobant à l'impôt.

CHAPITRE V.

LE VOTE.

Tout citoyen français âgé de 21 *ans, qui n'a pas été condamné par les tribunaux correctionnels ou cours d'assises pour quelque acte infamant, est électeur.*

Telle est la *loi française,* mes enfants. Elle indique un *droit*; et ce *droit,* comme toujours, implique et suppose des *devoirs.*

Le *droit de voter,* le *droit électoral* consiste à *élire* des conseillers municipaux, des conseillers généraux, et des députés.

Les *conseillers municipaux* et les *conseillers généraux* s'occupent des mesures utiles à la *commune* et au *département. Les députés font les lois.* Les *électeurs* font les *députés.* Tout revient donc aux **électeurs.**

Nul **vote** est plus important que celui qui envoie des *députés* siéger à Paris. Ce sont eux qui **votent l'impôt,** outre les *lois* qui s'étendent à tout. Ils jugent aussi en dernier ressort de la *paix* ou de la *guerre,* parce qu'aucune *dépense* ne se fait sans leur consentement.

Ce n'est pas que le *vote* qui a pour objet de nommer des *conseillers municipaux* soit sans importance : bien loin de là; mais les destinées du pays *tout entier* dépendent du choix de ses **élus** qui décident de ses intérêts les plus généraux. Vous tenez à ce que les *impôts* ne vous prennent que ce qui est vraiment nécessaire et utile à des *dépenses* bien justifiées. Comment donc pourriez-vous rester indifférents aux **élections?**

Aussi est-ce un devoir de **voter.** Il y a même des peuples qui y contraignent les citoyens. La *loi* ne nous y force pas, mais le *devoir* nous y *oblige,* et notre intérêt nous y engage. Songez que le *droit de suffrage* a été longtemps exercé seulement par une minorité. On ne comptait guère que deux cent mille *électeurs* au lieu de plus de quatre millions. Le suffrage n'est **universel** que depuis 1848. On disait à la masse qu'elle n'était pas *capable* de l'exercer. A vous de démontrer le contraire.

Conditions pour bien voter.

Le *vote* doit être **libre.** L'électeur ne doit pas se laisser intimider ou séduire. L'*intimidation* et la *corruption* sont punies par la *loi* chez ceux qui tentent de les exercer. Mais on pourrait se laisser intimider tantôt par un *gouvernement*, tantôt par un *parti violent*; on pourrait se laisser corrompre par des *promesses* d'avantages, personnels ou pour la commune, qui faussent la **liberté du vote** : c'est ce qui ne doit pas avoir lieu, sous peine de mal remplir son *devoir d'honnête homme et de citoyen.*

Le *vote* doit être **désintéressé.** C'est l'intérêt général de la *France tout entière* qu'on doit avoir en vue dans l'élection d'un *député*, comme c'est l'intérêt de la commune qu'on a en vue dans l'élection d'un *conseiller municipal*, et non le sien propre. Vendre son suffrage pour de l'argent est un acte puni par la loi; mais, je vous le répète, mes chers amis, il y a des manières de céder à des motifs condamnables qui ne tombent pas facilement sous le coup des lois et qui ne sont pas pour cela moins blâmables.

Le vote doit être **consciencieux,** de même qu'il doit être libre et désintéressé. Il est déjà *consciencieux* en étant pur d'intérêt exclusivement personnel; mais cette condition ne suffit pas pour qu'il soit *consciencieux* en tous les sens. Un *vote consciencieux* est un vote *réfléchi*. Il faut vous appliquer à ne choisir parmi ceux qui représentent votre opinion politique que les plus *honnêtes* et les plus *capables.*

Le vote doit être **éclairé.** En d'autres termes, vous devez avoir les connaissances qui rendent *capables* d'exercer le *droit électoral*, ainsi que les informations nécessaires relatives aux *personnes* entre lesquelles vous avez à fixer votre choix. Vous devez donc vous mettre au courant de ce qui éclaire le **citoyen** pour le moment où nous sommes électeurs. Que votre jugement alors résiste aux grandes phrases, aux belles paroles, d'où qu'elles viennent. Jugez et **votez** en hommes sensés, qui *savent ce qu'ils font* et ce qu'ils veulent. Défiez-vous de ces excessives préventions pour ou contre, que la passion répand en se mêlant aux *luttes électorales*. La *raison* doit dominer les passions et les partis. Ce n'est pas facile ; mais il faut y appliquer tous nos efforts.

EXERCICE.

Importance qu'a le droit de voter. — De quand date le suffrage universel. — Ce qu'on entend par un vote libre, désintéressé, consciencieux et éclairé.

CHAPITRE VI.

DROITS QUI CORRESPONDENT A CES DEVOIRS. — LIBERTÉ INDIVIDUELLE.

Vous avez vu, mes enfants, que **droit** et **devoir** vont ensemble. Il est clair que si mon semblable a un *droit*, j'ai le *devoir* de le respecter, et réciproquement. C'est donc aussi pour moi un *devoir* d'exercer mes *droits de citoyen*. Le *citoyen* doit payer l'impôt, ai-je dit : il a donc droit que l'État, auquel il l'acquitte, lui rende quelque chose en échange. L'État doit d'abord le protéger dans sa **liberté individuelle**.

L'individu est libre de faire tout ce qui ne porte pas préjudice à autrui et à la société. Je vous ai dit qu'il s'appartient, qu'on ne peut faire de lui un esclave, ou le détenir, l'emprisonner, sinon quand il est puni pour un crime ou que de fortes raisons l'en font soupçonner.

Si un ou plusieurs individus m'attaquent dans ma *personne* ou dans mes *biens*, je peux demander à la *force publique* et à la *justice* du pays qu'elles me protègent et répriment, autant qu'elles en ont le pouvoir, de pareils attentats. J'ai droit aussi à ce que l'**Etat** lui-même, qui a pour *tâche* principale de *protéger les individus*, n'abuse pas de la force qui lui a été confiée à cet effet, pour les opprimer.

La **liberté individuelle** présente plusieurs aspects.

Nous avons indiqué déjà la **liberté de conscience** qui consiste à ne pas être inquiété pour ses croyances et ses opinions. Il y a aussi la **liberté du travail**.

Liberté du travail.

Chacun a le droit de *choisir sa profession*, de l'*exercer* sans autres entraves que celles qui peuvent résulter des nécessités de police, de *débattre le prix de son travail*, de travailler seul ou en s'associant avec d'autres. C'est là bien certainement un *droit*, mes enfants. Quoi de plus injuste que d'enfermer les hommes dans des métiers imposés, qu'ils exerceraient héréditairement parce qu'ils seraient nés dans une certaine classe ? Quoi de plus tyrannique que de limiter le nombre de ceux qui pourront exercer un métier, en le constituant en *monopole*, ce qui veut dire que les règlements le réserveront à un petit nombre de *privilégiés* ? Quoi de plus oppressif que d'en soumettre l'exercice à des règlements vexatoires ? L'économie politique démontre en outre que la *liberté du travail* est favorable au développement de l'*aisance*, de la *richesse privée et publique*.

La *liberté d'association* est un *droit* qui existe sous bien des formes pour la *production*, *la consommation* en commun, sans parler des *associations de crédit et de capitaux*, des *compagnies de chemins de fer* et d'autres en vue des travaux publics.

Respect de la propriété.

On nous opprime en nous ôtant des biens qui sont à nous et nous font vivre. Aussi dit-on que la *propriété* est **inviolable**. Une loi qui prétendrait détruire la *propriéte* individuelle, ôter à chacun ce qui lui appartient, qu'il soit riche ou pauvre, serait une loi injuste, fût-elle votée par la majorité. Or l'Etat a pour mission de faire respecter la justice, il doit donc la respecter lui-même.

Mais vous direz peut-être, mes enfants : nous avons vu la maison de tel voisin, le champ de tel paysan, dont on lui ôtait la propriété parce qu'un chemin de fer ou une rue devait passer par là, et le propriétaire a dû y renoncer. L'autorité publique a donc usé en ce cas d'un droit qui ne lui appartenait pas? Non, mes enfants, c'est un cas prévu et exceptionnel. On l'appelle l'*expropriation pour cause d'utilité publique*. Il faut bien assurer la liberté de la route, ne pas trouver pour obstacle à une grande entreprise d'utilité générale une propriété qui empêcherait tout. Mais on *paye* son possesseur, on l'*indemnise*. Pour qu'un individu soit **exproprié**, c'est-à-dire pour que la *loi* lui ôte ce qui lui appartient, il faut un examen fait consciencieusement, une décision spéciale d'*autorités* constituées à cet effet, qui déclarent qu'il y a *utilité publique* à ce qu'un particulier soit *exproprié*. Outre qu'on a exigé des motifs graves, une **indemnité préalable** restitue au propriétaire en argent la valeur de son bien, qu'on ne lui ôte ainsi que pour lui en donner le *prix équivalent*.

EXERCICE.

Droits et devoirs réciproques. — Nos devoirs envers l'Etat nous donnent droit à sa protection. — En quoi consiste la liberté individuelle? — En montrer diverses applications. — Qu'est-ce que la liberté du travail? — La liberté de l'association? — Le droit à être respecté dans sa propriété? — L'expropriation pour cause d'utilité publique porte-t-elle atteinte à ces principes?

CHAPITRE VII.

LA SOUVERAINETÉ NATIONALE.

Que veulent dire ces mots : *la nation est souveraine?* Ils signifient, mes enfants, que la nation a le droit et le pouvoir de disposer d'elle-même.

Elle n'est la *propriété* d'aucun homme, d'aucune famille. Elle n'est pas un troupeau qu'on se partage, et transmet sans son consentement ; une maison qu'on se passe de main en main. Elle *se gouverne*, en un mot, choisit la forme de son gouvernement, nomme ses élus, etc.

La représentation nationale.

Cela vous fait entendre, mes amis, qu'elle ne se gouverne pas *directement*. Une nation comme la France est trop nombreuse et trop occupée, pour être toujours rassemblée sur la place publique à discuter, à voter des lois. Elle délègue donc des **représentants**, qu'elle nomme pour un temps et qu'elle remplace par d'autres, quand le terme de leur mandat est arrivé.

Ainsi la nation a toujours le dernier mot, et **tout pouvoir émane d'elle**, depuis le *conseil municipal* jusqu'aux *assemblées politiques*.

Mais on dira peut-être : La nation n'est pas unanime dans le choix de ses représentants; cette *délégation*, à laquelle elle transmet ses pouvoirs, cette **Chambre des députés**, par exemple, n'est nommée qu'après bien des luttes, entre des candidats en rivalité; il y a donc des vaincus qui sont *représentés* par ceux qui l'ont emporté dans les *élections*. La *majorité* ne supprime-t-elle pas **la minorité** et ne pourra-t-elle pas lui retirer tous ses *droits ?*

Droits de la minorité.

Non, mes enfants ; la *majorité* n'a pas droit de tout faire : la *minorité* est garantie dans l'exercice de ses *droits civils*, et elle garde ses *droits politiques* inscrits dans la **Constitution** du pays. Elle vote, discute les actes de la majorité par la parole et par les journaux, et elle a la chance de devenir à son tour, aux prochaines élections, la **majorité**.

Limites de la souveraineté nationale.

La **souveraineté nationale** ne peut supprimer les *libertés individuelles*, abolir la *propriété*. Elle a, en un mot, pour limite le **droit**. On a dit quelquefois que le peuple avait le *droit de tout faire*, puisqu'il est souverain C'est une erreur complète. Un très mauvais empereur romain, Néron, pouvait tout faire, il était souverain absolu : est-ce que cela lui donnait le *droit* de tuer sa mère et de commettre d'autres abominations ?

La foule n'a pas le *droit* de se livrer à des actes immoraux, oppressifs; croyez-vous qu'elle l'ait en mettant dans les lois mêmes des choses immorales et injustes ?

Ainsi il n'est pas permis au nombre d'opprimer ; de bonnes lois, la morale, s'y opposent. La **souveraineté nationale** est le principe de notre **droit public**. C'est une raison de plus pour elle de se conformer en tout aux règles de la raison et de la justice qui doivent régler les actes d'une nation aussi bien que des individus.

EXERCICE.

Qu'entend-on par la souveraineté nationale? — Comment s'exerce-t-elle ? — La majorité peut-elle opprimer la minorité? Quelles sont les garanties de celle-ci?— La souveraineté nationale a-t-elle le droit de tout faire à sa fantaisie?

CHAPITRE VIII

EXPLICATION DE LA DEVISE RÉPUBLICAINE : LIBERTÉ, EGALITÉ, FRATERNITÉ.

De tout temps, mes chers amis, il y a eu des hommes *libres*, des citoyens *égaux*, et quelques philosophes s'étaient élevés à l'idée que tous les hommes sont *frères*, que proclame aussi le christianisme.

Liberté.

Chez les peuples antiques, la *liberté* était le privilège d'un certain nombre qui jouissaient des droits *politiques*. Ils prenaient part aux votes. Mais il y avait peu de libertés *civiles*. Ces citoyens n'étaient pas toujours libres dans l'exercice de leur religion, de leur culte, dans l'expression de leurs opinions, libres de travailler et de vendre, d'élever leurs enfants, comme ils l'entendaient. L'autorité publique usurpait sur beaucoup de ces droits.

La *liberté* suppose aujourd'hui tous ces droits sous certaines réserves, précautions et garanties, fixées par la loi.

Egalité.

L'égalité civile n'existait pas avant 1789. Les uns avaient des *privilèges*, les autres avaient des *charges*, dont les premiers étaient exemptés ; il en était ainsi pour l'*impôt*. Les uns possédaient certains avantages dans le *travail*, dont les autres étaient exclus. Ainsi tout ouvrier ne pouvait pas devenir **maître**. Enfin l'inégalité existait sous les plus diverses formes. Les juges n'étaient pas toujours les mêmes, pour les mêmes délits, dans les différentes classes. Dans l'armée et partout, la noblesse donnait droit à certains grades et à certains avantages. Tous ne pouvaient prétendre à tous les emplois par leur mérite. **L'égale admissibilité de tous les Français aux fonctions publiques** est une application de la même égalité civile.

Enfin on a établi **l'égalité politique** par le *suffrage universel*.

Cette *égalité* civile et politique ne suppose pas l'égalité des fortunes. Elles sont devenues, sans doute, bien moins inégales. La *propriété* est entre plus de mains, sans comparaison, sous forme de terre et de placements en argent. Il y a moins de pauvres, plus de gens aisés, moins de fortunes énormes, mais les inégalités subsistent; il y a des degrés différents dans la richesse et dans la pauvreté.

La loi ne pourrait l'empêcher qu'en étant injuste et immorale. Elle tuerait la liberté de celui qui travaille plus, se conduit bien, épargne davantage, si elle s'opposait à ce qu'il accrût son aisance plus que le paresseux et l'imprévoyant.

Si personne n'avait avantage à travailler avec énergie et constance, à exploiter habilement son industrie, tout le monde tomberait dans la misère, triste égalité, mes enfants.

Le *communisme*, qui met en commun les propriétés et prétend égaliser toutes les conditions, n'a jamais, dans les rares applications qu'on en a faites, produit que des fainéants et des misérables. Il anéantirait tout progrès de l'aisance et de la richesse, des arts et des inventions, de la civilisation en un mot.

Ne vous trompez donc pas sur le sens du mot *égalité* : la devise républicaine consacre l'**égalité civile et politique**; quant à l'*égalité des richesses*, elle est une chimère et un danger. Il suffit que **nul moyen honnête d'acquérir l'aisance** ne soit interdit à nos libres efforts. La société ne refuse pas son *assistance* aux malheureux. Elle a soin que **tous** soient *instruits*. Elle favorise l'association. A chacun de faire le reste. Les hommes ne sont pas des mineurs qu'on doit toujours tenir en tutelle.

Fraternité.

La *fraternité* nous porte à nous donner de *mutuels secours*, comme cela se fait ou doit se faire dans une famille **entre des frères**.

Elle étend l'idée de famille à la patrie, regardée comme

une commune mère, et même à l'humanité. Elle doit unir tous les Français par un sentiment de sympathie mutuelle et les éloigner de ces luttes qu'on appelle avec raison *fratricides,* comme le sont les guerres civiles.

Voyez la fraternité qui unit souvent les pauvres entre eux. Combien de fois ils *partagent en frères* le peu qu'ils ont ! La pauvreté vient en aide à la misère. On reproche plus d'un défaut à la population des grandes villes : on ne peut lui refuser cette vertu-là !

Le sentiment de la fraternité doit unir aussi les riches et les pauvres. Combien de riches prouvent qu'ils en sont animés par la manière dont ils assistent les malheureux et par les institutions qu'ils fondent pour leur soulagement!

S'il y a des riches au cœur sec, songez qu'il y a aussi des pauvres au cœur envieux, rempli d'une injuste haine contre ceux qui sont ou qui ont plus qu'eux-mêmes, comme si ces riches ne devaient pas pour la plupart leur fortune à leurs travaux, à d'utiles entreprises, à une transmission légitime des biens qu'ils ont reçus de leurs pères !

Il résulte beaucoup de mal pour les uns et pour les autres de ces luttes; il résulte au contraire beaucoup de bien pour les pauvres eux-mêmes, de cet accord de cœur, de cette fraternité mutuelle que la religion prêche et que la raison recommande ainsi que le patriotisme.

Il y a longtemps qu'on a dit : « *l'union fait la force* » : et que cette grande parole a retenti : « Toute nation divisée contre elle-même périra ». Aimez-vous, soyez frères, la paix et le bonheur de votre pays en dépendent !

EXERCICE.

Ce qui constitue le caractère de la devise: Liberté, Egalité, Fraternité. Elle s'applique à tous, tandis qu'elle ne s'appliquait dans l'antiquité qu'à un nombre restreint de citoyens ; l'idée de fraternité était à peine connue. — Sens du mot Liberté. —Vrai sens du mot Egalité. En quoi elle consiste. — L'inégalité des biens et des conditions y est-elle comprise? — Comment la loi qui établirait cette égalité absolue serait injuste, et ce que serait une société où règnerait une égalité communiste. — Ce qu'est le sentiment de la fraternité. — Comment il est nécessaire.

DEUXIÈME PARTIE.

L'ORGANISATION POLITIQUE, ADMINISTRATIVE ET JUDICIAIRE DE LA FRANCE.

CHAPITRE I.

LA COMMUNE, LE MAIRE, LE CONSEIL MUNICIPAL.

Qu'est-ce qu'une **commune** ? La réunion d'un certain nombre de familles, comprenant, sur une certaine étendue de terrain, et dans des limites fixées par la loi, des citoyens qui, en retour des mêmes charges, jouissent des mêmes droits.

La commune est la plus petite unité de l'organisation administrative, de même que l'individu est l'élément le plus simple de la société.

La **commune** acquiert, possède, reçoit des dons et legs; elle a des édifices qui lui sont propres et qu'elle doit entretenir: la mairie, l'école, l'église, le presbytère. Elle pourvoit pour sa part au traitement de l'instituteur, elle veille au bon état des chemins vicinaux.

Une portion de l'*impôt* est perçue à son profit et s'ajoute à ses revenus, ainsi que quelques contributions qu'elle prélève sur ses habitants.

La **commune** peut ester en justice, attaquer ou défendre à un procès; elle est, suivant les termes dont se sert la loi, *personne civile et personne morale*.

Les affaires de la *commune* sont administrées par un *conseil municipal*.

Les *conseillers municipaux*, dont le nombre varie selon l'importance de la *commune*, sont élus au suffrage universel, pour une durée de trois ans.

Le **conseil municipal** est présidé par le **Maire**, assisté, selon le nombre des *conseillers*, d'un ou plusieurs *adjoints*. Le *maire* fait exécuter les décisions du conseil ; il est le chef de la commune, et la représente devant les tribunaux, pour les achats, les ventes et les locations, quand elle entreprend des travaux, et généralement dans tous les actes où elle est en cause et auxquels elle participe.

Il fait fonctions d'*officier de l'état civil*, et, en cette qualité, il célèbre les mariages, reçoit les déclarations de naissance ou de mort et en fait tenir à la mairie les registres officiels.

La *police des rues* lui appartient. Il est responsable de la sécurité, de la tranquillité, de la salubrité sur la voie publique. Il nomme les agents de la *police* municipale, et leur commande ; il désigne aussi à la nomination du préfet l'agent de police des champs, le *garde champêtre*.

Le *maire* et les *adjoints* sont choisis par les *conseillers municipaux*.

Le *maire* représente à la fois les intérêts de la commune devant le *gouvernement* et le *gouvernement* dans la commune ; il fait publier les lois et assure leur exécution ; il est l'intermédiaire entre les extrémités du pays et le centre, le trait d'union entre la *commune* et la *nation*.

EXERCICE.

Qu'entend-on par une commune ? Quelles sont ses attributions ?—Comment est nommé le conseil municipal ?— En quoi consistent les fonctions de conseiller municipal ? — Celles du maire ?

CHAPITRE II.
LE DÉPARTEMENT, LE PRÉFET, LE CONSEIL GÉNÉRAL.

La France est divisé en *départements*. De même que la réunion de plusieurs familles forme une commune, la réunion de plusieurs communes forme un *canton*; la réunion de plusieurs cantons un *arrondissement*; la réunion de quelques arrondissements forme un *département*.

Chaque arrondissement est le siège d'une *sous-préfecture*. Le sous-préfet y représente *l'Etat*; il est nommé par le *gouvernement*, et, de même que le maire est l'intermédiaire entre la commune et la nation, le *sous-préfet* est l'intermédiaire entre les maires des communes trop éloignées du chef-lieu du département et le **Préfet** qui y réside et y représente l'Etat, en même temps qu'il représente le département auprès de l'Etat.

Autour du *sous-préfet* se réunit un *conseil d'arrondissement*, dont les membres, au nombre d'un ou plusieurs par canton, sont, comme les conseillers municipaux, élus au suffrage universel. Ils donnent des avis et émettent des vœux; mais, l'*arrondissement* n'ayant pas de budget particulier, ils n'ont à se prononcer sur aucune dépense.

Autour du *préfet* siège un *conseil général*, composé d'autant de membres que le département compte de cantons; le *conseil général* est également élu par le suffrage universel et se réunit deux fois par an, en *sessions ordinaires*, à des dates fixées par la loi. Il contrôle l'administration du préfet, classe les routes départementales et les chemins de grande communication, fixe le chiffre des dépenses, vote le budget du département, répartit entre les arrondissements les contributions directes.

Le *département*, comme la *commune*, est une *personne civile*, et le *préfet* est dans le département comme le maire dans la commune. L'*arrondissement* n'est pas une personne civile, ce n'est qu'une division administrative.

EXERCICE.

Qu'est-ce qu'un canton, un arrondissement ? — Quelles sont les attributions du sous-préfet ? — Du préfet ? — Quel est le rôle du conseil d'arrondissement ? du conseil général ?

CHAPITRE III.

L'ETAT, LE POUVOIR LÉGISLATIF, LE POUVOIR EXÉCUTIF, LA JUSTICE.

Au-dessus de la *commune*, du *canton*, de *l'arrondissement*, *du département*, il y a l'État.

L'État est l'ensemble des pouvoirs publics, tels qu'ils sont réglés par la *Constitution*. Il comprend trois pouvoirs distincts.

Le *pouvoir législatif fait les lois*, il est représenté par les *Chambres*.

Le *pouvoir exécutif fait exécuter* les lois ; il est exercé par le *Président de la République* et les *ministres*.

Le *pouvoir judiciaire juge*, en matière civile, les *différends entre les particuliers, poursuit la répression des crimes et des délits* ; il est attribué à la *magistrature*.

Ces trois pouvoirs sont rigoureusement séparés, et il importe qu'ils le soient. Le *pouvoir législatif* est distinct de *l'exécutif*, et tous deux sont distincts du *judiciaire*.

Si le *pouvoir exécutif* faisait les lois, il pourrait substituer une *autorité absolue* à la *volonté nationale* et détruire les *libertés publiques*.

Si le *pouvoir législatif* faisait exécuter les lois, il étendrait, à son tour, son action au delà de ses limites naturelles, et ce serait une autre façon de revenir à l'arbitraire.

Si le *pouvoir judiciaire* déterminait lui-même les actes qui constituent les crimes et les délits qu'il est chargé de punir, et leur appliquait sans contrôle les peines dont ils doivent être punis, on pourrait craindre qu'il n'en vînt à se laisser entraîner par la passion.

Attribué au *pouvoir exécutif*, le *droit de juger* pourrait devenir un *instrument de tyrannie;* attribué au *pouvoir législatif*, *un instrument de désordre*.

EXERCICE.

Qu'est-ce que l'État ? — Quels sont les différents pouvoirs publics ? — Quelles sont les attributions du pouvoir législatif ? — exécutif ? — judiciaire ? — Pour quelles raisons ? ces **pouvoirs** sont-ils distingués et séparés ?

CHAPITRE IV.

LA CONSTITUTION. — LE PRÉSIDENT DE LA RÉPUBLIQUE. — LE SÉNAT. — LA CHAMBRE DES DÉPUTÉS.

La **Constitution** est la loi fondamentale du pays, elle règle les pouvoirs publics, et fixe leurs attributions et leurs rapports entre eux.

Elle est votée et peut être revisée par le **Sénat** et la **Chambre des Députés** réunis en *Congrès* ou *Assemblée nationale*.

Au *Sénat* et à la *Chambre des Députés* appartient le *pouvoir législatif*.

Le *Sénat* se compose de 300 membres.

La **Constitution** qui régit actuellement la France est celle de 1875, modifiée sur certains points en 1884.

Aux termes de cette *Constitution*, 225 sénateurs étaient élus par un corps électoral spécial comprenant tous les députés du département, tous les conseillers généraux, tous les conseillers d'arrondissements, autant de délégués nommés par les conseils municipaux qu'il y a de communes dans le département. Les 225 sénateurs ainsi élus l'étaient pour neuf ans, mais renouvelables par tiers tous les trois ans. Le Sénat comprenait en outre 75 membres élus, en 1875, *à vie*, par l'Assemblée nationale, et qu'on appelait *inamovibles*. A la mort de chaque sénateur inamovible, il était procédé à son remplacement par un vote du Sénat tout entier.

La revision de 1884 a établi le recrutement électoral du Sénat sur des bases à quelques égards différentes ; il n'y aura plus notamment de sénateurs inamovibles.

La Chambre des Députés est élue par le suffrage universel pour quatre ans. Le nombre des députés varie selon le chiffre de la population. Tout citoyen est *éligible*, à condition d'être électeur, pour la Chambre des Députés à 25 ans, pour le Sénat à 40 ans.

Le Sénat et la Chambre font les *lois*. Une *loi*, pour être exécutée, doit avoir été *promulguée;* elle ne peut être promulguée qu'après avoir été **votée par les deux Chambres**.

Tout *sénateur*, tout *député* a le droit *d'initiative parlementaire*, c'est-à-dire le droit de présenter des *projets de loi*.

Chaque année, les *Chambres* votent, pour l'année suivante, le **Budget** ou la *loi de finances*. La loi de finances détermine les recettes dont **l'État** a besoin et par conséquent les *impôts* qu'il doit percevoir ; elle prévoit les *dépenses* des **services publics** et permet d'y pourvoir.

Aucune *taxe* ne peut être établie, aucune *contribution* exigée, aucun *traitement* de fonctionnaire payé, aucune *dépense* faite sans que les *Chambres* aient émis un vote et donné leur autorisation.

Les *députés* représentant plus directement les électeurs qui paient l'*impôt*, la loi de finances doit leur être en premier lieu présentée.

CONSTITUTION.— PRÉSIDENT DE LA RÉPUBLIQUE. 219

Mais le *Sénat* a en retour quelques attributions spéciales ; il peut rétablir, par exemple, certaines dépenses supprimées et les renvoyer à un nouvel examen de la Chambre des Députés.

Le *Président de la République* ne peut, pour dissoudre la Chambre des Députés avant l'expiration de son mandat, c'est-à-dire pour la renvoyer devant les électeurs, se passer de l'avis conforme du Sénat.

En cas de *forfaiture*, le Sénat peut être constitué en haute cour de justice pour juger le *Président de la République* ou les *ministres* décrétés d'accusation par la Chambre des Députés.

L'*Assemblée nationale* ou *Congrès*, qui vote la Constitution ou la modifie, nomme aussi le **Président de la République**, qui est le premier magistrat de l'Etat et le chef du pouvoir exécutif, élu pour sept ans et rééligible. Le *Président de la République* promulgue les lois, après qu'elles ont été votées par les Chambres ; il surveille et assure leur exécution.

Il présente aux Chambres des projets de loi.

Il les convoque en sessions extraordinaires.

Sous réserve du consentement des Chambres, il **déclare la guerre**, négocie avec les puissances étrangères et ratifie les traités. Il a le droit de **faire grâce** aux condamnés, dispose de la force armée, et nomme à *tous les emplois militaires ou civils*.

Il n'est *responsable* qu'en cas de haute trahison, c'est-à-dire s'il substituait sa propre volonté à la volonté du pays exprimée par ses représentants, et s'il se servait, pour la faire prévaloir, des pouvoirs que lui donne la Constitution.

Les *ministres*, par l'intermédiaire desquels le *Président de la République* exerce le pouvoir exécutif, choisis d'ordinaire par lui dans les Chambres, sont solidairement *responsables* devant elles de la politique générale du gouvernement. Ils sont, en outre, *individuellement responsables* de leur *administration personnelle*.

Les ministres, réunis en *Conseil de cabinet,* dirigent la politique intérieure et extérieure. Ils préparent les *décrets,* prennent des *arrêtés,* donnent des *instructions* sous la forme de circulaires.

Ils ne peuvent être traduits par un citoyen lésé dans ses droits que devant un tribunal spécial, le *Conseil d'État.*

EXERCICE.

Qu'entend-on par Constitution ? — Qu'est-ce que le Sénat ?— Qu'est-ce que la Chambre des députés ?—Comment sont-ils élus ?— Quelles sont leurs attributions ? —Qu'est-ce que le budget ? — Quelles sont les attributions du Président de la République ? — Quelles sont celles des ministres ?

CHAPITRE V.

L'ADMINISTRATION CENTRALE.

Les différents *ministères,* dont chacun répond à un des principaux intérêts du pays, composent l'*administration centrale* qui agit au nom de l'État, et forment l'ensemble des grands services publics.

Le *ministre de l'intérieur* a sous ses ordres les *préfets* qui administrent les départements ; le *ministre de l'instruction publique* s'occupe de tout ce qui touche à l'enseignement ; *le garde des sceaux* ou ministre de la justice est le chef du personnel judiciaire.

Les *cultes* ont été rattachés tour à tour aux trois ministères de l'Intérieur, de l'Instruction publique, et de la Justice ; ces arrangements se font selon des convenances variables. L'État reconnaît en France les trois *cultes catholique, protestant* et *israélite.* Les beaux-arts sont rattachés à l'Instruction publique.

Il y a encore les ministères des *affaires étrangères,* de

la *guerre*, de la *marine*, des *finances*, des *travaux publics, du commerce,* de *l'agriculture,* et *des postes et télégraphes.* Les colonies sont du ressort soit du ministère du commerce, soit de celui de la marine.

EXERCICE

Qu'est-ce que l'administration centrale ? — Quelles sont les attributions des différents ministres ? — Quels sont les cultes reconnus en France ?

CHAPITRE VI.

L'ADMINISTRATION DÉPARTEMENTALE ET COMMUNALE.

L'exposé que nous avons fait des rôles du *maire* dans la *commune*, du *sous-préfet* dans *l'arrondissement*, du *préfet* dans le département, nous a amené à indiquer celui du *conseil général* auprès du préfet, celui du *conseil d'arrondissement* auprès du sous-préfet.

Chaque préfet a encore auprès de lui un *conseil de préfecture*, dont les membres sont nommés par le chef de l'Etat. Dans certaines affaires, le *préfet* doit prendre l'avis du *conseil de préfecture*; dans d'autres, il peut le prendre, s'il le juge nécessaire. Il est assisté d'un *secrétaire général* qui fait devant ce conseil fonction de ministère public, et auquel il peut momentanément déléguer, pour cause d'absence ou tout autre cause, tout ou partie de ses attributions.

Le *conseil de préfecture* est au préfet ce que le *conseil d'État* est aux ministres.

EXERCICE.

Rappeler les principales fonctions qui composent l'administration départementale et communale. — Indiquer ce qu'est le conseil de préfecture.

CHAPITRE VII.

LES DIVERSES AUTORITÉS.

Dans les *chefs-lieux* de département et d'arrondissement, autour du préfet ou du sous-préfet, *autorités administratives*, se groupent des autorités *civiles et militaires*.

Parmi les autorités civiles se placent les *autorités judiciaires*. Pour les *Cours d'appel* (on indique plus loin leurs attributions), il y a d'abord *le Premier Président et le Procureur général*, puis les *Présidents de chambre* et les *Conseillers*, les *Avocats généraux et les Substituts*; pour les sièges des Tribunaux de première instance, le *Président du Tribunal*, le *Procureur de la République*, et les *Juges*.

En ce qui concerne *l'Instruction publique*, au chef-lieu de chacune des *Académies*, réside un *Recteur*; au chef-lieu de chaque département, un *Inspecteur d'académie*.

Toute circonscription religieuse formant un *Archevêché* renferme un certain nombre de *diocèses* qui relèvent chacun d'un *Evêque*.

Toute *subdivision militaire* placée sous les ordres d'un général de brigade, soumis lui-même à un général de division qui commande une circonscription territoriale, se rattache à un des dix-neuf grands *commandements* entre lesquels, y compris l'Algérie, est partagé le territoire entier de la France, et qui s'appellent des *corps d'armée*.

Tout port militaire, Cherbourg, Brest, Lorient, Rochefort et Toulon, est le chef-lieu d'une *préfecture maritime*, occupée par un *vice-amiral* ou *un contre-amiral*, qui représente le ministre de la marine, et donne des ordres en son nom.

EXERCICE.

Nommer les principales autorités, dans l'ordre judiciaire, — de l'instruction publique, — ecclésiastiques, — militaires, — maritimes.

CHAPITRE VIII.

LA JUSTICE CIVILE ET PÉNALE.

La *justice civile* juge les différends entre particuliers. Les tribunaux de canton ou *justices de paix* en sont le premier degré, et leur compétence a reçu dans les dernières années une extension nouvelle.

Le *juge de paix* cherche à mettre les plaideurs d'accord et à amener entre eux une *conciliation*. S'il ne le peut pas faire, il rend un jugement dont, en certains cas, appel peut être porté devant le *tribunal de première instance* qui siège au chef-lieu de l'arrondissement, et dont les décisions peuvent être à leur tour déférées à l'examen de la *Cour d'appel*.

Au-dessus de la *Cour d'appel* même, il y a le tribunal suprême, la *Cour de cassation*, qui est juge en cas d'excès de pouvoirs, d'incompétence ou de fausse interprétation de la loi.

La *Justice criminelle* juge les *délits* et les *crimes* suivant des modes différents. S'agit-il de simples *contraventions*? Le juge de paix prononce. S'agit-il de délits? Les tribunaux de première instance sont appelés à les juger : c'est la *Juridiction correctionnelle*.

Remarquez, mes enfants, de combien de garanties la loi entoure la justice ; de peur qu'il n'y ait erreur dans son jugement, elle laisse à celui qu'un *tribunal* a condamné la faculté d'en appeler à un autre tribunal, et de ce tribunal à une juridiction supérieure qui est une *Cour d'appel*.

Quant aux *crimes,* comme vols, faux, incendies, assassinats et autres attentats aux personnes, c'est la *Cour d'assises* qui les juge, d'après le verdict de citoyens tirés au sort qu'on nomme les *jurés.*

Ainsi le *jury* se compose d'hommes qui, sans être revêtus de la fonction de magistrats, sont appelés, pour un temps très limité, à déclarer par *oui* ou par *non* si l'accusé est coupable, et, dans le cas où la culpabilité est prouvée, s'il y a lieu d'accorder des circonstances atténuantes.

Tout accusé doit avoir un défenseur.

En cas de vice de forme dans le procès, le condamné peut en appeler à la *Cour de cassation.*

EXERCICE.

Quelles sont les attributions du juge de paix? — Du tribunal de première instance? — De la Cour d'appel?— de la Cour de cassation? — Par quels tribunaux sont jugés les délits? — Par qui sont jugés les crimes? — Qu'est-ce que le *jury* ?

CHAPITRE IX.

L'ENSEIGNEMENT. — SES DIVERS DEGRÉS.

L'Etat n'a pas regardé l'instruction comme une chose qui dût lui rester étrangère.

Certes, c'est pour les parents un devoir de procurer à leurs enfants un enseignement qui, joint à l'éducation, les prépare aux diverses carrières auxquelles ils peuvent aspirer ; mais il importe à la société tout entière d'avoir des citoyens instruits, capables, pouvant suffire en lui rendant des services. L'Etat intervient, par des établissements de divers genres, aux trois degrés de l'enseignement : l'enseignement *primaire,* l'enseignement *secondaire,* l'enseignement *supérieur.*

Pour l'*instruction primaire*, celle que vous recevez, il crée des *écoles*. Il est intervenu récemment en établissant la *gratuité* et l'*obligation*.

Avant 1881, il y avait dans l'école la gratuité facultative, c'est-à-dire accordée à ceux qui ne pouvaient pas payer. Une loi nouvelle (loi du 16 juin 1881) a supprimé cette distinction des payants et des non-payants, et créé la gratuité pour tous : en d'autres termes, personne ne paie l'école, sinon l'impôt demandé à tous les contribuables.

Avant 1882, l'obligation pour les parents d'envoyer les enfants à l'école était toute morale ; elle est devenue *légale*, c'est-à-dire qu'aujourd'hui la loi les y contraint sous des peines spéciales (loi du 28 mars 1882).

Pour opérer ce changement, le législateur s'est fondé sur ce qu'un nombre assez grand de parents ne remplissaient pas ce devoir, sur la nécessité pour tout Français de posséder les éléments de l'instruction primaire, surtout avec le régime politique qui confère à tous le droit de voter, enfin sur l'exemple de plusieurs peuples, comme l'Allemagne du Nord, la Suisse, etc...

La loi n'impose pas l'école, mais l'instruction, qui peut être donnée soit *chez les parents*, soit dans *les écoles libres*, soit dans les *écoles publiques*. Les enfants élevés chez eux doivent subir un examen chaque année, de huit à treize ans. Les autres doivent aller à l'école de six à treize ans ; ils peuvent n'y plus aller à onze ans, si à cette époque ils ont obtenu le *certificat d'études primaires* qui comprend : une dictée de vingt-cinq lignes au plus, deux questions d'arithmétique, calcul et système métrique, solution raisonnée ; une rédaction d'un genre simple.

L'examen *oral* porte sur la lecture, la grammaire, l'analyse, l'histoire et la géographie de la France.

Il y a deux sortes d'écoles primaires : les *écoles primaires élémentaires*, et les écoles *primaires supérieures*. Chaque commune doit avoir des écoles élémentaires.

Chaque département doit avoir une *école normale primaire* de garçons et une de filles, où l'on prépare des instituteurs et des institutrices.

L'instruction secondaire est plus complète et mène à d'autres carrières. Plus coûteuse et prolongée jusqu'à dix-huit ou dix-neuf ans, destinée à ouvrir la voie à des professions qui ne peuvent occuper la majorité des Français, elle ne saurait convenir à tous ; mais vous ne devez pas croire, mes enfants, que des élèves nés dans les rangs les plus modestes ne puissent y être admis, s'ils révèlent des aptitudes particulières. A ceux qui manifestent des facultés exceptionnelles, constatées par des examens, l'État se réserve d'accorder un certain nombre de *bourses*, c'est-à-dire la gratuité, qui leur permet de parcourir le cercle entier des études et d'aspirer aux emplois auxquels elles conduisent.

L'enseignement secondaire se divise en *lycées*, en *collèges communaux* qui dépendent de l'État, et en *établissements libres*. Il est terminé par des examens obligatoires : le *baccalauréat unique de l'enseignement secondaire classique*, récemment institué par décret du 8 août 1890, ou encore *le baccalauréat de l'enseignement spécial*.

L'enseignement secondaire reproduit avec plus de développement une grande partie des matières de l'enseignement primaire, auxquelles il ajoute l'étude des langues mortes, le grec et le latin, et les langues étrangères vivantes ; plusieurs parties des mathématiques, et certaines sciences, comme la physique et la chimie. Il conduit à de grandes écoles du gouvernement : écoles militaires ou civiles. Telles sont l'école polytechnique, l'école Saint-Cyr, l'école navale, l'école forestière, l'école centrale, les écoles de droit et de médecine, *l'école normale supérieure* qui forme des professeurs pour les lettres et pour les sciences.

L'enseignement supérieur est confié à des savants qui ont marqué par l'importance de leurs travaux ; il s'adresse à la fois au public qui peut assister à certains cours, et le plus souvent aux jeunes gens qui y puisent une instruction spéciale en vue de certains examens.

En effet, l'*enseignement supérieur* est donné dans des établissements nommés *Facultés*, qui font subir ces examens et confèrent les grades de *bachelier, licencié, docteur, agrégé*. Vous retrouverez encore ici la sollicitude de la société pour faciliter les études, par la création récente des *bourses de licence et d'agrégation*.

Il y a cinq sortes de facultés : — de Théologie catholique et protestante, — de Droit, — de Médecine, — des Sciences, — des Lettres. — Outre les Facultés, il existe à Paris d'autres établissements d'enseignement supérieur : le *Collège de France* et le *Muséum d'histoire naturelle*.

EXERCICE.

Pourquoi l'Etat intervient dans l'instruction à ses divers degrés ? — Quels sont ces degrés ? — L'instruction primaire rendue *gratuite et obligatoire* ; ce qu'on entend par là. — Est-ce l'école qui est obligatoire ou l'instruction ? — Sous quelle forme celle-ci l'est-elle pour les enfants élevés dans leur famille ? — Qu'est-ce que le *certificat d'études primaires* ? — Qu'est-ce que l'école normale primaire ? — Qu'est-ce que l'enseignement secondaire ? — A quels examens conduit-il ? — A quelles écoles du gouvernement ? — Qu'est-ce que l'enseignement supérieur ? — Que font les *Facultés* ?

CHAPITRE V.

LA FORCE PUBLIQUE, L'ARMÉE.

La *sécurité* et l'*indépendance* du pays étant le principal objet de l'Etat, il faut une **force publique** qui maintienne l'ordre et fasse respecter les lois au dedans et qui défende le pays contre les agressions et même puisse porter la guerre au dehors.

Le premier de ces soins est confié à la *gendarmerie*, aux *gardes champêtres*, aux *douaniers*, aux *officiers de paix*, aux *agents de police*.

L'autre tâche est confiée à l'**armée** proprement dite.

On vous a parlé plus haut, mes enfants, du service militaire. Il reste à vous en faire connaître les conditions légales.

Depuis la nouvelle loi du 15 juillet 1889, le service militaire est **obligatoire** pour tous, et il a une durée de **vingt-cinq années**.

Tout Français reconnu propre au service militaire fait partie successivement :

De l'**armée active** pendant **trois ans**.

De la **réserve de l'armée active** pendant **sept ans**.

De l'**armée territoriale** pendant **six ans**.

De la **réserve de l'armée territoriale** pendant **neuf ans**.

L'armée de terre comprend quatre armes différentes : l'*infanterie*, la *cavalerie*, l'*artillerie* et le *génie*.

Les *grades* s'échelonnent depuis les plus modestes jusqu'aux plus élevés (caporal ou brigadier, sergent ou maréchal des logis, sergent-major ou maréchal des logis chef, adjudant-sous-officier ; puis vient la hiérarchie des *officiers* : sous-lieutenant, lieutenant, capitaine, chef de bataillon ou d'escadron, lieutenant-colonel, colonel ; celui-ci commande un *régiment* ; le *général de brigade* en commande deux, le *général de division* commande deux brigades. Le plus haut titre de l'armée est celui de *maréchal de France* ; on ne crée plus aujourd'hui de *maréchaux*.

Dans la *marine militaire*, les grades s'échelonnent ainsi : aspirant, enseigne, lieutenant de vaisseau, capitaine de frégate, capitaine de vaisseau, contre-amiral, vice-amiral, amiral. On ne crée plus aujourd'hui d'*amiraux*.

L'armée voit s'élever à des grades les plus importants les hommes de toutes les conditions : combien de généraux sont nés dans la classe des plus humbles artisans !

D'ailleurs, si modeste que soit le grade, la pensée que le soldat est toujours prêt à verser son sang pour la France lui donne un légitime prestige.

C'est l'école du sacrifice et du dévouement. Tout bon Français honore et aime l'armée.

EXERCICE.

Quel est le but de la force publique ? — Quelle partie de la force publique contribue au maintien de l'ordre ? — Comment est divisée l'armée ? — Dans quel ordre successif le jeune Français prend-il part au service militaire? —Qu'est-ce que *l'armée active* ? — Quels services est appelée à rendre la réserve de l'armée active ? — Qu'est-ce que *l'armée territoriale* ? — Quel est son rôle ? — Différentes armes de l'armée de terre. — Ses divers grades. — Marine militaire : ses divers grades.

TROISIÈME PARTIE

NOTIONS TRÈS ÉLÉMENTAIRES DU DROIT USUEL.

CHAPITRE I.

ÉTAT CIVIL.

Dans une société nombreuse et organisée, nul ne peut *naître, se marier, mourir*, sans qu'il en soit pris acte par *l'autorité publique*. Ne faut-il pas qu'on sache l'âge de chaque citoyen pour le service militaire, pour les examens à passer, pour le mariage, pour la fixation des retraites des fonctionnaires, pour diverses circonstances où cette connaissance est rigoureusement nécessaire ou utile ?

Le *mariage*, qui entraîne des obligations légales, n'a-t-il pas besoin d'être constaté authentiquement sous des formes prescrites ? N'y a-t-il pas des cas de diverses natures, notamment les successions, qui souvent exigent la constatation régulière des décès ?

Ces actes forment ce qu'on appelle *l'état civil*, chaque Français doit avoir le sien. Ils sont établis dans chaque mairie. Ils sont tenus en double. Une copie peut toujours en être mise à la disposition des citoyens qui ont besoin de les réclamer. Ils sont dressés avec toutes les garanties possibles par l'*officier de l'état civil*, maire ou adjoint, en présence des *parties*, c'est-à-dire de ceux que l'acte concerne et des *déclarants* qui viennent certifier les faits.

La *déclaration de naissance* doit être faite dans les trois premiers jours sur la déposition du père ou d'un témoin, par exemple du médecin ou de la sage-femme qui a assisté à la naissance de l'enfant, et *l'acte de naissance* doit être signé par deux *témoins*, par le déclarant et par l'officier de l'état civil.

Le *mariage* est constaté légalement par un acte qui ne peut être dressé que si le mariage a eu lieu dans les conditions suivantes : la célébration publique en présence des deux époux consentants, de l'*officier de l'état civil*, maire ou adjoint, qui recueille ce consentement, des parents et de quatre témoins majeurs.

La bénédiction religieuse consacre le mariage devant Dieu et devant l'Église.

Mais le mariage civil seul entraîne toutes les conséquences légales indiquées par le *Code*, et dont il est donné connaissance aux époux.

L'*acte de décès* est soumis aussi à certaines conditions préalables. Le décès doit être constaté par le médecin ou par l'officier de l'état civil, et l'inhumation ne peut avoir lieu que vingt-quatre heures après cette constatation. Autrement on s'exposerait à d'effroyables conséquences. Des malheureux, faute de ces précautions, ont été enterrés vivants parce qu'ils présentaient les apparences trompeuses de la mort. Comment aussi pourrait-on s'assurer, sans ces délais et sans ces moyens, que, dans certains cas suspects, la mort n'a pas été le résultat d'un crime? Deux témoins, parents ou voisins du défunt, déclarent le décès et y joignent toutes les indications sur les noms, prénoms, profession et domicile de la personne décédée.

EXERCICE.

Qu'entend-on par état civil? — A quoi sert l'état civil? — Conditions que doivent remplir pour être dressés régulièrement : 1° l'acte de naissance; 2° l'acte de mariage; 3° l'acte de décès?

CHAPITRE II.

PROTECTION DES MINEURS.

La loi française appelle *mineurs* les enfants âgés de moins de 21 ans, âge auquel commence la *majorité*, et, avec celle-ci, l'exercice de la plupart des droits civils et politiques.

Le *mineur* ne peut se marier sans le consentement de ses parents, et ne le peut en tout cas avant une limite d'âge fixée légalement à 18 ans pour les garçons, 15 ans pour les filles.

Mais la loi n'a pas voulu qu'à aucun âge les fils et les filles n'eussent à compter avec la volonté de leurs parents. Les fils à 25 ans, et les filles à 21, sont encore obligés, si leurs parents leur font opposition, de leur adresser trois *actes respectueux*. Le mariage peut avoir lieu malgré leur opposition, si elle persiste après ces *actes respectueux*. Un seul *acte respectueux* suffit après l'âge de 30 ans pour les fils, et de 25 ans pour les filles.

Les *mineurs* sont placés sous la protection des parents chargés du soin de leur éducation et de leur fortune personnelle.

A la mort du père ou de la mère, la loi étend sa protection sur l'enfant par l'obligation d'une *tutelle*, généralement confiée à un membre de la famille, et chargée de représenter le mineur dans tous les actes de la vie civile.

Le *tuteur* peut être désigné par testament. Dans le cas où il n'y en a point, c'est à un des *ascendants* du *mineur* que revient de droit la tutelle, et si les ascendants manquent, le *conseil de famille* nomme le *tuteur* et un *subrogé-tuteur* chargé de défendre le mineur contre le tuteur lui-même, si celui-ci portait atteinte aux intérêts du mineur, qu'il est chargé de protéger.

Le *conseil de famille* est composé du juge de paix du canton de la localité où s'est ouverte la succession, et de six membres pris généralement parmi les parents du mineur, trois du côté paternel et trois du côté maternel.

Le *tuteur* doit veiller sur le *mineur* et sur ses intérêts comme un père. Dans les cas graves, il doit consulter le *conseil de famille*.

Le *mineur* doit obéissance, respect, affection, au *tuteur*, qui remplace le père, et qui remplit une tâche gratuite de dévouement, par conséquent délicate, et qui l'oblige à certaines responsabilités.

C'est une généreuse inspiration que celle qui a présidé à ces lois, et vous devez y voir, mes enfants, la preuve que la loi française ne vous a pas oubliés dans sa sollicitude, lorsque le père vient à manquer par la mort.

EXERCICE.

Quel est l'âge de la majorité ? — Droits qu'elle confère. — Ne sont-ils pas sans quelques réserves quant au mariage ?—En quel cas un *tuteur* doit-il être désigné ?— Comment l'est-il ? — Qu'est-ce qu'un *subrogé tuteur* ? —Quelle est la composition et quelles sont les attributions du *conseil de famille ?* — Faites ressortir le caractère bienveillant de ces lois de protection pour les enfants

---

CHAPITRE III.
LA PROPRIÉTÉ.

La **propriété** est le droit qu'on a de posséder une chose exclusivement à toute autre personne. Il y a des *propriétés* dites *collectives*, celles qui sont possédées par la *commune* ou les *communaux*, par exemple; mais le mot s'applique surtout à la *propriété individuelle*.

C'est d'elle seule qu'il est question ici. S'il y a eu des champs exploités en commun, et s'il y en a encore, l'immense majorité des propriétés est possédée, dans les nations civilisées, par les individus, soit sous la forme *foncière immobilière* (propriété des champs ou des maisons), soit sous la forme *mobilière*. La propriété *mobilière* est celle de tous les objets qui ne sont pas attachés au sol, et qui peuvent être transmis par la vente ou de toute autre façon, de la main à la main.

A l'origine, on explique la *propriété* par le droit de prendre possession des choses non occupées auparavant, sous la condition du travail. Ainsi un sauvage coupe un morceau de bois, en fait un arc, des flèches : c'est la *propriété mobilière*. Un autre cultive un coin de terre, c'est-à-dire le remue, y dépose des semences, lui donne ses soins, et, après avoir pris cette peine, et fait quelques avances, recueille la récolte : c'est la *propriété foncière*. L'une et l'autre sont légitimes.

Il n'y a là, mes enfants, nulle usurpation du sol au préjudice des autres : on l'a rendu plus fertile et tous en profitent.

La *propriété individuelle* pousse en effet à produire plus et mieux, parce que le possesseur profite des fruits ainsi accrus de son travail : je vous ai déjà dit, mes chers amis, que si un bien était à tous, chacun n'aurait pas le même intérêt à l'améliorer ; il faudrait partager le produit total avec les incapables et les paresseux : cette idée n'aurait rien d'encourageant, on serait fort tenté de travailler le moins possible, puisqu'en travaillant beaucoup, on n'augmenterait une si grande masse que d'une bien petite fraction.

On acquiert la *propriété* de plusieurs manières. Votre père a fait des épargnes, il les a placées ; c'est une propriété *mobilière*, qui a pour origine le travail et l'économie. L'origine reste la même lorsqu'il les emploie à l'achat d'un champ ou d'une maison. Quant à vous, mon enfant, vous pourrez sans doute devenir propriétaire aussi par les mêmes moyens ; seulement vous aurez un avantage que votre père n'a peut-être pas eu ; vous recevrez son bien par *héritage*. N'est-il pas légitime et bon que votre père puisse léguer ce qui lui appartient, et n'est-il pas naturel que les enfants remplacent et continuent le père après sa mort ?

Quelques esprits peu judicieux ont parlé d'abolir l'*héritage*, de confisquer le bien laissé par le père et de le transférer à la société, à l'Etat. Ainsi le père de famille ne pourrait plus disposer de ses biens et les laisser à ceux qu'il aime ! Quelle injustice ! Et croyez-vous qu'il eût le même cœur au travail et à l'économie, s'il devait transmettre ce qu'il possède à des étrangers ?

Donc la société serait plus pauvre, il y aurait moins de blé, moins de bétail, moins d'objets utiles de tout genre, chacun ne travaillerait et n'économiserait que juste pour sa suffisance, sans souci de sa famille et de l'avenir.

On acquiert la *propriété,* outre l'héritage et l'achat, par la donation, la transmission entre-vifs. Tous ces moyens sont légitimes, et, sauf les tempéraments et les garanties qu'y apporte la loi, ils sont l'effet de la liberté de celui qui possède et de celui qui reçoit et qui a droit de recevoir ce qui lui est donné ou transmis.

Si l'Etat défend les propriétés par la loi, il n'a pas le droit de s'en emparer, et vous avez pu voir, mes enfants, à quelles conditions s'opère, en certains cas exceptionnels, l'*expropriation pour cause d'utilité publique.*

EXERCICE.

Qu'est-ce que la propriété ? — Ne distingue-t-on pas la propriété individuelle de la propriété collective ? — Quelles sont les deux formes de la propriété individuelle ? — Qu'entend-on par propriété foncière et par propriété mobilière ? — Comment explique-t-on l'origine de la propriété individuelle ? — Citer des exemples de cette origine. — La propriété individuelle n'est-elle pas plus profitable à la masse, et pourquoi ? — Modes d'acquisition de la propriété. — L'héritage est légitime et profite à la société.

CHAPITRE IV.

LES SUCCESSIONS.

L'*héritage* est donc justifié par des raisons morales et économiques qui le rendent juste, utile à ceux qui en profitent directement et à la société tout entière, parce qu'il encourage le travail, la prévoyance, l'esprit industrieux, la formation des épargnes ; mais il appartient à la *loi* d'en régler les conditions. C'est ce qu'elle fait toutes les fois qu'il y a une transmission de biens d'une personne morte à une personne vivante, c'est-à-dire une *succession.*

Cette *succession* peut s'opérer de deux manières : par

testament ou en vertu des conditions fixées par la loi en cas d'absence de testament, ce qui est un fait très fréquent.

La *liberté de tester* est juste. Si le propriétaire d'un bien n'a pas d'enfant, elle est à peu près absolue ; s'il en a, elle cesse d'être absolue, et garde en ce cas plus ou moins d'étendue chez les différents peuples. Presque toutes les nations la limitent en réservant une part de patrimoine pour les enfants, part qui varie également selon les diverses législations. En France, la loi oblige le père à leur réserver au moins la moitié, les deux tiers ou les trois quarts de sa fortune.

Le législateur a voulu mettre ainsi les enfants à l'abri des caprices et de l'affaiblissement des facultés d'un père, qui survient à l'âge de la vieillesse, ou dans le trouble des derniers instants.

La loi reconnaît pourtant que le droit des enfants à hériter n'est pas absolu, puisque le père peut disposer librement d'une partie de ses biens, soit en faveur d'une personne étrangère, soit en faveur d'un ou de plusieurs de ses enfants qu'il juge plus dignes d'intérêt ou plus besogneux.

D'autres législateurs ont laissé une plus grande latitude au père en augmentant la *part disponible* dont il peut librement user.

La part qui revient aux enfants s'appelle *la légitime*.

La plupart des pères de famille meurent sans faire de testament et laissent leurs biens se partager également entre leurs enfants, arrangement qui paraît en général le plus équitable.

La Révolution a aboli le droit d'*aînesse* qui était en usage avant 1789, surtout dans les familles nobles, ainsi que le privilège des mâles qui constituait pour les filles une situation inférieure. Dans la célèbre nuit du 4 août 1789, les représentants de la France abolirent ces privilèges dont la noblesse fit elle-même le sacrifice.

L'ordre de succession est ainsi réglé : à défaut d'enfants vivants, les petits-enfants héritent, et à défaut de ceux-ci le père, la mère, les frères, les sœurs, les neveux, les nièces. S'ils font également défaut, ce sont les grands-parents, puis les cousins aux divers degrés, les oncles et tantes.

EXERCICE.

Qu'est-ce qu'une succession ? — Par quels modes peut-elle s'opérer ? — Qu'est-ce que le testament ? — La liberté de tester est légitime. — Est-elle en tout cas absolue ? — Comment la loi française entend assurer aux enfants la plus grande part de l'héritage. — Quelle part disponible reste au testateur ? — Ce qu'on entend par *légitime* ? — En quoi consiste cette égalité ? — Comment est réglé l'ordre des successions?

CHAPITRE V

LES CONTRATS USUELS.

On entend par *contrat* une convention passée entre deux ou plusieurs personnes qui crée une obligation relativement à un objet déterminé. Ainsi on s'engage d'un côté à livrer, de l'autre à payer. C'est le contrat bilatéral ou synallagmatique engageant des deux côtés.

On s'engage à payer à quelqu'un qui, lui, ne s'engage à rien, dans le cas d'un don, par exemple (contrat unilatéral). Enfin on aurait la chance d'un avantage considérable (loterie, assurance) moyennant une certaine somme qu'on risque de perdre (contrat aléatoire, c'est-à-dire exposé à des chances, à des risques).

Le *contrat de vente* est nécessaire pour l'achat d'une chose immobilière. C'est un engagement d'un côté de prendre et de l'autre de livrer.

Le *contrat de louage* s'applique aux *choses* ou aux *services*.

Le *bail* entre propriétaire et locataire ou fermier est un contrat de louage qui s'applique aux choses et fixe la durée et les conditions d'une location. Le *bail à cheptel*, relatif aux animaux, dont le produit se partage entre propriétaire et locataire, rentre dans cette catégorie.

Le *louage de service* engage les serviteurs ou les ouvriers à travailler selon telles conditions et pour telle durée, et les maîtres à payer un salaire déterminé. On fait rentrer aussi dans cette classe les engagements pris par les services de transport ou les entrepreneurs de travaux.

Le *contrat d'apprentissage* peut être ramené aussi à la même catégorie. Il contient les engagements réciproques des *patrons* et des *enfants apprentis*.

L'enfant ou du moins son père ou son tuteur peut résilier le contrat au bout de deux mois, si le jeune apprenti ne peut s'habituer au métier. L'enfant doit au *patron* obéissance et respect; mais si le *patron* abusait de ses forces, la loi protège encore l'enfant contre ces abus.

Ici encore la loi française ne traite pas les enfants comme des indifférents et des oubliés. Elle a souci de vous. Elle vous marque vos devoirs et vos obligations dans le travail, sans permettre que ce travail soit abusif et qu'on vous maltraite ni chez les patrons, ni dans les manufactures.

Il y a d'autres *contrats* encore, tel que, à un rang important, le *contrat de mariage*, qui stipule les conventions matrimoniales et garantit les intérêts réciproques.

Tous les *contrats* se font par écrit, parce qu'il faut des engagements qui subsistent et qui puissent être invoqués devant les tribunaux chargés de leur exécution.

Ils sont moralement obligatoires avant de l'être légalement. Un honnête homme, dit un proverbe, n'a que sa parole. Il y a en effet des engagements pris de vive voix. Ils sont sacrés aussi. Le sentiment de la justice oblige à les observer, quoique cette justice, représentée par les magistrats, soit impuissante à les faire exécuter faute de pièces qui en attestent l'authenticité et leur donnent force légale.

EXERCICE.

Qu'entend-on par contrats ? — Citer différentes formes de contrats. — En quoi consiste le contrat de vente ? — Qu'est-ce que le contrat de louage ? — Exemples s'appliquant aux choses. — Qu'est-ce qu'un bail ? — Exemples de contrats de louage s'appliquant aux services ? — Qu'est-ce que le contrat d'apprentissage ? — Pourquoi les contrats se font-ils par écrit ? — Est-ce parce qu'ils sont écrits que les engagements doivent être respectés ?

QUATRIÈME PARTIE

ÉCONOMIE POLITIQUE

Notions élémentaires préparatoires.

CHAPITRE I.

L'HOMME ET SES BESOINS. — LA SOCIÉTÉ ET SES AVANTAGES (1).

L'économie politique est une science qui s'occupe de la manière dont les *biens ou richesses* sont ou doivent être *produits, distribués* et *consommés*. On entend

---

(1) Nous avons placé vers le commencement de ce manuel un chapitre sur *la société* ; mais c'est plus spécialement au point de vue économique que nous en parlons ici.

par richesses, non pas, comme on se le figure souvent, l'or et l'argent, mais tous les biens utiles qui naissent de la terre ou de l'industrie humaine.

Cette science a certains *principes* : ce qui veut dire, mes enfants, certaines *vérités générales*, qu'il est utile de connaître Ainsi, pour ne vous en citer qu'une seule des plus importantes, vous n'ignorez pas que lorsqu'il y a moins de blé, il est plus *cher*, parce que le nombre des habitants restant le même, et demandant la même quantité, ne peut l'obtenir aux mêmes prix.

Il en est ainsi de toutes les denrées lorsqu'elles sont rares. C'est la *rareté des choses* jointe au *besoin qu'on en a* qui fait leur *valeur*. La loi *naturelle* qui règle les prix s'appelle *loi de l'offre et de la demande*. On ne peut lui faire violence par des *lois écrites*. On ne peut décréter le *bon marché* de ce qui est rare et très demandé.

Les *besoins* sont plus variés, à mesure que la civilisation augmente. On commence par bâtir une hutte ; on finit par élever des maisons avec tous les ornements des arts. Nos besoins nous excitent à produire les milliers d'objets destinés à y pourvoir dans tous les genres. C'est ainsi que les besoins de s'alimenter, de se vêtir, de s'abriter, de se meubler, de se chauffer, d'orner et d'embellir la plupart des objets façonnés, produisent, en stimulant le *travail*, cette masse de *richesses* sur laquelle nous vivons.

Comment ces avantages pourraient-ils être obtenus sans la *société*, mes enfants ? Comment un homme isolé pourrait-il pourvoir à tant de besoins divers ? Ne faut-il pas le concours de nos semblables, et n'est-il pas nécessaire que chacun, incapable de tout faire, fasse une chose différente? Un homme isolé n'aurait presque point de besoins ; ils ne se développeraient pas, et cet homme demeurerait au-dessous de l'état sauvage. Son esprit même resterait engourdi faute de communication avec d'autres intelligences qui, dans l'état social, s'éveillent, s'excitent les unes les autres. L'absence de la plupart des besoins, sauf les plus grossiers, comme la faim, entraînerait l'absence de toute science, de tout art, de toute industrie et de toute richesse.

EXERCICE.

De quoi s'occupe l'économie politique ? — Qu'entend-on par richesse ? — Comment les besoins contribuent-ils à donner une valeur aux objets ? — Comment la demande qu'ils créent influe sur les prix ? — Exemple du blé. — Les besoins plus variés avec la civilisation. — La société nécessaire à leur développement et à leur satisfaction. — L'homme isolé, sans autres besoins que les plus matériels, resterait par suite sans développement d'aucun genre et sans richesse.

CHAPITRE II.

LES MATIÈRES PREMIÈRES. — LE CAPITAL ET LE TRAVAIL. — L'ASSOCIATION.

La nature met à notre disposition des *matériaux* bruts, que notre *industrie* utilise et le plus souvent transforme pour les accommoder à nos besoins.

Ainsi la terre nous fournit la houille que nous utilisons en la brûlant sans lui faire subir aucune transformation. Elle nous livre également le minerai que nous sommes obligés de transformer pour en obtenir le fer ou l'acier.

Ces matériaux, quels qu'ils soient, s'appellent des *matières premières*. L'agriculture a les siennes comme l'industrie : le grain est la matière première de la farine, qui est elle-même la matière première du pain.

On donne ce nom de *matières premières* à tout ce qui sert à confectionner un objet jusqu'à ce qu'il soit arrivé à son état définitif.

Ainsi la laine, la soie, pour le vêtement ; les métaux

usuels pour les articles de ménage. Les métaux précieux sont la matière première de la monnaie d'or et d'argent.

On nomme *capital* les *matières premières* et les *instruments* qui servent à la production.

Ainsi, mes enfants, il ne s'agit pas seulement là, comme semblent le croire bien des personnes, lorsqu'elles parlent du capital, de l'or et de l'argent. Sans doute, l'argent qu'on emploie à produire dans l'agriculture, l'industrie et le commerce, celui qu'on place pour en obtenir un *intérêt*, est un *capital*; mais il y a bien d'autres sortes de *capitaux*.

Le *capital* d'un fermier comprend ses matières premières, et, en outre, ses bâtiments, ses charrues et ses divers engins ; il comprend les chevaux qui lui fournissent leur force, les bœufs et les moutons dont il tire un revenu.

Le *capital* d'un fabricant de drap consiste dans son usine, ses machines, et d'abord dans la laine qui doit être filée et tissée.

Il n'est pas jusqu'à un pauvre ouvrier qui ne possède son petit *capital*, c'est-à-dire ses outils, en un mot, ce qui peut l'aider à exercer sa modeste industrie.

Le *capital national* contient toutes ces masses de choses utilisées pour produire. Les routes, les chemins de fer, les canaux, les ports, font aussi partie du capital national, comme tout ce qui sert à une production de richesse.

On a tort d'attaquer le capital.

Il ne manque pas de gens, mes chers amis, qui attaquent le capital; ils ont tort, même quand il s'agit seulement d'attaquer ses possesseurs. Mais le capital lui-même, mes enfants, comment l'attaquer ? Est-ce qu'on peut se plaindre d'avoir trop de matières premières ? Est-ce qu'on peut se montrer mécontent d'avoir des outils, des instruments sans lesquels l'homme ne pourrait travailler qu'avec ses mains?

La charrue est le capital d'un laboureur. Que diriez-vous d'un laboureur qui se fâcherait contre la charrue? La bêche aussi est pour lui un capital. Il serait curieux de voir le même laboureur dire du mal de la bêche. Le malheureux voudrait donc remuer et cultiver la terre avec ses ongles!

Que deviendrait le **travail** sans le *capital ?* Il serait sans matière, sans instruments, sans emplois et sans salaires. La belle condition!

Rien de tout ce qui nous sert ne serait produit sans le *capital,* sachez-le.

Il est vrai que le **travail** produit aussi le *capital* avec le concours de *l'épargne.* Il a droit aux mêmes éloges, outre ceux que nous lui avons donnés au point de vue moral. Le *travail* et le *capital* ne font que s'aider mutuellement; ils sont des alliés, des auxiliaires l'un de l'autre; on leur fait beaucoup de mal lorsqu'on crée entre eux des malentendus.

Le Travail. — L'Association.

Le **travail** est l'application que nous faisons de nos *facultés* et de nos *forces* à la production. C'est donc l'homme qui y apparaît en première ligne.

Le savant qui applique ses facultés à un ouvrage utile est un *travailleur* comme celui qui se sert de ses bras. Le genre de travail très élevé auquel il se livre est le travail *intellectuel,* qui profite à la richesse elle-même par les applications qu'on tire sans cesse des sciences.

Sans la *science* qui a calculé la force de la vapeur ou étudié les effets du magnétisme il n'y aurait pas de chemins de fer, il n'y aurait pas de boussole pour conduire les navires, et ainsi de tout le reste.

Le travail *manuel* tire parti des matières premières. Il admet plus ou moins le concours de l'intelligence. Un artisan l'admet plus qu'un manœuvre. Un artiste fait concourir son génie et sa main aux travaux qu'il accomplit. L'ouvrier est l'homme dont le *travail manuel* est le gagne-pain.

Tout produit exige la mise en commun des travaux en vue d'une œuvre commune. Ainsi, pour achever une maison, il faut l'association ou la *coopération* de l'architecte, du maçon, du charpentier, du peintre et de toutes les industries qui contribuent à la rendre habitable. On arrive à cette coopération ou union des efforts en vue d'une même œuvre, par la *division du travail*.

Chacun ne fait qu'un seul métier et le fait mieux par là même Cette division est souvent poussée à ce point que les plus petits objets emploient plusieurs catégories d'ouvriers qui en font chacune exclusivement une seule partie. Avant l'application de la mécanique à la fabrication des épingles, une seule épingle comportait une vingtaine d'opérations réclamant autant d'ouvriers spéciaux. Les avantages de cette *division* sont de toute évidence.

Si chacun voulait tout faire, il ne pourrait jamais y parvenir, et même ne réussirait que fort mal dans un petit nombre de choses relativement.

Au contraire, quand on consacre à une seule chose tout son temps, toute son habileté, on parvient à donner à ses opérations une rapidité et une perfection extraordinaires. On produit beaucoup plus en un même temps, et la société qui a besoin de beaucoup de choses, en profite d'autant.

Vous direz peut-être : « Comment un homme qui ne produit que des aiguilles ou des clous, des chaussures ou des chapeaux, va-t-il pouvoir vivre ? On ne se nourrit pas avec des clous, on ne s'habille pas avec des chaussures, on ne se loge pas avec des chapeaux. » Rien n'est plus vrai.

Cette chose merveilleuse, qu'un individu, ne *produisant* qu'un objet, puisse en *consommer* tant, va vous être expliquée dans le chapitre suivant, mais ajoutons d'abord qu'il est donné un autre sens plus spécial à ce terme : *association*, dont on doit aussi vous dire un mot. On voit des ouvriers s'*associer* pour fabriquer ou vendre, sans avoir de patrons; c'est une forme qui peut avoir et qui a ses avantages, mais les *associations* doivent avoir assez de capital, une direction sage et une, de l'économie, l'entente des affaires ; sinon elles ne réussissent pas.

Il y a aussi des *associations* pour consommer. Elles économisent des frais à chacun. En général, l'association est une excellente chose; mais il faut bien savoir ce qu'on fait, à quoi on s'engage et à quoi on s'expose, quand on entre dans une *association*, quelle qu'en soit la nature, quel qu'en soit l'objet.

EXERCICE.

Qu'entend-on par matière première ? — En citer différents exemples ? — Qu'est-ce que le capital ? — De quelles parties se compose-t-il ? — Indiquer ce qui constitue le capital d'un fermier ou d'un industriel : — Le capital est nécessaire au travail, et comment ?—Rôle et utilité du travail. —Sa définition. — Union des forces et coopération. — Division des travaux. — Ses avantages. — Sens plus spécial du mot: *association*. — Les associations **ouvrières**.

CHAPITRE III.

LA PRODUCTION ET L'ÉCHANGE.

Produire, c'est créer non de la matière, mais de l'*utilité*. L'homme peut en donner à ce qui n'en a pas, ou ajouter à ce qui en a déjà. Je vous citais le blé tout à l'heure. La farine a déjà de l'utilité : en la mouillant, en la faisant bouillir, on s'en nourrit à la rigueur; mais si on l'amène à cet état de préparation et de cuisson qui nous donne le pain, on a beaucoup ajouté à l'utilité d'un moyen d'alimentation devenu plus salubre, plus agréable.

On produit à l'aide des *agents naturels*. Ainsi, dans l'agriculture, on utilise dans le sol, dans l'air et dans la lumière tout ce qui aide au développement des plantes alimentaires ou industrielles. On met à profit, dans l'industrie, certaines forces, l'eau, le vent, le feu, la vapeur, l'électricité. Toute production exige des forces ou agents physiques, matières premières, travail, instruments divers créés par l'homme et employés en vue d'une production spéciale.

Vous savez déjà que chacun s'applique à une production pour ainsi dire exclusive, à une vente particulière, et laisse ainsi, grâce à la division des tâches, un excédent qu'il doit passer à d'autres. C'est par là lui-même qui pourvoit à sa *consommation* totale.

D'où peut venir en effet qu'on obtienne tout ce dont on a besoin quand on ne produit qu'un objet d'une utilité toute spéciale ? Cela vient, mes enfants, d'une faculté qui appartient à l'homme exclusivement, c'est la *faculté d'échanger*.

Nul animal ne *fait des échanges*. Même ceux qui sont les plus sociables et vivent en troupes ne nous ont jamais rien présenté de pareil : les fourmis, les abeilles exécutent de curieux travaux et font des approvisionnements, mais ils n'*échangent* à aucun degré.

Vous voyez, par cet exemple de plus, quelle supériorité Dieu a donnée à l'homme sur le reste de la création. Otez l'échange : en vain l'homme aura-t-il été pourvu d'admirables facultés, il cesse pour ainsi dire d'exister au point de vue des rapports sociaux. D'ailleurs la communication des idées, par la parole, n'est-elle pas un échange aussi ?

L'échange, au point de vue économique, c'est toute la société. Ne passons-nous pas notre vie à *échanger* ? Les uns *échangent* des produits contre d'autres produits, d'autres hommes *échangent* des services contre des pronuits ou contre la *monnaie* qui les procure, et tous ainsi trouvent à vivre, par ce moyen, qui seul rend possible la division si féconde des tâches et des travaux.

Un menuisier, *en échange* de quelques morceaux de bois que son art a rendus propres à divers usages, reçoit la grande diversité de choses dont il a besoin : le vivre, le meuble, l'habillement, le moyen d'élever sa famille et d'épargner pour l'avenir.

Un médecin, un homme de loi, un professeur, *en échange* de leurs consultations ou de leurs leçons, obtiennent l'argent qui leur permet de subsister et d'économiser.

Une province qui a le blé et non la vigne, *échange* une partie de ce blé contre le vin, et la province plus fertile en vigne se trouve également profiter de la denrée alimentaire qu'elle n'aurait pu produire ou du moins obtenir dans les mêmes conditions économiques.

Il en est de même de nation à nation : chacune vend à l'autre ce qu'elle produit en excédent, et lui procure, à charge de revanche, les choses dont elle manquait absolument. Ainsi la plupart des pays manquent de mines d'or et d'argent : ceux qui en possèdent nous livrent les métaux précieux pour d'autres produits utiles. Nous empruntons à certaines contrées le coton, le café, des bois particuliers, comme l'acajou, pour faire nos meubles.

Sans ces *échanges* perpétuels, nos besoins ne seraient pas au quart satisfaits, et que serait-ce, mes enfants, dans des pays moins vastes et moins bien pourvus que la France? On y serait dans une disette presque générale de toutes choses. **L'échange** fait donc participer tout le monde aux richesses de chacun. Ses bienfaits sont immenses, vous le voyez, et tout le démontre autour de nous.

EXERCICE.

Qu'entend-on par produire ? — Comment les agents naturels entrent-ils dans la production ? — Quelle est la faculté exclusive à l'homme qui permet de ne produire qu'une chose et d'en consommer beaucoup? — Indiquer par des exemples les bienfaits qu'entraine la faculté d'échanger.

CHAPITRE IV.

L'ÉPARGNE. — LES SOCIÉTÉS DE PRÉVOYANCE, DE SECOURS MUTUELS, DE RETRAITE.

Il ne s'agit pas seulement de produire. Chacun doit vivre sur une part de cette production en échange de ce qu'il y apporte. Un propriétaire fournit la terre, il a le *fermage*. Un capitaliste fournit l'argent, il a l'*intérêt*. Un entrepreneur apporte ses facultés d'initiative et de direction, il a le *bénéfice* ou le *profit*. Un ouvrier apporte le travail manuel, il a le *salaire*. C'est ainsi que les richesses se *distribuent* entre tous.

L'*inégalité* de cette répartition est un fait qui se justifie par des causes sociales et économiques, dont vous avez déjà pu juger en partie à propos de la *propriété*. N'avez-vous pas été frappés de ce qu'il y aurait d'injuste et de dangereux à ce que la part fût la même pour le laborieux et le paresseux, pour l'économe et l'imprévoyant?

Mais, enfin, il est désirable que chacun sur ce qu'il gagne puisse et veuille *épargner*, de manière à avoir un lendemain assuré. En effet, mes enfants, l'*épargne* c'est l'avenir; c'est la *formation du capital*, petit ou grand, qui contribue à l'indépendance et à la sécurité.

Ce qui fait que les épargnes présentent de tels avantages, c'est que, placées, elles apportent un *intérêt*. On garde cet argent placé en *rentes*, *obligations*, ou toute autre manière, qu'il faut s'attacher surtout à rendre sûre plutôt que de rechercher de gros intérêts. On pourra reprendre un jour cet argent, afin d'en tirer le parti qu'on voudra; ou bien on le laissera s'amasser pour en percevoir un *revenu*. Beaucoup d'ouvriers, à l'aide d'épargnes accumulées, sont devenus patrons, ont acheté des champs, des maisons pour leur famille, en un mot sont parvenus à l'aisance.

C'est surtout aux enfants des classes peu riches qu'il faut recommander l'*épargne*, dès qu'ils seront à l'âge où ils pourront la pratiquer.

Sans l'*épargne*, qu'attendre en effet, mes amis? Tout au plus l'assistance privée ou publique, qu'on n'aime pas à invoquer, et qui ne donne guère que des secours insuffisants.

On doit s'efforcer d'*épargner* en vue des *chômages* du travail, de la maladie, de la vieillesse.

Il y a des institutions établies pour favoriser l'*épargne*. Telles sont les *caisses d'épargne*, qui reçoivent les petites économies, et qu'une prévoyance digne d'éloges a multipliées et mises à la portée de chacun dans les villes et dans les campagnes.

Quel bienfait que les *caisses d'épargne*, mes enfants! Figurez-vous ce que c'était quand il n'y en avait pas! Un ouvrier, un modeste artisan, une pauvre ouvrière, une domestique, avaient réalisé quelques économies : qu'en faire? Les grandes banques ne reçoivent pas des sommes si minimes.

On les mettait avec de sages intentions dans quelque coin, ne rapportant d'ailleurs aucun intérêt. Mais l'occasion, la tentation venait de dépenser, et alors adieu les économies, les belles résolutions et les rêves d'avenir!

Les *caisses d'épargne* ont reçu ces petites économies. Elles ont prémuni l'ouvrier contre les tentations, elles l'ont encouragé, par les placements déjà opérés, à en effectuer de nouveaux. Quoi de plus moral, quoi de plus utile, mes chers amis?

Les *sociétés de secours mutuels* sont une autre admirable institution économique et fraternelle à la fois. C'est une *assurance* pour laquelle on paie une simple prime, qui n'exige pas de grands sacrifices, *en vue surtout de la maladie.*

Si elle ne vous atteint pas, vous avez perdu une faible somme avec cette consolation qu'elle a aidé ceux de vos frères qui ont eu besoin des soins du médecin, et qui, privés de leur travail, ont trouvé là quelque assistance. Si on est éprouvé soi-même par le mal, on touche plusieurs fois ce qu'on a donné, et on est tiré par là d'un mauvais pas, peut-être d'une cause de ruine qui aurait pesé sur tout l'avenir.

Les *caisses de retraite* offrent des combinaisons qui permettent à l'ouvrier de faire des placements avantageux en vue du jour où il se trouve mis par l'âge ou les infirmités hors d'état de travailler et de se suffire.

En voyant dans ces institutions tutélaires des preuves à ajouter à celles qui ont déjà passé sous vos yeux, de l'intérêt que porte la *Société*, la *Patrie française* aux hommes de bonne volonté, vous sentirez, mes chers enfants, augmenter votre attachement pour votre pays. Mais il faut pour en profiter, je le répète, que votre *volonté soit bonne* : bonne dans la production par le travail, bonne par l'empire sur vous-mêmes.

Toute richesse est finalement *consommée.* L'économie politique enseigne aussi qu'il faut faire un bon emploi de vos ressources, c'est-à-dire un emploi sage et prudent ; que les *consommations* ou *dépenses* doivent être modérées et morales. Les gens peu riches ne sont pas pour cela toujours **modérés dans leurs dépenses** : en effet, trop souvent ils dépassent leurs ressources par suite d'un blâmable laisser-aller à des **fantaisies** ou à des **vices.** Les sommes que l'on pourrait former seulement avec ce qui se dépense en *tabac* et en *alcool*, ou avec les journées perdues par le **chômage volontaire du lundi**, seraient telles que vous seriez confondus d'étonnement si on vous en mettait le total en **millions** et même en **milliard** sous les yeux. La meilleure des garanties du bien-être et de l'aisance, retenez-le, mes enfants, c'est encore et toujours une bonne *morale*.

EXERCICE.

Comment l'ouvrier participe à la distribution des richesses produites par le *salaire*. — Utilité qu'il y a à épargner et à placer sûrement les économies. — Services rendus à cet égard par les caisses d'épargne. — Situation de ceux qui avaient fait de petites économies avant leur établissement : — Quels sont les avantages des sociétés de secours mutuels ? — A quoi servent les caisses de retraite ? — Conseils sur les consommations et les dépenses.

FIN.

TABLE DES MATIÈRES

	Pages.
Programme officiel du 27 juillet 1882.	1
Préface.	5

ÉDUCATION MORALE.

LIVRE PREMIER

LA FAMILLE, L'ÉCOLE, LA SOCIÉTÉ, LA PATRIE

Chap. I.	— Objet de la morale.	9
Chap. II.	— La famille.	12
Chap. III.	— Obéissance aux parents.	19
Chap. IV.	— Devoir de respect envers les parents.	21
Chap. V.	— Devoir d'amour et de reconnaissance.	23
Chap. VI.	— Les frères et les sœurs.	29
Chap. VII.	— Devoirs envers les serviteurs.	35
Chap. VIII.	— L'école, l'instruction, l'éducation.	40
Chap. IX.	— Devoirs d'école. — Devoirs envers l'instituteur. — Devoirs envers les camarades.	46
Chap. X.	— La société.	50
Chap. XI.	— La patrie.	56
	I. L'amour de la terre natale.	56
	II. La nation.	58
	III. La France et l'histoire nationale. — Grandeur et malheurs de la patrie.	66
	IV. La France moderne. — L'unité nationale.	81
	V. Bienfaits de la patrie.	92

LIVRE DEUXIÈME

ÉLÉMENTS DE LA MORALE

		Pages
Chap. I.	— L'âme et le corps.	95
Chap. II.	— Liberté et responsabilité.	98
Chap. III.	— Différentes sortes de devoirs.	105
Chap. IV.	— Devoirs qui concernent le corps. — Propreté, sobriété, tempérance.	106
Chap. V.	— La gymnastique.	111
Chap. VI.	— Économie. — Conseils de Franklin.	112
Chap. VII.	— Éviter les dettes.	116
Chap. VIII.	— Funestes effets de la passion du jeu.	118
Chap. IX.	— Ne pas trop aimer l'argent et le gain. Avarice, prodigalité.	120
Chap. X.	— Le travail.	124
	I. Ne pas perdre son temps.	124
	II. Obligation du travail pour tous les hommes.	126
	III. Noblesse du travail manuel.	128
Chap. XI.	— Véracité et sincérité. — Ne jamais mentir.	129
Chap. XII.	— Dignité personnelle. — Respect de soi-même.	131
Chap. XIII.	— .	132
	I. Modestie, ne pas s'aveugler sur ses défauts, éviter l'orgueil.	132
	II. Éviter la vanité, la coquetterie et la frivolité.	136
Chap. XIV.	— Avoir honte de l'ignorance et de la paresse.	140
Chap. XV.	— .	142
	I. Courage dans le péril et le malheur.	142
	II. Patience, esprit d'initiative.	147
Chap. XVI.	— Dangers de la colère.	149
Chap. XVII.	— Devoirs envers les animaux. — Loi Grammont.	152

LIVRE TROISIÈME

DEVOIRS ENVERS LES AUTRES HOMMES

Chap. I.	— La justice.	156
	I. Le respect de la vie.	157

		Pages.
	II. Le respect de la personne.	159
	III. Le respect des biens. — Probité.	160
	IV. Le respect des engagements donnés. Honneur, délicatesse.	160
	V. Equité.	161
	VI. Respect de la réputation.	162
	VII. Amour de la justice.	162
Chap. II.	— Charité.	166
Chap. III.	— Devoirs qui dérivent de la charité ou qui s'y rapportent.	173
	I. Bonté, bienveillance, fraternité, reconnaissance, tolérance et respect de la croyance d'autrui.	173
	II. Générosité, clémence.	177
	III. Dévouement, héroïsme.	180
Chap. IV.	— Devoirs envers Dieu.	187

INSTRUCTION CIVIQUE

PREMIÈRE PARTIE

DEVOIRS ET DROITS

Chap. I.	— Obéissance aux lois. — Les droits. — Les devoirs.	192
Chap. II.	— Obligation scolaire.	194
Chap. III.	— Le service militaire.	195
Chap. IV.	— L'impôt.	200
Chap. V.	— Le vote.	203
Chap. VI.	— Droits qui correspondent à ces devoirs. — Liberté individuelle.	205
Chap. VII.	— La souveraineté nationale.	208
Chap. VIII.	— Explication de la devise républicaine : Liberté, Egalité, Fraternité.	209

DEUXIÈME PARTIE

L'ORGANISATION ADMINISTRATIVE, POLITIQUE ET JUDICIAIRE DE LA FRANCE

Pages

Chap. I. — La Commune, le Maire, le Conseil municipal. 213
Chap. II. — Le Département, le Préfet, le Conseil général. 215
Chap. III. — L'État, le pouvoir législatif, le pouvoir exécutif, la justice. 216
Chap. IV. — La Constitution, le Président de la République, le Sénat, la Chambre des députés. 217
Chap. V. — L'administration centrale. 220
Chap. VI. — L'administration départementale et communale 221
Chap. VII. — Les diverses autorités. 222
Chap. VIII. — La justice civile et pénale. 223
Chap. IX. — L'enseignement, ses divers degrés. . . 224
Chap. X. — La force publique, l'armée. 227

TROISIÈME PARTIE

NOTIONS TRÈS ÉLÉMENTAIRES DU DROIT USUEL

Chap. I. — Etat civil. 229
Chap. II. — Protection des mineurs. 231
Chap. III. — La propriété. 233
Chap. IV. — Les successions. 235
Chap. V. — Les contrats usuels. 237

QUATRIÈME PARTIE

ÉCONOMIE POLITIQUE

Notions élémentaires préparatoires.

Chap. I. — L'homme et ses besoins : la société et ses avantages. 239

		Pages
Chap. ii.	— Les matières premières, le capital et le travail, l'association.	241
Chap. iii.	— La production et l'échange.	245
Chap. iv.	— L'épargne ; les sociétés de prévoyance, de secours mutuels, de retraite, etc. . . .	248

FIN DE LA TABLE DES MATIÈRES

POITIERS. — TYPOGRAPHIE OUDIN ET Cie.

www.ingramcontent.com/pod-product-compliance
Lightning Source LLC
Chambersburg PA
CBHW050328170426
43200CB00009BA/1507